Gulbahar Haitiwaji
mit Rozenn Morgat

WIE ICH DAS CHINESISCHE LAGER ÜBERLEBT HABE

aufbau

Gulbahar Haitiwaji
mit Rozenn Morgat

WIE ICH DAS CHINESISCHE LAGER ÜBERLEBT HABE

DER ERSTE BERICHT EINER UIGURIN

Aus dem Französischen von
Claudia Steinitz und Uta Rüenauver

aufbau

Die Originalausgabe unter dem Titel
Rescapée du goulag chinois
erschien 2021 bei Éditions des Équateurs / Humensis, Paris.

MIX
Papier aus verantwortungsvollen Quellen
FSC
www.fsc.org
FSC® C083411

ISBN 978-3-351-03941-7

Aufbau ist eine Marke der
Aufbau Verlage GmbH & Co. KG

2. Auflage 2022

Einbandgestaltung Anzinger und Rasp, München
Gesetzt von LVD GmbH, Berlin
Druck und Binden CPI books GmbH, Leck, Germany
Printed in Germany

www.aufbau-verlage.de

Für alle, die nicht entkommen konnten.
Für Fanny, Gaétane und Lucile, freie Frauen

»Dank der Berufsausbildung* konnten die Schüler über ihre Fehler nachdenken und das Wesen sowie die verheerenden Folgen von Terrorismus und Extremismus erkennen. Sie haben ihr nationales Bewusstsein, ihr ziviles Bewusstsein und ihr Bewusstsein für den Rechtsstaat geschärft und sind Mitglieder der Gemeinschaft der chinesischen Nation geworden. Sie unterscheiden besser zwischen Gut und Böse und widerstehen fortan dem extremistischen Denken. [...] Sie haben Vertrauen in die Zukunft.«**

»Niemand kann sich Xinjiang auf dem Weg zu Stabilität, Entwicklung und Wohlstand entgegenstellen.«***

* In den chinesischen Umerziehungslagern in Xinjiang

** Auszug aus einem Gespräch von Shorat Zakir, dem Vorsitzenden des Uigurischen Autonomen Gebiets Xinjiang und stellvertretenden Sekretär der Kommunistischen Partei Chinas, mit der Presseagentur Xinhua am 16. Oktober 2018.

*** Shorat Zakir bei einer Pressekonferenz des Informationsbüros des Staatsrates in Peking zum Thema Xinjiang am 9. Dezember 2019.

Karte des Uigurischen Autonomen Gebiets Xinjiang

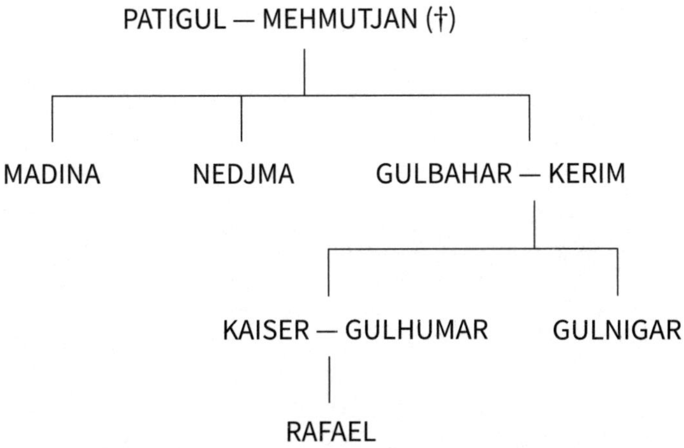

Stammbaum von Gulbahars Familie

Vorwort

Gulbahar hat die Deportation überlebt. Sie hat Hunderte Stunden Verhör, Folter, Mangelernährung, Polizeigewalt, Indoktrination ertragen. Wegen eines Fotos, das ihre Tochter auf einer Demonstration der uigurischen Diaspora in Paris zeigt, verurteilte China sie nach einem Jahr Untersuchungshaft in einem neunminütigen Prozess ohne Richter und Anwalt zu sieben Jahren Umerziehungslager. Allein auf der Anklagebank, vor sich drei Polizisten. Nachdem sie lange geglaubt hatte, hingerichtet zu werden, überkam sie nun die Angst, in einem Gulag in Xinjiang zu sterben. Niemand konnte ihr zunächst helfen. Weder Frankreich, wo sie seit zehn Jahren im Exil lebte, noch ihre beiden Töchter und ihr Mann, Gulhumar, Gulnigar und Kerim, alle drei politische Flüchtlinge in Paris. Sie dachte, die Falle, in die China sie gelockt hatte, sei für immer zugeschnappt.

Während unserer Gespräche in ihrer Wohnung in Boulogne-Billancourt war Gulbahar lange unschlüssig: Sollte sie offen berichten oder anonym bleiben, um ihre Angehörigen zu schützen? Aus Vorsicht schien sie zunächst entschlossen, ihre wahre Identität zu verschweigen.

Gulbahar stammt aus einer uigurischen Familie, die seit Generationen in Xinjiang lebt. Wie ihre Vorfahren wuchs sie in dieser erdölreichen Gegend aus Wüsten und Oasen auf, die über Jahrhunderte von geopolitischen Unruhen geprägt und abgesehen von ein paar kurzen Unabhängigkeitsphasen immer wieder von China besetzt war. Der Machtantritt der Kommunisten führte 1955 zum Anschluss Xinjiangs* an die Volksrepublik China. Seitdem heißt es Uigurisches Autonomes Gebiet Xinjiang. Xinjiang bedeutet auf Mandarin »neue Grenze«. Seit dem Anschluss erlebt das riesige Gebiet eine regelrechte Kolonisierung durch die Han-Chinesen, die größte Volksgruppe Chinas. Mit dem Bau der Erdölraffinerien wuchsen unter den Schaufeln der chinesischen Bagger die Städte, überschwemmte das Rot des Kommunismus die Straßen mit Lampions, Spruchbändern und Fahnen und erlebten die Uiguren die ersten Schikanen und Diskriminierungen – Vorboten dessen, was heute nichts anderes ist als ein Genozid. Eines Tages war Kerim es leid, dass sich die Zukunftsaussichten immer mehr verdüsterten, und er ging nach Frankreich. Gulbahar folgte ihm mit ihren Töchtern.

Da die Uiguren einen sunnitischen Islam praktizieren und ihre von China erst spät vereinnahmte Kultur türkische Wurzeln hat, fordert eine separatistische Minderheit der Uiguren die Unabhängigkeit unter der himmelblauen Flagge von Ostturkestan. 2009 führten Aufstände in Ürümqi, bei denen mehrere Hundert Han-Chinesen und Uiguren ums Leben kamen, in der Region zu Repressio-

* Von den separatistischen Uiguren wird Xinjiang auch Ostturkestan genannt.

nen von bis dahin ungekannter Gewalt. Die Regierung installierte ein allumfassendes Überwachungs- und Kontrollsystem: Legionen von Kameras mit Gesichtssoftware, Polizeistationen an jeder Straßenecke und seit 2017 Umerziehungslager. Die Region wurde zur am strengsten überwachten Gegend der Welt und zugleich ein Herzstück von Xi Jinpings »Neuer Seidenstraße«. Als Tor nach Zentralasien teilt Xinjiang seine Grenzen mit acht Staaten. Das Gebiet ist ein strategischer Riegel für das gewaltige Infrastrukturprojekt, das China mit Europa verbinden soll. Amnesty International und Human Rights Watch schätzen, dass mehr als eine Million Uiguren in den Umerziehungslagern waren oder sind. China besteht darauf, sie als »Schulen« zu bezeichnen, wo die Lehrer »den islamistischen Terrorismus« aus den Köpfen der Uiguren entfernen wollen.

Gulbahar hat sich nie für Politik interessiert. Das sagt sie ohne Verachtung, sogar ein bisschen stolz. Wenn sie ihre Religion erwähnt, spricht sie von einem Islam »des Friedens«, von einem »gemäßigten« Islam. Sie ist also weder Unabhängigkeitsverfechterin noch »islamistische Terroristin«. Trotzdem kam auch sie in ein Umerziehungslager. Das zeigt die ganze Heuchelei und Perversion der chinesischen Politik, die nicht die extremistische Minderheit unter den Uiguren bestrafen, sondern das gesamte Volk verschwinden lassen will, auch Uiguren im ausländischen Exil wie Gulbahar.

Eines Morgens im November 2016 erhielt Gulbahar einen seltsamen Anruf aus Xinjiang. Ein Angestellter ihres früheren Unternehmens bat sie, nach China zu kommen.

»Wegen administrativer Angelegenheiten«, »Dokumente für Ihren Vorruhestand«, erklärte er. Gulbahar wurde nicht misstrauisch oder nicht misstrauisch genug. Ein paar Tage später landete sie in Ürümqi und ihr Leidensweg begann: Die Behörden nahmen ihr den Pass weg und steckten sie in ein Gefängnis, dann, nach Monaten in einer Zelle, deportierten sie sie ohne ein Urteil in ein Lager.

Im Wohnzimmer in Boulogne saß Gulbahar zwischen ihrer Tochter Gulhumar und mir und durchlebte noch einmal diese Zeit der Leere. Sie konzentrierte sich, die Stirn etwas in Falten gelegt, mit ernster Miene. Was empfand sie, als die Wachen sie 20 Tage lang an ihr Bett gekettet hatten? »Nichts«, antwortete sie mit verstörtem Blick, weil sie selbst spürte, wie seltsam ihre Antwort klang. Als man sie in einer eisigen Dezembernacht in einen Lastwagen steigen ließ, ohne ihr zu sagen, wohin sie gebracht werden sollte, dachte Gulbahar, man würde sie in der verschneiten Wüste erschießen. Und was empfand sie da? Auch nichts. »In diesem Moment war ich innerlich tot.« Und als man ihr ankündigte, sie werde freigelassen? »Da bin ich starr auf meiner Pritsche liegen geblieben.«

Im Verlauf ihrer »Umerziehung« verschwanden ihre menschlichen Empfindungen. In der Vertraulichkeit unserer Gespräche fand sie sie wieder. Unter dem mitfühlenden Blick ihrer Tochter, der ihre Befreiung vor allem zu verdanken ist und die unsere Gespräche übersetzte, durchlebte Gulbahar jede Szene ihres Dramas aufs Neue. Sie sprach mit der groben Stimme des Polizeichefs oder mit der inquisitorischen des falschen Richters, der sie später verurteilte. Wenn ihr die Worte fehlten, stand sie auf und imitierte den mühsamen Gang mit Ketten an den Knöcheln oder den steifen, martialischen Schritt der Militärparaden. Sie marschierte quer durch das Wohnzimmer, aufrecht, die ausgestreckten Arme eng am Körper. Dann drehte sie sich zu uns um und brach in ein ansteckendes Lachen aus. »Das ist lächerlich, oder?« Wir lachten. Wenn sie sich so über sich selbst und über die anderen lustig machte, entlarvte sie den Irrsinn des Lagersystems.

Auch als sie mir von den Geständnissen erzählte, die sie unter Zwang bei der Polizei abgegeben hatte, wurde sie von einem wilden, unkontrollierbaren Lachen gepackt. Ja, oft halfen ihr Spott und Lachen gegen ihre Traumatisierung.

Aber man kann nicht einfach so von der Umerziehung genesen. Neben den unheilbaren körperlichen Folgen steckt die Angst weiter in Gulbahars Seele. Auch wenn die Chinesen sie nach langwierigen Verhandlungen mit dem französischen Außenministerium freigelassen haben, bleibt die Befürchtung, dass die chinesischen Behörden an die Türen ihrer Mutter, ihrer Schwestern, Brüder oder Freunde klopften, die noch in Xinjiang leben. Dass die Gewalt der Polizisten wie ein Blitz auf die Menschen niedergeht, die Gulbahar liebt, und damit die »Verheißungen« der Kommunistischen Partei Chinas ad absurdum führt. Dass sie ebenso wie Gulbahar verhört, verhaftet, gefoltert, deportiert werden. Wie sie als »kriminell« und »terroristisch« beschimpft werden. Wie sie in den Lagern verschwinden, ihre Menschenwürde verlieren und mit dieser die glücklichen Erinnerungen, alle Erinnerungen, und dann Stück für Stück die Lust zu leben. Nein. Das will sie nicht. Alles, aber nicht das.

Eines Morgens im September 2020 saß Gulbahar auf dem weißen Sofa in ihrer Wohnung in Boulogne und las die ersten Seiten des Manuskripts. Ein gutes Jahr war seit ihrer Freilassung, ihrer Ankunft am Flughafen von Roissy, dem Wiedersehen mit Kerim, Gulhumar und Gulnigar vergangen. Beim Lesen dachte sie wieder darüber nach, ob sie ihre wahre Identität in dem Buch nicht doch offenbaren sollte. »Sie sagt es noch nicht, aber sie denkt darüber nach«, schrieb mir ihre Tochter. Wenige Tage später hatte Gulbahar ihre Entscheidung getroffen. »Das ist meine Geschichte. Ich will ganz und gar dazu stehen. Das ist meine Pflicht als Uigurin«, sagte sie mir. Sie wollte ihren Namen auf dem Buchumschlag sehen. Damit begibt sie sich in große Gefahr. Dessen muss sich jeder Leser ihres Berichts bewusst sein.

Während China gar nicht daran denkt, sein Lagersystem in Xinjiang zu beenden, sondern weiter Uigurinnen und Uiguren deportiert, weiter Uigurinnen zwangssterilisiert, ohne dass sich bis heute die UNO oder eine andere internationale Delegation ein Bild vom Ausmaß dieses Genozids machen kann, spricht Gulbahar, die erste Gefangene, die von Frankreich befreit wurde, in diesem Buch in ihrem eigenen Namen. Dafür gebührt ihr und ihrer Tochter Gulhumar größter Dank.

Rozenn Morgat

Kapitel I

Paris, 28. August 2016

Trotz der erstickenden Augusthitze war es ein wunderbares Fest. Unter den hellen Lampen herrschte ein angeregtes Stimmengewirr. Eine fröhliche Symphonie aus Lachen und Geschirrklappern begleitete die Lautenmusik. Um die Tische mit malvenfarbenen Läufern, auf denen Rosen- und Hortensiensträuße prangten, drängten sich die Gäste vor bunten Nudelsalaten, großen dampfenden *Tajines* und Bergen von Teigtaschen mit Fleisch und Zwiebeln.

Das Besondere an uigurischen Hochzeitsfesten ist, dass man nicht aufhört zu tanzen und zu essen. Es darf an nichts fehlen. Musik begleitet die Gespräche bis zum Morgengrauen. Man steht auf, um zu tanzen, dann setzt man sich wieder und nimmt sich eine Schale *Polo** oder eine Tasse Tee. Nie zuvor haben meine Kochkünste so viele Gäste erfreut. Sie waren alle so elegant in ihren dunklen Anzügen und schillernden Kleidern. Die Han-Chinesen sagen, die Uigurinnen seien die schönsten Frauen der Welt. An diesem Abend strahlten beim Lachen ihre Zähne unter den hohen Wangenknochen, und ihre von einem Eyeliner-Strich gesäumten Augenlider spannten sich. Eine

* Uigurisches Gericht aus gebratenem Lamm mit Reis, Karotten und Zwiebeln.

von ihnen strahlte mehr als alle anderen: Gulhumar, die Braut, meine Tochter. Wie schön sie war in ihrem weißen Kleid aus Satin und Tüll! Eine Reihe feiner Perlen um ihre Taille betonte ihre harmonischen Kurven. Das dichte schwarze Haar war im Nacken hochgesteckt, ihre Schultern rund und gerade; ein kunstvolles Oberteil schmiegte sich um ihr Dekolleté und ihren Rücken. Dieses Kleid hatte uns viel Kopfzerbrechen bereitet! Ich sehe noch Gulhumars unzufriedene Miene im Spiegel der Umkleidekabine, während sie die Fäuste in die Hüften stemmte. Flitter und Pailletten waren noch nie nach ihrem Geschmack.

Als Kind wollte sie ein Junge sein. Das war ihr Drama, sie war wie besessen davon. Sie tat alles, was sie ihrem Wunschbild näher brachte. Nichts konnte sie bremsen. Weder Kleider noch Lederschuhe noch Bänder in den Haaren.

Das Fest war ein großer Erfolg. Noch lange danach erzählten sich die Gäste von Gulhumars wunderbarer Hochzeit. In den Niederlanden, in Norwegen, in Schweden … Überall, wo die Uiguren Zuflucht gefunden haben, rühmte man die Schönheit der Braut. Ihre herzlichen Komplimente hätten Kerim, meinen Mann, und mich fast vergessen lassen, dass die wichtigsten Gäste fehlten: unsere Familien, die in Xinjiang geblieben waren.

Xinjiang ist der Ausgangspunkt dieser Geschichte, der Geschichte unserer Familien. Ich heiße Gulbahar. Ich wurde am 24. Dezember 1966 in Gulja in Xinjiang geboren.

Bevor wir nach Frankreich gegangen sind, führten wir in Xinjiang ein glückliches Leben, obwohl unser Volk dort seit Jahrzehnten von China gnadenlos unterdrückt wird. Wir Uiguren werden verfolgt, eingesperrt, umerzogen.

Aber beginnen wir mit dem Anfang: Xinjiang liegt Tausende Kilometer von Frankreich entfernt in Zentralasien. Kerim und ich sind in diesem Paradies voller Berge und Oasen aufgewachsen, das dreimal so groß ist wie Frankreich. Es liegt ganz im Westen von China und grenzt an die Mongolei, an Russland, Kasachstan, Kirgisistan, Tadschikistan, Afghanistan, Pakistan und Indien. In unserem Land wachsen Südfrüchte, birgt der Boden Gold und Diamanten, aber auch andere Reichtümer: Erdgas, Uran und vor allem Erdöl. Ich sage »unser Land«, aber das ist nicht ganz korrekt. Das im Westen zu unabhängigen Republiken hin ausgefranste Gebiet hat nur kurze Perioden nationaler Freiheit erlebt, meist war es von China annektiert: erst unter dem Kaiserreich, dann nach der Machtübernahme der Kommunisten 1949. Sie schlugen die Aufstände der Separatisten nieder, die von einer unabhängigen Republik Ostturkestan träumten, bedeckten unsere Schotterstraßen mit Beton und rissen die Erde auf, um an das darin ruhende Erdöl und Gas zu kommen.

Seither sind wir Uiguren das Steinchen im Schuh des Reichs der Mitte. Xinjiang ist als strategischer Korridor viel zu wichtig, als dass China es sich leisten könnte, darauf zu verzichten. Es hat zu viel Geld in das wirtschaftspolitische Großprojekt »Neue Seidenstraße«* investiert, das China mit Europa verbinden soll und für das unsere

* Im Rahmen des von Xi Jinping 2013 ausgerufenen Projekts »Neue Seidenstraße«, kurz BRI (Belt and Road Initiative), entsteht ein umfangreiches Netz von Straßen und Infrastrukturen zwischen China und seinen Märkten in Asien, Europa und Afrika.

Region unverzichtbar ist. Deshalb braucht Xi Jinping Xinjiang. Ein friedliches, dem Handel gegenüber aufgeschlossenes, von seiner separatistischen Bevölkerung und allen ethnischen Spannungen gereinigtes Xinjiang. Kurz und gut, ein Xinjiang ohne die Uiguren.

In allen Schulen des Landes können die Schüler herbeten, dass die 56 nationalen Volksgruppen, zu denen die Uiguren gehören, der Eckpfeiler für den kulturellen Glanz Chinas in der Welt sind. Auf unserem Personalausweis steht, dass wir Bürger der Volksrepublik China sind, aber im Herzen bleiben wir Uiguren. Männer und Frauen beten in Moscheen zu ihrem Gott, nicht in buddhistischen Tempeln. Die besonders religiösen Muslime tragen einen Bart und ihre Frauen ein Kopftuch. In den Familien, den Schulen und den Straßen von Xinjiang hört man die rauen, heiseren Laute der uigurischen Sprache, einer Turksprache, nicht Mandarin. Unser Grundnahrungsmittel ist nicht Reis, wie bei den Han-Chinesen im Osten, sondern *Naan*, das runde, flache Brot, das man in Zentralasien kennt. Im aktuellen Kontext stören die kulturellen Besonderheiten der Uiguren die Zentralregierung, und die Aufstände der Vergangenheit beunruhigen sie. Deshalb sind wir 2006 nach Frankreich geflohen. Das war, kurz bevor in Xinjiang unvorstellbare Repressionen begannen.

Bei unserer Ankunft in Frankreich hatte bisher kaum jemand etwas von Xinjiang gehört. Erst recht nicht von den ethnischen und kulturellen Konflikten in der Region. Als wir von der Diskriminierung und den Verhaftungen erzählten, von der Unmöglichkeit, ein Leben ohne Angst zu führen, runzelten die Leute ungläubig die Stirn. Meistens stießen unsere Erklärungen auf Gleichgültigkeit, bestenfalls auf höfliche Neugier. »Ist das so ähnlich wie in Tibet?«, wurden wir oft gefragt. Ein bisschen, ja, das stimmt. Für die Europäer ist die Unterdrückung, unter der wir leiden, etwas Exotisches. Und unser Widerstand die chinesische Version von David gegen Goliath. Nur dass bei uns David Goliath noch nie besiegt hat. Er kämpft seit Generationen, vergeblich. Ehrlich gesagt weiß ich gar nicht, wann die ersten Unruhen begannen. Sie lauerten bereits im Verborgenen, als ich in meinem Dorf im Norden aufwuchs. Vielleicht waren sie schon immer da.

Dabei hatte es für Kerim und mich ganz gut angefangen. Es gab eine gar nicht so ferne Zeit, als uns die politischen Probleme Xinjiangs kaum berührten. Wir hörten ihr Echo, aber wir waren viel zu sehr damit beschäftigt, unser Leben aufzubauen. Das waren die 1990er Jahre. Xinjiang zog alle an, die reich werden wollten, Chinesen wie Ausländer. Die Hauptstadt Ürümqi war voller frisch diplomierter Ingenieure, Han-Familien aus dem Osten und kasachische Landarbeiter, die in der Region ein Stückchen Land bestellten. Im Stadtzentrum wuchsen Bürotürme oder Einkaufszentren in die Höhe und überragten die Moscheen. Die Erdölfirmen stellten Scharen von Uiguren und Han-Chinesen ein. Auf dem großen Basar fand sich eine bunte Gesellschaft zusammen. Verschleierte Frauen standen neben Frauen in Jeans und Kapuzenpulli. Mütter und Kinder saßen im Damensitz auf kleinen Motorrollern und klammerten sich an bärtige Männer mit *Doppa*, der traditionellen bestickten Kopfbedeckung der Uiguren. Inmitten der Hupkonzerte hockten Verkäufer auf dem Bordstein und boten diverse elektronische Geräte, Plastikspielzeug und billigen Schmuck feil, den die Chinesinnen aus dem Osten so lieben; beim nächsten Händler gab es hölzerne Kochutensilien, Henna oder *Naan*-Brot in gestapelten Plastikkästen.

Kerim und ich haben uns in Ürümqi kennengelernt, in den Hörsälen der Erdöl-Universität. Ürümqi hat einen ganz besonderen Charme, weil die Bewohner aus unterschiedlichen Gegenden, Kulturen und Traditionen kommen. Die Han-Chinesen machen fast die Hälfte der Bevölkerung aus. Die andere Hälfte setzt sich aus einer Vielzahl von ethnischen Minderheiten zusammen: Uiguren*, Kirgisen, Kasachen, Tadschiken, Mongolen ... Kerim kam aus Altay. Die Stadt liegt im Norden, am Fuße des Gebirges, das die Grenze zu Kasachstan, Russland und der Mongolei bildet. Die Menschen aus dem Norden mit ihrer kupferfarbenen Haut gelten als raue Bergbewohner. Ihr Dialekt stammt vom Kasachischen ab, nicht vom Türkischen, wie das traditionelle Uigurisch. Den etwas ungeschliffenen Charme des großen, stämmigen Jungen habe ich nicht gleich erkannt. Ich komme aus Gulja, auch eine Stadt im Norden. Aber zwischen ihr und Altay liegen mehrere Hundert Kilometer Wüstenstraße. Uns trennte eine ganze Welt.

Ich erinnere mich noch an unsere Nachbarin in Gulja. Eine winzige, gekrümmte Frau, ihr Mann war ebenso winzig und krumm. Warum sie dort wohnten, wusste ich

* Die Uiguren bildeten bis zur Ankunft der Han-Chinesen in den 1950er Jahren die Bevölkerungsmehrheit. Heute leben weltweit schätzungsweise 11,5 Millionen Uiguren.

nicht, nur, dass sie Han-Chinesen waren. Trotzdem trug die kleine Frau traditionelle uigurische Kleider. Sie bereitete mit Schaffleisch gefüllte Teigtaschen und Lammspieße, deren Duft unsere Gasse erfüllte. Han-Chinese oder Uigure, das war damals völlig unwichtig. Jedenfalls bei uns. Wir hatten beste Beziehungen zu dieser Nachbarin, die mit ihrem Mann sogar das Opferfest mit uns feierte. Sie schätzte unsere Kultur. Es war auch die ihre.

Dann ließen wir uns in Karamay, auf halbem Weg zwischen Altay und Gulja, nieder. Der uigurische Name heißt »schwarzes Öl«. Die Stadt besteht nur aus Beton und wurde in Windeseile aus dem Boden gestampft, um die Familien Hunderter Beschäftigter unterzubringen, die auf den benachbarten Ölfeldern arbeiteten. Karamay galt als Eldorado.

Die lokale Erdölgesellschaft bot uns dort nach Abschluss unseres Studiums Stellen als Ingenieure an. Das war ein Glück. Damals faszinierte uns Karamay, denn es gab Arbeit in Hülle und Fülle. Als wir 1988 in die Stadt kamen, waren dort nur schnurgerade, leere Straßen ohne Geschäfte, Restaurants oder Märkte. Auf diesem Schachbrett, das nach dem Vorbild amerikanischer Städte angelegt war, befanden sich überall Baustellen, und der Lärm von Presslufthämmern, Kränen und Baggern hallte durch die Straßen. Man wachte mit dem Krach auf und schlief mit ihm ein. Die Stadt kreischte, brummte, dröhnte Tag und Nacht. Hochhäuser schossen aus dem Boden, um weitere Familien aus allen Ecken Xinjiangs aufzunehmen. Während sich Karamay füllte, hoben Arbeiter das Bett eines künstlichen Flusses aus und pflanzten dicht belaubte

Bäume. Inmitten dieses tosenden Gewimmels bewohnten wir eine kleine Zweizimmerwohnung, die uns unser Arbeitgeber zur Verfügung gestellt hatte, direkt neben den Firmengebäuden. Wir haben fast 20 Jahre in Karamay gelebt, aber die Bauarbeiten kamen nie zu einem Ende, als wollte sich die Stadt immer weiter auf dem Boden ausbreiten, in dem das schwarze Gold floss.

Das Leben in Karamay war bescheiden. Im Winter erfror man fast. Im Januar fiel die Temperatur bis auf -30 °C. Ein starker Wind fegte durch die Straßen und kniff einem ins Gesicht. Sobald der Frühling begann, erstickte man vor Hitze. An Maiabenden stieg von dem neuen Straßenpflaster eine schwüle Luft auf. Während die Familien zum Abendessen in die Kühle ihrer Wohnungen flüchteten, fuhren Kerim und ich in dieser Glut mit dem Fahrrad durch die Straßen, ich saß auf dem Gepäckträger und umschlang seine Taille. Hier war alles neu und offen. Die Stadt glich unserem gemeinsamen Leben. Die Zukunft lag wolkenlos vor uns wie die breiten, staubigen Straßen von Karamay. Wir feierten unsere Hochzeit in unserer kleinen Wohnung mit einer Handvoll Freunden und dem Imam, der uns traute. Dann wurden die Mädchen geboren und die Welt schien uns strahlender denn je.

Mit unseren Einkommen kamen wir gerade so über die Runden, aber wir brauchten nur wenig. Es war die Zeit einfacher Vergnügungen. Auch unsere Freunde, einige kannten wir aus Ürümqi, andere aus der Firma, führten ein bescheidenes Leben. Wir arbeiteten alle viel. Eine Woche glich der anderen. Wir hatten damals eine Tradition begründet, um den Alltagstrott zu überlisten: Beim Neujahrsfest machten wir eine Verlosung. Einer von uns schrieb unsere Namen auf kleine Zettel und warf sie in eine tiefe Schale. Dann losten wir aus, wer von uns im neuen Jahr in welchem Monat eine Unternehmung für alle organisieren würde. Einen Besuch im Restaurant oder im Hamam, ein Essen beim einen oder anderen zu Hause … Das waren unsere Atempausen. Karamay entwickelte sich, die Freizeitangebote wurden vielfältiger. Was für schöne Momente wir miteinander verbracht haben, wenn wir um den Tisch versammelt waren und Fleischspieße aßen oder wir Frauen im Dampf des Hamam herumkicherten! Fehlte es einem von uns an Geld, legten wir zusammen. Wir hatten alle unsere Heimat verlassen, um in dieser neuen Stadt mitten in der Wüste zu arbeiten. Weil wir fern unserer Familien leben mussten, schufen wir uns hier eine neue. Ali, Nilopar, Muhammad, Dilnur, Aynur … Ich frage mich, was aus ihnen geworden ist. Keiner von ihnen hat Karamay verlassen. Sie fehlen mir. Als wir das letzte Mal von ihnen gehört haben, arbeiteten einige noch in der Firma, andere unterrichteten in der Grundschule oder an der Universität. Inzwischen melden sie sich immer seltener, als fürchteten sie, ihre Nachrichten würden von Fremden gelesen. Kein Uigure, der in Xinjiang geblieben ist, entgeht dem Auge des großen chinesischen Bruders. Ich möchte auch nicht, dass meine Fragen sie in Schwierigkeiten bringen.

Ich glaube, Kerim hat immer gewusst, dass wir Xinjiang eines Tages verlassen müssten. Der Gedanke hatte schon in seinem Kopf gekeimt, bevor wir in der Firma anfingen. Schon 1988 in Ürümqi, als wir beide nach unserem Diplom Arbeit suchten. In vielen Zeitungsanzeigen stand klein gedruckt eine Bedingung: »Keine Uiguren«. Das hat Kerim nie verwunden. Der aufkommende Wind der Diskriminierung verfolgte uns bis nach Karamay. Er wurde immer stärker, aber damals wollten wir es nicht wahrhaben. Nur Kerim konnte es nicht hinnehmen. Während ich mich weigerte, mich mit seltsamen Kleinigkeiten aufzuhalten, wurden sie für ihn zur Obsession.

Da war zuerst die Geschichte mit den *Hong Bao**. Das sind die kleinen roten Umschläge mit Geld, die man zum chinesischen Neujahrsfest verschenkt. Die Tradition verlangt, dass auch der Arbeitgeber welche an seine Angestellten verteilt. In der Firma vergaß das der Chef nie. Aber in einem Jahr erhielten die Han-Chinesen mehr Geld als die Uiguren. In den Uiguren-Familien machten wir keine große Sache daraus. Vielleicht waren es ja auch nur Gerüchte. Doch kurz darauf wurden alle uigurischen Angestellten in Büros am Stadtrand versetzt. Einige von uns protestierten. Ich habe mich das nicht getraut. Ich packte meine Sachen in einen Karton, und ein Han-Chinese zog in mein Büro. Ein paar Monate später bewarb sich Kerim innerhalb der Firma um eine Leitungsstelle. Er besaß alle Voraussetzungen, auch die ausreichend lange Betriebszugehörigkeit. Es gab keinen Grund, weshalb man ihn nicht nehmen sollte. Dennoch bekam ein anderer die Stelle. Und raten Sie, wer! Ein Han-Chinese, der nicht einmal ein Ingenieursdiplom hatte. Die Vorfälle häuften sich, unsere Töchter wuchsen heran. Kerim wurde immer wütender.

* In China werden die *Hong Bao* im Privat- und Berufsleben zu Hochzeiten, Geburtstagen, Geburten oder, wie hier, zum chinesischen Neujahr verteilt.

Obwohl ich mich in einer bequemen Realitätsverleugnung verkroch, sah ich, wie unsere Zukunftsperspektiven schwanden. Die Enttäuschungen in der Firma trieben Kerim allmählich in die Verzweiflung. 2002 verließ er Xinjiang, um im Ausland Arbeit zu suchen. Erst in Kasachstan, von wo er nach einem Jahr ziemlich unzufrieden zurückkehrte. Dann in Norwegen. Und schließlich in Frankreich, wo er Asyl beantragte. Er ließ sich dort nieder, die Mädchen und ich sollten ihm folgen, sobald er als Flüchtling anerkannt wäre und Arbeit gefunden hätte. Unsere Freunde fanden alle, er sei verrückt, so bei Null anzufangen. Zumal es das Leben in Karamay doch gut mit uns zu meinen schien. Im Laufe der Jahre hatten Kerim und ich höhere Gehälter bekommen. Wir wohnten in einer geräumigen Wohnung im Zentrum, die uns die Firma bei Gulhumars Geburt gegeben hatte. Unsere Töchter gingen in uigurische Schulen. Wir fuhren ein schönes Auto. Kurzum, wir gehörten gewissermaßen zur Elite. Ich teilte die Meinung der Freunde. Außerdem war ich noch nie außerhalb meiner Provinz gewesen. Die Vorstellung, irgendwo in der großen, weiten Welt zu landen, machte mir Angst. Wie viel Demütigung, Ungleichbehandlung und Ungerechtigkeit muss man ertragen, bis man mit der Faust auf den Tisch haut und sagt: »Es reicht!« Ein chinesisches Sprichwort besagt, dass dir immer und überall etwas zustoßen kann.

In Xinjiang sind Checkpoints, Polizeikontrollen, Verhöre, Einschüchterungen und Drohungen so häufig, dass man fast nicht mehr darauf achtet. Wir bewegen uns wie auf Bewährung, in einem Zustand der Halbfreiheit, die uns jederzeit auch ganz genommen werden kann. Es gehört zum Alltag, auf einen Tee ins Kommissariat des Stadtviertels eingeladen zu werden. Man erzählt den Polizisten von seinem Alltag, nennt die Namen seiner Freunde und Bekannten, spricht über seine Arbeit. Das ist der Preis für eine gewisse Ruhe.

Je umfassender die Überwachung ist, desto mehr wird sie zu einer normalen Bezugsgröße des Lebens. Bei den Uiguren hat jeder einen Bruder, einen Freund, einen Cousin oder Neffen, der Schwierigkeiten mit der Polizei bekam oder für ein paar Monate verschwunden war. Ja, alles kann jederzeit passieren. Jedem. Jeder Bürger ist ein potenzieller Dissident. Und in jeder uigurischen Familie schlummern Jahrhunderte kultureller Auflehnung, was uns von Geburt an zu Staatsfeinden macht.

Dieser Konflikt hat lange vor der Annexion durch die Kommunisten begonnen. Warum soll man sich dann über ein paar zusätzliche Diskriminierungen aufregen?

Den Franzosen fällt es schwer, uns zu verstehen. Meine Tochter Gulhumar nennt ein gutes Beispiel, um zu illustrieren, was ich erzähle: Frankreich ist voller Städte, Dörfer, kleine Weiler voller Häuser, Geschäfte und Cafés, die wiederum voller Menschen sind. Die Menschen sind überall. In Xinjiang trennen vierhundert Kilometer kahles Land die beiden großen Städte Ürümqi und Karamay. Außerhalb dieser beiden Metropolen, die am Rand von Oasen und Erdölfeldern erbaut wurden, erstrecken sich Einsamkeit und Stille, so weit das Auge reicht. Die Trockenheit erstickt jedes menschliche Leben. Nur die gezackten Linien der verschneiten Berggipfel unterbrechen den Wüstenhorizont. Für die Geheimdienste gibt es nichts Leichteres, als einen Gegner verschwinden zu lassen und irgendwo zu verscharren. Uigure in China zu sein, heißt auch, mit dem Bewusstsein zu leben, dass es jederzeit möglich ist, in der großen Taklamakan-Wüste zu verschwinden.

Auch deshalb habe ich mich immer von politischen Angelegenheiten ferngehalten. Ich bin in Gulja aufgewachsen und habe nie gehört, dass sich meine Eltern beklagten oder über die Regierung aufregten. Sie arbeiteten in der nahe gelegenen Brennerei und sahen zu, dass es ihren acht Kindern trotz der mageren Löhne an nichts fehlte. Ich glaube, sie sorgten sich mehr um unser Überleben als um die Diskriminierung der Uiguren, die es schon damals gab. Wir waren eine bescheidene Familie und lebten weit weg von den großen Städten, in denen sich die Ethnien mischten.

Ich wurde eine schüchterne und fleißige junge Frau. An der Universität von Ürümqi ging ich politischen Fragen, die sich in alle Gespräche mischten, bewusst aus dem Weg. Ich verstand sie nicht, und all der Zorn ängstigte mich. Dabei konnte man diesen Themen in der Hauptstadt kaum entgehen. Als ich Kerim kennenlernte, öffnete sich mir eine neue Welt. Kerim war besessen von Politik. Er konnte stundenlang darüber reden. Seine Augen glänzten, wenn ein Gespräch zur Debatte wurde. Überall diskutierten Studenten aus allen Ecken und Enden des Landes neue Ideen. Die bleierne Decke der Kulturrevolution bröckelte. Das war vor den Ereignissen 1989 in Peking, als Tausende Studenten wochenlang auf dem Platz des Himmlischen Friedens demonstrierten und von der Regierung demokratische Reformen verlangten, aber unsere Studentenbewegung hatte ähnliche Forderungen.

Aus Liebe, vielleicht auch aus Neugier begleitete ich Kerim im Dezember 1985 zu einer Demonstration in Ürümqi.* Wir forderten mehr gesellschaftliche Gleichberechtigung für die ethnischen Minderheiten, das Ende der Ein-Kind-Politik und mehr Unabhängigkeit für unsere Provinz. Die Bewegung wurde wie jede andere im Keim erstickt, zum Glück ohne Blutvergießen. Die Polizei beschränkte sich darauf, die Anführer zum Schweigen zu bringen, und wir, die Masse, kehrten in die Hörsäle zurück, ohne etwas erreicht zu haben. Doch das Feuer, das schon damals in Kerim loderte, ist nie erloschen. Eines Abends kam er mit verschlossenem Gesicht nach Hause. Er hatte die Enttäuschung über die abgelehnte Beförderung nicht verwunden, nun war seine Entscheidung getroffen. Ich sah ihn an und fand den Glanz der Auflehnung wieder, der schon fünfzehn Jahre zuvor in seinen Augen gebrannt hatte. »Ich habe gekündigt«, sagte er nur und stellte einen Karton mit dem Logo der Firma ins Wohnzimmer. Ich war fassungslos. Er fügte nur hinzu: »Es reicht.«

Während unsere Tochter ihre letzten Hochzeitsgäste umarmte, ging es mir wieder durch den Kopf: Kerim hatte recht. Mehr denn je. Frankreich hatte uns die Freiheit zurückgegeben. Derweil traf die Uiguren in Xinjiang eine neue Welle des Terrors mit nie da gewesener Gewalt.

* Ende 1985 fanden in mehreren Städten in Xinjiang friedliche Studentendemonstrationen statt. Die Studenten protestierten gegen die ethnische Diskriminierung und gegen die Atomwaffentests in Lop Nor.

In jenem warmen Augustmonat, der uns so viel Freude schenkte, kündigte sich in unserer Heimat der Auftritt eines neuen Protagonisten im Konflikt unseres Volkes mit der Kommunistischen Partei an. Chen Quanguo, von 2011 bis 2016 Parteisekretär in Tibet und dafür bekannt, dass er dort drastische Überwachungsmethoden eingeführt hatte, kam in gleicher Funktion in unsere Region. Mit ihm nahm die Unterdrückung der Uiguren dramatische Ausmaße an. Tausende von ihnen wurden in sogenannte Schulen geschickt, die man eilig in der Wüste errichtet hatte und die nichts anderes waren als Umerziehungslager. Hier wurde den Gefangenen das Gehirn gewaschen. Und Schlimmeres. Die wenigen, die aus diesen Lagern wieder herauskamen, waren an Körper und Seele gebrochen.

Doch an jenem Abend, die Tanzfläche war noch in ein weiches orangefarbenes Licht getaucht, die letzten Freundinnen legten die Tücher um ihre goldbraunen Schultern und Automotoren brummten im Hof, war mir das Grauen, das sich in Xinjiang ereignete, noch unbekannt. Selbst in meinen dunkelsten Gedanken konnte ich mir nicht vorstellen, dass ich wenige Monate später in den Strudel dieser Geschichte gerissen werden würde. Ich sah nur Gulhumar in ihrem weißen Kleid, und mein Herz war voller Glück.

Kapitel 2

Paris, 19. November 2016

Am Telefon hatte sich der Mann als Mitarbeiter der Erdölfirma vorgestellt, »Buchhaltungsabteilung«. Die Stimme war mir unbekannt. Ich habe nicht gleich begriffen, was er wollte. Er erwähnte meinen unbezahlten Urlaub, den ich 2006 bei unserer Ausreise aus Xinjiang genommen hatte. Es rauschte in der Leitung, ich verstand ihn schlecht. »Sie müssen nach Karamay kommen und Dokumente für Ihren Vorruhestand unterzeichnen, Frau Haitiwaji«, verlangte er. »Dann werde ich eine Vollmacht ausstellen«, erklärte ich ihm. »Ich habe eine Freundin in Karamay, die sich um meine Belange kümmert. Warum soll ich wegen irgendwelcher Dokumente nach Karamay kommen? Extra dafür so eine weite Reise? Und warum gerade jetzt?« Der Mann beharrte zwar darauf, dass ich kommen müsse, konnte aber meine Fragen nicht beantworten. Am Ende sagte er, er werde sich wegen der Vollmacht erkundigen und mich in zwei Tagen wieder anrufen.

Ich tigere untätig durch die Küche. Seit Jahren habe ich nichts von der Firma gehört. Die drängende Stimme klang unangenehm und hat mich in die Vergangenheit katapultiert. Ich sehe das große Gebäude aus ockerfarbenem Stein vor mir. Den Garten, der sich vor den Ankommenden darbietet, wenn sie die Sicherheitsschleuse passiert haben, hinter dem Elektrozaun, der nach hinten niedriger wird, wie ein Ehrenspalier. Ich stelle mir den Mann vor: Er ist sicher klein, das Gesicht hinter einer eckigen Brille versteckt, eingesunken in seinen Bürostuhl. Am Telefon habe ich hinter seiner Stimme das Brummen der Klimaanlage und das eifrige Tippen der Sekretärin an ihrem Computer gehört. Das Büro, das sie teilen, ist sicher winzig und schlecht belüftet, die Wände mit vergilbter Tapete bedeckt, die sich in den Ecken löst.

O ja, ich liebte die Firma. Und am Ende habe ich auch meinen Beruf geliebt. Früher hatte ich davon geträumt, Ärztin oder Krankenschwester zu werden. Nach der Schule hatte ich mich an allen medizinischen Universitäten in Xinjiang beworben, aber mein Zeugnis war nicht gut genug. Man schickte mich an die Universität in Ürümqi, damit ich Erdölingenieurin werde. Notgedrungen befasste ich mich mit Mathematik und Mechanik. Wie Medizinstudenten einen Körper sezieren, öffneten wir den Bauch verschiedenster Maschinen, um ihr Innenleben, die elektrischen Leitungen und das Getriebe zu untersuchen. Ich war nicht die beste Studentin, aber ich kam zurecht. Am liebsten entwarf ich Pläne für Raffinerien. Wie eine Architektin zeichnete ich auf großen Blättern mit Bleistift das Labyrinth aus Rohren, Kränen und Pumpen. Jeden Monat hängte unser Lehrer die vier besten Pläne unseres Studienjahres an die Wand des Klassenraums. Meiner war immer dabei. Das war mein ganzer Stolz.

Als Kerim und ich nach Karamay geschickt wurden, entschädigte uns der anständige Lohn, den man uns versprach, für die harten Arbeitsbedingungen in der Erdölfirma. Die Arbeit in der Wüste und der Höllenlärm lockten mich nicht gerade, aber alle Neuen mussten erst mal ein Jahr in die Produktion, das war Vorschrift. Ich werde mich mein Leben lang an die Pipelines mit ihren gewaltigen Öffnungen erinnern, die wie riesige gefällte Baumstämme neben den Hallen lagen. An das unaufhörliche Ballett der in der Luft hängenden Maschinen. An ihr scharfes Gebiss, das die glühenden Rohre aus dem Ofen zog. An das Quietschen der Schweißanlage, die einen scharfen Geruch verbreitete, und die Nähte, mit denen die Arbeiter in einem blauen Funkenregen die Enden der Rohre verbanden.

Nach einem Jahr bekam ich zu meiner großen Erleichterung eine Stelle im Stadtzentrum von Karamay zugewiesen und nicht bei einer der Förderanlagen, die die Stadt säumten. Man vertraute mir die Abteilung zur Kontrolle der Produktionssicherheit an. Wieder arrangierte ich mich mit einer Arbeit, die ich an der Universität nicht gelernt hatte, die mir jedoch mit der Zeit ans Herz wuchs. Die Jahre vergingen, ich entwickelte mich in der Firma und empfand Dankbarkeit.

Nachdem Kerim fortgegangen war, wurde das Leben zu einem mühsamen Drahtseilakt. Die Wochen glichen Tunneln, in die ich mich mit gesenktem Kopf hineinstürzte, ohne Zeit zum Nachdenken zu haben. Ich versuchte, die Arbeit, die Mädchen, das Kochen, den Haushalt und Kerim am Telefon unter einen Hut zu bekommen. Um meinen Mann machte ich mir schreckliche Sorgen. Er irrte durch die Straßen von Paris und wartete auf Antwort von den Behörden. Er schlief in einer Notunterkunft, wenn er einen Platz fand, oder sonst wo, wenn alle Aufnahmeeinrichtungen voll waren, wie so oft in jenem Winter. Aber er würde bald die Papiere bekommen, sagte er uns. Er hatte seinen Asylantrag gestellt. Bald wären die eisigen Nächte in einer Metrostation oder im Flughafen Roissy nur noch ferne Erinnerungen, das Elend des Anfangs, diese etwas schaurigen Begebenheiten, so beruhigte er uns, gehörten zu einem solchen Abenteuer dazu.

Sein Durchhaltevermögen und sein Mut haben mich immer fasziniert. Erst kürzlich wurden sie erneut belohnt. Kerim fand Arbeit als Uber-Fahrer und ist jetzt selbstständig. Er, der einstige Ingenieur aus Xinjiang, der ohne Papiere, ohne eine Adresse und ohne einen Kontakt in Paris strandete, kutschiert nun unbekannte Fahrgäste durch die Nacht. Sein Auto gleitet die erleuchtete Champs-Élysees entlang, diese Prachtstraße, die er bei seiner Ankunft mit offenem Mund bestaunte. Es holpert über das Pflaster der Place de la Concorde und durch die feuchten Gassen an Les Halles. Ich weiß, dass er sich hinter der beschlagenen Windschutzscheibe an die Härte des Anfangs erinnert.

Die Monate vergingen. Der erste Jahrestag nach seiner Ankunft in Frankreich. Trotz der Ungewissheit, weil sein Antrag immer noch nicht entschieden war, behielt er seinen Optimismus. Am Telefon erzählte er wenig von seinen erbärmlichen Lebensbedingungen. Lieber berichtete er uns dreien von seinen ersten Schritten durch dieses ferne und wunderbare Land, das uns aufnehmen würde. Er beschrieb uns den Eiffelturm, ein Gerüst aus Eisen, das mich an die bizarren, über den Erdölraffinerien tanzenden Kräne von Xinjiang erinnerte, die Ruhe auf den von Bäumen gesäumten Wegen im Jardin du Luxembourg, die Glasfronten der modernen Hochhäuser, in denen sich die Frühlingssonne spiegelte und vor denen die Seine floss, die frische Luft des Morgens. Im Laufe der Zeit fand er seinen Platz. Er freundete sich mit ein paar uigurischen Familien an, die ihn herzlich in ihren Kreis aufnahmen. Er lernte Französisch.

In Karamay verfolgten unsere Töchter seine Abenteuer wie die der Helden aus amerikanischen Serien, die sie nach der Schule sehen durften. Ihnen war nicht bewusst, wie hart seine Bewährungsprobe war. Ich fürchtete den Tag, an dem wir ihm folgen würden. Deshalb hatte ich nicht den Mut, meine Stelle zu kündigen, bevor wir Xinjiang 2006 endlich verließen. Es schien mir zu riskant, einen Schlussstrich zu ziehen. Mir hatte die Firma ja nichts getan. Noch nicht. Ich nahm unbezahlten Urlaub und behielt so meine Stelle als leitende Ingenieurin in der Firma. Vielleicht würden wir doch irgendwann zurückkommen. Am 27. Mai landeten Gulhumar, Gulnigar und ich auf dem Flughafen Roissy-Charles-de-Gaulle.

Die Mädchen erhielten einen Flüchtlingsstatus wie ihr Vater. Mit dem politischen Asyl hatte Kerim sich für Frankreich entschieden. Er hatte de facto seine chinesische Nationalität verloren. Für mich war der Verzicht auf meinen Ausweis mit einer schrecklichen Konsequenz verbunden: Ich würde nie mehr nach Xinjiang zurückkehren können. Wie konnte ich unseren Wurzeln Lebewohl sagen und den Menschen, die wir zurückgelassen hatten, unseren Eltern, unseren Geschwistern, deren Kindern? Ich stellte mir vor, wie meine Mutter, die schon sehr alt war, allein in ihrem Haus am Fuße der Berge starb. Meine chinesische Staatsbürgerschaft aufzugeben, hieß, auch sie aufzugeben. Dazu konnte ich mich nicht durchringen. Deshalb beantragte ich eine Aufenthaltsgenehmigung, die alle zehn Jahre erneuert werden muss.

Während ich den Blick durch das friedliche Wohnzimmer schweifen lasse, schießen mir Fragen durch den Kopf: Warum will dieser Mann, dass ich nach Karamay komme? Ist es ein Vorwand, um mich zu verhören? Ich kenne keinen Uiguren in Frankreich, der solch einen Anruf erhalten hat. Die Wohnung in Boulogne-Billancourt erstarrt in der Mittagsmüdigkeit. Kerim liegt auf dem weißen Sofa und wischt sich mit trägem Finger durch die Nachrichten auf seinem Telefon. Bald fängt sein Dienst an. Samstags gibt es viele Buchungen bis spät in die Nacht. Ein winterlicher Sonnenstrahl fällt auf die Fliesen in der Küche. Nur das leise Brummen der Waschmaschine stört die Stille. Als wir hierherzogen, gab es keinen Schrank, keine Vorhänge, kein Sofa. Nur einen einsamen Topf auf dem Induktionsherd und Kerim im leeren Wohnzimmer. Heute lachen wir darüber. Manchmal verspotten wir ihn liebevoll wegen seines Topfes. Kann ich es wagen, mehrere Wochen wegzufahren? Und Kerim allein mit den Mädchen zu lassen?

Zwei Tage später hat der Mann von der Firma wieder angerufen. »Es ist leider nicht möglich, dass Sie eine Vollmacht ausstellen, Frau Haitiwaji, Sie müssen sich nach Karamay begeben.« Ich hatte nicht die Kraft, Nein zu sagen. Es ging ja nur um ein paar Dokumente. »Na gut, ich komme so bald wie möglich.«

Als ich aufgelegt hatte, lief mir ein Schauer über den Rücken. Ich fürchtete mich vor der Rückkehr nach Xinjiang. Obwohl mich Kerim seit zwei Tagen zu beruhigen versuchte, hatte ich eine böse Vorahnung. In dieser Jahreszeit ist Karamay in den Fängen eines brutalen Winters. Die Häuser, Wohnblocks und Geschäfte drängen sich unter den eisigen Böen aneinander, die durch die Straßen peitschen. Ein paar eingemummte Gestalten trotzen den Elementen, drücken sich an den Hauswänden entlang, aber meistens ist keine Menschenseele draußen. Die Temperatur ist nicht meine größte Sorge. Ich muss nur »Xinjiang« in die Google-Suche eingeben, um zu sehen, wie drakonisch die Sicherheitsmaßnahmen geworden sind. Wann immer du aus dem Haus gehst, weißt du, dass du wegen einer Kleinigkeit verhaftet werden kannst. Das ist nicht neu, aber nach den Unruhen in Ürümqi 2009 hat sich alles noch verschärft.

Der 5., 6., 7. und 8. Juli 2009 werden für Xinjiang immer in dunkler Erinnerung bleiben. Diese Tage haben das empfindliche Gleichgewicht endgültig zerstört, dank dem die Uiguren noch an eine glückliche Zukunft glauben konnten. Rings um die Universität von Ürümqi entbrannte eine unvorstellbare Gewalt. Dutzende vermummte Uiguren mit Knüppeln und Messern verwüsteten ganze Stadtviertel. Alle, die ihnen über den Weg liefen, Uiguren wie Han-Chinesen, wurden von ihnen aufgeschlitzt, niedergetrampelt, erschlagen. Eins ist wichtig: Auch Uiguren waren Opfer dieser extremistischen Exzesse.* Später schrieb die Kommunistische Partei diese schrecklichen Verbrechen unserer gesamten Volksgruppe zu. Sie rechtfertigte die Lagerpolitik damit, dass alle Uiguren dem radikalen Islam und dem Separatismus anhingen.

Die Bilder zeugen von unerträglicher Brutalität. Man sieht Frauen mit zerfetzten Gesichtern, die mit ihren Kindern im Arm zwischen demolierten Bussen schreiend davonrennen. Man weiß nicht, ob die Kinder tot oder bewusstlos sind. Schluchzend knien andere vor einem zersplitterten Schaufenster oder einem reglosen Körper.

Am nächsten Tag schlugen die Han-Chinesen zurück. Insgesamt starben 197 Menschen. Danach versank die Region, die schon zuvor von unterschwelliger Gewalt gezeichnet war, im Chaos.

In jenem Sommer 2009 war ich in den Sommerferien allein in Altay gewesen. Achthundert Kilometer von Ürümqi entfernt verbrachte ich friedliche Tage mit meiner Schwiegerfamilie. Ich dachte an Kerim und meine Töchter, die mich nicht hatten begleiten können, weil sie noch den Flüchtlingsstatus besaßen. Draußen verhüllten große schwarze Wolken die Berggipfel.

Die Nachrichten von den Auseinandersetzungen erreichten uns tröpfchenweise wie der feine Regen vor dem

* Nach dem Tod von zwei uigurischen Arbeitern in der Provinz Guangdong artete am 5. Juli 2009 eine Demonstration in gewalttätige Auseinandersetzungen mit der Polizei aus. In der Folge richteten mit Messern und Knüppeln bewaffnete Uiguren ein Blutbad an. Es gab 197 Tote und 1684 Verletzte; wie viele darunter zu welcher Ethnie gehörten, wurde nicht bekannt gegeben. Die chinesische Regierung beschuldigte den Weltkongress der Uiguren, der die Uiguren im Exil vertritt, und dessen damalige Präsidentin Rebiya Kadeer, die Angriffe organisiert zu haben.

Gewitter. Erst einzelne Bilder, dann eine Sturzflut. Die Nachbarn um uns herum sagten, dass es sehr viele Schuldige gebe. Andere, dass seit den Unruhen in Ürümqi jede Nacht die Straßenbeleuchtung ausgeschaltet werde, damit die Polizisten die Stadt »säubern« könnten. Sogar diejenigen, die das Pech gehabt hätten, die Ereignisse zufällig mit anzusehen, seien verhaftet oder hingerichtet worden.* Fast unbemerkt wurde zur selben Zeit das Internet abgeschaltet. Im Fernsehen hörte man kein Wort zu den Ereignissen. Dafür liefen in Endlosschleife Kochsendungen und Reportagen zum Ruhme des erdölreichen Bodens von Xinjiang. Aber niemand interessierte sich dafür. Die Angst nistete sich in den Häusern ein. Nach diesen Unruhen flohen viele Uiguren nach Europa und in die USA.

2012 begriff ich, dass das Land noch lange die Stigmata der Aufstände tragen würde. Es waren wieder Sommerferien. Wir flogen nach Xinjiang, um wie jedes Jahr unsere Angehörigen und Freunde zu besuchen. Aber diesmal empfing uns schon am Flughafen eine unheilvolle Atmosphäre. Wir fuhren zu meiner Mutter nach Gulja, dann nach Altay zu Kerims Familie und schließlich nach Karamay, wo wir noch Freunde hatten. Die Entfernungen sind gewaltig, Hunderte Kilometer durch die Wüste, ohne einer Menschenseele zu begegnen. Für gewöhnlich freuten wir uns, die karge, trockene Landschaft wiederzusehen, die vom Wind geformten Krater in den Hügeln, auf denen nichts wächst, die Oasen mit ihrer üppigen Vegetation, die einen Flussarm oder eine nahe Quelle erahnen lassen.

* Die Polizei meldete, sie habe in der Nacht vom 6. auf den 7. Juli 2009 in Xinjiang 1434 Personen festgenommen.

In diesem Jahr hatten wir kein Auge für die Schönheit der Natur. Alle 50 Kilometer gab es Kontrollposten. Fünf oder sechs Polizisten ließen uns anhalten, aussteigen und unsere Papiere vorweisen. Sie durchsuchten das Autoinnere, die Türen, das Handschuhfach … Es gab immer schon Kontrollen in Xinjiang. Aber noch nie in diesem Ausmaß.

Karamay glich einer Stadt im Belagerungszustand. Polizisten, alle Han-Chinesen, liefen in Trupps durch die vollen Straßen. Man erkennt sie an ihrer Uniform oder an den kleinen Ansammlungen, die sie an den Kreuzungen bilden, wenn sie in Zivil sind. In jenem Jahr sah ich, wie verschleierte Frauen und bärtige Männer aufgefordert wurden, ihre Papiere und ihre Telefone vorzuzeigen. Wenn früher jemand von der Polizei verdächtigt wurde, lud man ihn zum Tee auf das Kommissariat ein. Wie oft habe ich Kerim dorthin gehen sehen, nachdem er von der Polizeiwache in unserem Viertel eine SMS erhalten hatte? Ich zitterte jedes Mal bei der Vorstellung, er könnte nicht zurückkommen. Doch jetzt machten sich die Polizisten nicht einmal mehr diese Mühe, sondern kontrollierten die Menschen mitten auf der Straße.

Nein, ich will nicht dorthin. Aber Kerim hat recht. Es gibt keinen Grund, sich Sorgen zu machen, es geht nur um ein paar Wochen. »Du wirst natürlich auf dem Kommissariat befragt werden, aber sorg dich nicht, das ist normal«, beruhigt er mich. Ich lebe jetzt in Frankreich, die Polizisten von Karamay wissen das. Sie können mich nicht dabehalten. Ich bringe die Stimmen in meinem Kopf zum

Schweigen. Ich höre nicht auf die böse Vorahnung. Ich will es so schnell wie möglich hinter mich bringen, mich dieser Last entledigen. Ich greife nach dem iPad, das auf dem Couchtisch liegt, und suche nach Flügen nach Xinjiang. Am 21. November 2016 buche ich einen Hinflug nach Karamay für den 25. November und einen Rückflug für den 11. Dezember. Am Tag der Abreise drücke ich meine geliebten Töchter an mich, während Kerim die Koffer zum Auto bringt. In meiner Familie sind wir Gefühlsäußerungen nicht gewohnt. Ich weiß nie so recht, was ich sagen soll. Wir weinen selten, höchstens bei Hochzeiten.

Ich werde nur zwei Wochen fort sein, aber trotzdem überwältigen uns die Gefühle. In der Hoffnung, die Atmosphäre aufzulockern, aber auch weil ich genau das denke, sage ich: »Ich hoffe, mir passiert nichts!« Kerim brummt etwas wie »Unsinn, was erzählst du da«. Gulnigar lächelt mich an. Gulhumar wird wütend und schimpft, dass so ein Satz Unglück bringt. Sie weiß nicht, wie recht sie hat.

Kapitel 3

Karamay, 29. Januar 2017

Die Zellentür hat sich hinter mir geschlossen. Es ist sicher schon spät. Draußen ist es dunkel, das habe ich eben gesehen. Unter dem grellen Neonlicht liegen überall Frauen auf schmalen Pritschen. Mit halb geschlossenen Augen wachen zwei von ihnen in der engen Zelle über die Schlafenden, die regelmäßig atmen. Sie tragen Gefängniskleidung, aber in diesem Moment achte ich nicht darauf, denn während ich mit den Ketten kämpfe, die die Wachen um meine Knöchel gelegt haben, dröhnt ein Satz in meinem Kopf: »Das war's noch nicht, Gulbahar Haitiwaji, das war erst der Anfang.« Sie haben mich mürbe gemacht. Sie waren zu viele. Ich konnte noch so oft schreien und die Lüge anprangern, es half nichts: Am Ende habe ich das verfluchte Blatt unterschrieben, auf dem steht, dass ich an »gemeinschaftlicher Störung der öffentlichen Ruhe« beteiligt war. Und jetzt bin ich verloren.

Kälte und Gestank sind unerträglich. Als mich die Polizisten hierhergebracht haben, konnte ich noch das Schild über dem Tor zu den Baracken sehen. »Untersuchungsgefängnis Karamay«. Ich bin in Untersuchungshaft! Ich weiß weder warum noch für wie lange. Niemand antwortet auf meine Fragen. Niemand sagt mir etwas. Dabei hat mich Kerim am Telefon noch beruhigt, als sie mir vor einem Monat meinen Pass weggenommen hatten: »Sie können dir nichts tun, deine Familie ist in Frankreich, sie haben kein Recht, dich ohne Grund festzuhalten. Mach dir keine Sorgen.«

Aber ich muss von vorn erzählen. Alles hat in der Firma angefangen, ein paar Tage nach meiner Ankunft. Es war am 30. November. Am Morgen bin ich hingegangen, um die ominösen Dokumente für meinen Vorruhestand zu unterschreiben. Zwischen den maroden Wänden des Büros saßen der Buchhalter, ein Han-Chinese mit piepsiger Stimme, und seine Sekretärin hinter ihrem Monitor. In der Tür stand Aynur, die Freundin, bei der ich in Karamay wohnte, und spielte nervös mit den Fransen ihres Schals.

Wenn ich nach Karamay komme, bin ich immer bei Aynur zu Gast. Sie wohnt allein im Stadtzentrum. Ihr Mann ist gestorben. Ihr Sohn Haqim studiert in einer Stadt im Süden und ihre Tochter Munir lebt in Frankreich. Im Auto, auf dem Weg zur Firma, hatte sie sich ihre Meinung nicht verkneifen können: »Die ganze Reise wegen ein paar Papieren, das ist doch seltsam, oder?« Ich hörte zerstreut auf den Klang ihrer Stimme. Ich war froh, sie wiederzusehen. Die Landschaft, die an der Autoscheibe vorbeizog, stimmte mit meinen Erinnerungen überein. Aynur wollte mich nicht zu sehr beunruhigen. »In diesem verrückten Land ist alles möglich«, sagte sie abschließend. Dann wechselte sie zu einem harmloseren Thema.

In dem kleinen Büro sah ich mir die Papiere genau an

und suchte nach einer möglichen Falle. Ich hatte noch zwei Blätter zu unterschreiben, als drei Männer in den Raum kamen. Sie waren groß, Uiguren. Aynur sah sie an und zuckte zusammen. Ihr goldener Teint färbte sich plötzlich olivgrün. Sie trugen Zivil, aber es waren Polizisten. Doch Kerim hatte mich gewarnt. Deshalb machte ich mir keine Sorgen. Ich hatte sie erwartet und wiederholte in Gedanken ständig seine Sätze: »Denk dran, du kommst aus Frankreich. Sobald du die Landebahn betreten wirst, wissen sie, dass du nur für zwei Wochen da bist. Natürlich werden sie dich befragen. Mach dir keine Sorgen.« Die Männer sagten nichts über den Grund meiner Festnahme. »Wir müssen Ihnen ein paar Fragen stellen«, sagte einer von ihnen kurz, »das kann nicht warten, Sie müssen sofort mitkommen.« Während mir der Kräftigste schon Handschellen anlegte, wiederholte ich Aynur Kerims kluge Worte: »Warum hast du Angst? Hab keine Angst.« Ich warf ihr noch einen aufmunternden Blick zu, bevor ich verschwand. Sie nickte mit fassungslosem Gesicht.

Später erzählte sie mir, dass sie sich auf der Toilette hatte übergeben müssen.

Die Fortsetzung fand auf dem Revier von Kunlun in Karamay statt. Wir fuhren von der Firma zehn Minuten. Im Auto legte ich mir Antworten auf die Fragen zurecht, die sie mir stellen würden. Nachdem ich alle persönlichen Dinge am Eingang abgegeben hatte, führte man mich in ein enges, seelenloses Zimmer. Den Verhörraum. Ich hatte noch nie einen gesehen. Ein Tisch, der die beiden Stühle der Polizisten von dem der Verhörten trennte, also von mir. Das leise Brummen der Klimaanlage. Eine weiße, schlecht geputzte Tafel in einer Ecke. Kaltes Licht.

Sie erwähnten meine Ausreise nach Frankreich, die Gründe dafür, meine Anstellung in einer Kantine in La Défense, dann in einer Bäckerei. Während ich mich auf alles Mögliche vorbereitet hatte, entwickelte sich das Gespräch wie eine ruhige Partie Pingpong. Der Ball ging hin und her: Sie fragten, ich antwortete. Die Polizisten erkundigten sich freundlich, ob Frankreich so schön sei, wie man es beschreibe, ob ich dort glücklich sei mit meinem Mann und meinen Kindern, ob das Essen gut sei. Einer reichte mir eine Flasche Wasser. Ich lehnte ab. »Bist du nicht zu müde?«, fragte er. Später würde ich diesen Tricks misstrauen, mit denen man die Verhörten einschläfert. Diesmal noch nicht.

Plötzlich legte einer von ihnen ein Foto vor mir auf den Tisch. Mir blieb das Herz stehen. Unter Tausenden würde ich dieses Gesicht erkennen. Die Grübchen. Die fein geschnittene Nase. Ich hielt es dicht vor meine Augen. Mein Gott, das war Gulhumar! Sie steht auf der Place du Trocadéro in Paris, in dem dicken schwarzen Mantel, den ich ihr geschenkt hatte. Auf dem Foto lächelt sie und hält ein Fähnchen von Ostturkestan in der Hand. Es war das Ende einer Demonstration, die von der Vereinigung der Uiguren in Frankreich* organisiert worden war, um gegen die chinesische Unterdrückung in Xinjiang zu protestieren.

Egal, wie politisch man ist, in Frankreich sind diese Demonstrationen vor allem Gelegenheiten, sich zu treffen,

* Die Organisation vertritt die uigurische Diaspora in Frankreich und prangert die Unterdrückung durch China an, die ihrer Volksgruppe in Xinjiang widerfährt.

wie Geburtstage, das Opferfest *Eid al-Adha* oder *Nouruz*, das muslimische Neujahrsfest im März. Man geht dorthin, um gegen die Unterdrückung in Xinjiang zu protestieren, aber auch, wie Gulhumar, um Freunde zu treffen, die Bande neu zu knüpfen, die wir verloren haben, als wir Xinjiang verließen. Kerim nahm oft daran teil. Die Mädchen waren ein oder zwei Mal dabei. Ich nie. Ich sagte es bereits, Politik ist nichts für mich. Nachdem ich Xinjiang verlassen hatte, war mein Desinteresse noch gewachsen.

Plötzlich schlug der Polizist mit der Faust auf den Tisch.

»Du kennst sie, stimmt's?«

»Ja, das ist meine Tochter.«

»Deine Tochter ist eine Terroristin.«

»Nein. Ich weiß nicht, warum sie bei der Demonstration war.«

Ich wiederholte es immer wieder: Ich weiß es nicht. Ich weiß nicht, was sie dort gemacht hat. Nichts Böses, ich schwöre es, meine Tochter ist keine Terroristin. Mein Mann auch nicht. Ich weiß nicht, warum …

Meine Erinnerungen gehen durcheinander. Der Rest des Verhörs ist ausgelöscht. Es gibt nur noch dieses Foto, ihre aggressiven Fragen und meine ungehörten Antworten. Ich weiß nicht mehr, ob es 30 Minuten gedauert hat oder vier Stunden. Am Ende wurde ich wütend: »War's das? Kann ich jetzt gehen?« Einer von ihnen antwortete ruhig: »Das war's noch nicht, Gulbahar Haitiwaji, das war erst der Anfang.«

Ich holte meine Sachen ab, mir war übel. Draußen war es fast dunkel. Mein Telefon zeigte mehrere verpasste Anrufe von Kerim an. Es war 17.30 Uhr. Ich hatte mich seit zehn Uhr nicht mehr gemeldet. Länger als sieben Stunden hatte er nichts von mir gehört. Eine Ewigkeit in Xinjiang. Ich zitterte, als ich ihn zurückrief. »Wo warst du? Ich habe mir Sorgen gemacht! Alles in Ordnung?«

Ich erzählte ihm alles. Die Tränen, die ich vor den Polizisten zurückgehalten hatte, rannen über meinen Hals. Dann schwankte ich desorientiert, mit geschwollenen Augen, aber ein wenig aufgemuntert bis zu Aynur. »Dem Herrgott sei Dank, sie haben dich laufen lassen«, rief sie und drückte mich an sich. Da war ich mir nicht so sicher. Binnen weniger Stunden war ich zur Geisel meines eigenen Landes geworden. Sie hatten meinen chinesischen Pass einbehalten, und ohne ihn konnte ich Xinjiang nicht verlassen. Ich war dazu verdammt, hier zu warten, abhängig vom Fortgang der Ermittlungen, die ergeben würden, ob ich am 11. Dezember meinen Rückflug antreten konnte oder nicht.

Die Tage vergingen und folgten dem Gesetz des unerträglichen Wartens. Der Polizist, der mich verhört hatte, rief mich jeden Tag an, um mich zu kontrollieren. Mit jedem Anruf schmolz ein Stück mehr von der Hoffnung, nach Frankreich zurückzukehren. »Wir müssen noch etwas überprüfen«, sagte er. »Du musst noch warten«, »du musst geduldig sein«, fügte er mit hinterhältigem Sadismus hinzu. Wie ein gefangenes Raubtier schlich ich durch Xinjiang, auf der Suche nach einer unauffindbaren Lösung. In Gulja bei meiner Mutter, in Karamay bei Aynur. Niemand konnte mir die Lösung verraten. Und wenn ich Freunden von meinen Problemen erzählte, konnte das auch sie in Schwierigkeiten bringen. Wenn wir abends im Restaurant saßen, ließ ich manchmal ein Wort fallen. »Die Polizisten sind bösartig geworden, ja, es wird immer schlimmer, du Arme!«, flüsterten meine Freunde im allgemeinen Stimmengewirr. Es fehlte ihnen nicht an Mut, doch an ihren enttäuschenden, weil floskelhaften Antworten wurde mir bewusst, wie sehr sie selbst Geisel dieses Landes waren! Außer mit Gebeten und Anteilnahme konnten mir meine Freunde und meine Familie mit nichts helfen.

Die Wochen vergingen, mein Rückflug war längst verfallen, und ich stellte mir die falschen Anschuldigungen vor, die meine Akte auf dem Schreibtisch des Polizisten anwachsen ließen. Erschöpft von dem Hin und Her verfiel ich allmählich in den Zustand der Resilienz, der den Uiguren in Xinjiang eigen ist. Bis gestern, einen Tag vor dem chinesischen Neujahrsfest, das ich bei meiner Mutter verbringen wollte. Der Polizist rief mich zum x-ten Mal an, und diesmal verriet seine Stimme, dass es etwas Neues in den Ermittlungen gab. »Du musst sofort nach Karamay zurückkommen. Es ist dringend.« Ich kochte vor Wut, überzeugt, dass er wieder sein Spielchen mit mir trieb. »Ich kann nicht, ich verbringe die Feiertage bei meiner Mutter«, entgegnete ich. »Und wenn wir dir deinen Pass zurückgeben?«

Mir blieb das Herz stehen. Heute früh habe ich meine Mutter umarmt und voller Hoffnung den ersten Flug nach Karamay genommen. Wie naiv ich war! Die Polizisten dachten gar nicht daran, mir den Pass zurückzugeben. Das war nur eine neue List, um mir den letzten Rest Widerstand auszutreiben. Nachdem sie mich wieder mit den immer selben Fragen drangsaliert hatten, folgten administrative und medizinische Formalitäten, die ich für den letzten Akt hielt, um meinen Fall abzuschließen. Aber dann haben sie mich hierher ins Untersuchungsgefängnis von Karamay gebracht. Das ist erst ein paar Stunden her, aber es kommt mir bereits vor wie eine Ewigkeit.

Die Tage vergehen. Vor sieben Wochen hätte ich nach Hause zurückfliegen sollen. In der Wohnung in Boulogne verzehren sich Kerim, Gulhumar und Gulnugar vor Sorge. Die Familie in Xinjiang geht nicht ans Telefon. Die Freunde auch nicht. Niemand hat mich gesehen. Die Temperaturen in Karamay fallen weiter, fast bis auf -30 °C. Dann hat Kerim eine Idee. Warum nicht Agenten vom Geheimdienst in Xinjiang einschalten? Sie haben Zugang zu meiner Akte. Sie wissen bestimmt, wo ich eingesperrt bin. Kerim kennt einen von ihnen. Der schuldet ihm noch was.

Als wir noch in den Sommerferien nach Xinjiang fuhren, klingelte Kerims Telefon, kaum dass wir unsere Koffer ausgepackt hatten. Er nahm den Anruf mit unterdrückter Nummer an. Ein Mann, der weder seinen Namen noch seine Funktion nannte, lud ihn ein, in einem Hotelzimmer eine Tasse Tee mit ihm zu trinken. Ein ziemlich seltsamer Vorschlag. Aber nicht für einen Chinesen und noch weniger für einen Uiguren, der obendrein im Ausland lebt, wie Kerim. Der Mann nannte Kerim den Namen des Hotels, dann legte er auf.

Diese Gespräche waren anders als die Routinekontrollen auf dem Kommissariat. Die Männer gehörten zum Geheimdienst. Hohe Offiziere, die die Verhörtechniken mit solchem Geschick beherrschten, dass sie in wenigen Sekunden vom Plauderton zu unverhohlener Erpressung wechseln konnten. Beamte, die speziell darauf angesetzt waren, unsere Reisen und unsere Kontakte zu überwachen. »Was machst du so? Was arbeitest du? Hast du dort Kontakt zu Uiguren?« und dann plötzlich: »Weißt du, dass die Vereinigung der Uiguren in Frankreich im Dienste von Rebiya Kadeer* steht? Diese Frau ist eine Terroristin, weißt du das? Gehst du zu den Treffen der Vereinigung? Halt dich von diesen Leuten fern.« Kerim wich aus. In der Abgeschlossenheit des Hotelzimmers gab er ihnen genug Informationen, um sie zufriedenzustellen, ohne ihnen dabei die Wahrheit über seine Tätigkeit in der Vereinigung der Uiguren in Frankreich zu verraten. Im Laufe der Zeit hatte er gelernt, wie er sich während der Verhöre verhalten musste.

Die Gespräche waren immer herzlich, am Ende fast freundschaftlich. Aber beide Seiten kannten die Bedingung der unausgesprochenen Vereinbarung, die sie verband. Wenn sich Kerim plötzlich weigern sollte, mit ihnen zusammenzuarbeiten, konnten sie ihn mit einem Fingerschnipsen verschwinden lassen. China hatte ihn immer im Auge, auch Tausende Kilometer von Xinjiang entfernt. Niemals würde ihn die Kommunistische Partei in Frieden lassen. »Du musst immer erreichbar sein. Verlass

* Rebiya Kadeer, die heute in Washington lebt, war von 2006 bis 2017 die Präsidentin des Weltkongresses der Uiguren, der seinen Hauptsitz in München hat.

Xinjiang nicht, ohne uns zu informieren. Vielleicht brauchen wir dich nochmal. Und erzähl nur Gutes über China und Xi Jinping, wenn du wieder in Frankreich bist. Klar?« Nach ein paar Stunden verließ Kerim das Zimmer erschöpft, aber erleichtert.

Die Polizei ist in Xinjiang so allgegenwärtig, dass sich in den Beziehungen zwischen Polizisten und Verhörten bei aller Angst auch etwas Ambivalentes einstellt. Kerim verkündet es laut und deutlich: Nein, er hat nie jemanden verraten. Darauf ist er stolz. »Der Tee war gut, deshalb bin ich geblieben«, sagt er scherzhaft, um das verlegene Schweigen zu brechen. Die Kontakte zu diesen Männern waren für ihn »Beziehungen«, die man unmöglich abbrechen konnte, deshalb hatte er eine ihrer Nummern in seinem Telefon gespeichert.

Gequält von der Angst, mich nicht mehr wiederzusehen, beschließt er, von sich aus den Kontakt zu suchen. Auch Gulhumar durchforstet ihr Adressbuch. Eine ihrer Freundinnen arbeitet in der Propagandaabteilung von Karamay. Eine andere hat einen Polizisten geheiratet. Sie können vielleicht eine Adresse, einen Namen, eine Telefonnummer für sie herausfinden. Sie fragt bei beiden an. »Keine Sorge, ich kenne eine Menge Leute, vor allem Polizisten«, schreibt ihr die erste auf WeChat. Die zweite verspricht, ihren Mann zu überzeugen, nach meinem Fall zu suchen, der doch wohl in der Datenbank der Polizei von Karamay zu finden sein muss.

Die Wochen vergehen. Gulhumars besorgte Nachfragen bleiben unbeantwortet. Dann begreift sie, dass ihre erste Freundin in Karamay die Beziehung kurzerhand abgebrochen und sie auf WeChat blockiert hat. Von ihr wird sie nichts mehr hören. »Bitte schreib mir nicht mehr, mein Mann bekommt sonst Schwierigkeiten«, bittet wenig später die zweite. Gulhumar prallt mit aller Wucht gegen die undurchdringliche Mauer des Schweigens. Auch Kerim bekommt eine abschlägige Antwort. »Du wirst nichts über deine Frau herausfinden. Selbst wenn ich es versuche, werde ich nie an ihre Akte rankommen«, erklärt ihm sein Kontaktmann nüchtern. Kerim ist außer sich, er explodiert am Telefon: »Was soll das heißen? Sie muss doch irgendwo sein! Sie kann doch nicht einfach verschwinden!« »Du weißt doch, dass in Xinjiang nichts so läuft wie im Rest des Landes«, antwortet der Mann, der inzwischen weit von Karamay entfernt seine Rente genießt. Er verrät ihm noch, dass die Akten von denen, die in den Lagern landen, nicht in den Datenbanken auftauchen oder so gut gesichert sind, dass niemand Zugang zu ihnen hat. Sogar unter den hohen Beamten in der Verwaltung von Xinjiang herrscht Angst.

Beziehungen zu haben, reicht nicht aus. Mich zu kennen, ist kompromittierend geworden und kann einen ins Gefängnis bringen. Der bloße Kontakt mit einer Person im Ausland zieht oft stundenlange Verhöre nach sich. Was ist mit Kerims Kontaktmann und Gulhumars Freundinnen passiert? Werden sie verfolgt? Bedroht? Verhört? Der Kollaboration beschuldigt? Kerim und Gulhumar werden es nie erfahren. Eins aber ist sicher: Der Mann hat recht. Nichts läuft in Xinjiang so wie im Rest des Landes. Jemanden verschwinden zu lassen, ist möglich. Schlimmer noch: Es ist ganz einfach.

Gulhumar begreift, dass sie nur auf sich selbst zählen kann. Gulnigar ist zu jung. Kerims Französisch ist nicht gut genug, um sich Gehör zu verschaffen. Demonstrationen, Fahnen vor dem Trocadéro, Plakate mit den Gesichtern der Deportierten nützen nichts. Sie wecken die Sympathie der Zuschauer, bleiben aber ohne Folgen. Gulhumar mochte die Demonstrationen noch nie. Sie hasst es, als »armer, kleiner Flüchtling« angesehen zu werden. Also setzt sie Himmel und Hölle in Bewegung, um Anwälte, Politiker, Journalisten zu treffen. Ihr Ziel: Jeder soll wissen, was mit mir geschehen ist.

Kapitel 4

Baijiantan, 30. Januar 2017

Der Refrain dröhnt, wird lauter. Als spielte jemand am Lautstärkeregler eines Radios. Lauter. Noch lauter. Ein unerträgliches Gekreische. Nein, Gepiepse von Kindern. Sie singen ein Lied zum Ruhm der Kommunistischen Partei. Der aggressive Rhythmus des patriotischen Gesangs greift nach mir, ich öffne mühsam die Augen, ganz steif vom schlechten, fiebrigen Schlaf der letzten Nacht. Der ersten in der Zelle. Mein Bewusstsein erwacht und die Erinnerung an den Vortag trifft mich wie ein Faustschlag: die Tränen, die nicht aufhörten zu fließen, mein Herz, das nicht mehr schlagen wollte, mein Magen, der sich vor Angst verkrampfte. Und diese verfluchten schmutzigen und zu dünnen Leggings, die ich wegen der Ketten nicht über meine Knöchel ziehen konnte. Wie lange habe ich geschlafen? Ein paar Minuten? Eine Stunde? Wer ist diese junge brünette Frau, die sich im Schlaf an mich geschmiegt hat?

Mein Blick streift über die nackten grauen Wände. Unter dem grellen Neonlicht, das Tag und Nacht brennt, springt mir jedes widerliche Detail ins Auge. Aber schon höre ich die Schritte der Wachen. Die Frauen, es sind neun, kriechen mit leerem Blick unter den grauen Decken hervor und setzen sich aufrecht auf den Bettrand, die Handflächen auf den Schenkeln. Es sind sieben Uigurinnen und zwei Han-Chinesinnen. Wir haben unterschiedliche Gesichter. Wir gehören nicht zum selben Volk. Die Uiguren haben eine olivfarbene, fast dunkle Haut und kantige Gesichter, selbst unter den Rundungen des Alters. Die Han-Chinesen haben einen hellen Teint und die dicke Haut der Menschen aus dem Osten. Die Frauen sind dünn, sie haben nicht die Kurven der Uigurinnen. Sie haben asiatische Wurzeln. Wir türkische.

Ich ahme ihre Bewegungen nach, während drei Personen, ein Küchengehilfe und zwei Wachen, die Zelle betreten. Die Mädchen greifen nach ihren Schalen. Ich auch. Jemand reicht mir ein Stück hartes Brot, und ich höre, wie eine Flüssigkeit in meine Schale gegossen wird. Gräuliche Reissuppe. Mir wird übel. Mein Kopf dreht sich. Ist das alles real?

Unter den Frauen erkenne ich Ayshem. Sie hat mich hier empfangen. Gestern Abend, am Ende dieses Tages voller Gewalt und Ungerechtigkeit, hat mich ihre Freundlichkeit tief berührt. Während ich mit meinen gefesselten Knöcheln orientierungslos herumtorkelte, erklärte sie mir die schlafenden Örtlichkeiten: das winzige Waschbecken mit einem dünnen, eisigen Wasserstrahl, der Plastikeimer als Toilettenersatz, die Reihe der Eisenbetten mit den dünnen Decken, unter die die Insassinnen jeden Abend kriechen.

»Soll ich dir beim Waschen helfen?«, fragte sie mich. Vorsichtig spülte sie meine Haare. Mein Wanken unter dem Gewicht der Ketten brachte sie zum Lachen. Wie ein alberner Clown, der sich mit den Füßen in seiner zu großen Hose verheddert hat. Nach diesem kurzen gemeinsamen Lachen suchte sie mir einen Platz zwischen den Schlafenden. »Wie lange bist du schon hier?«, flüsterte ich, während ich mich in die scheußliche Synthetikdecke einrollte. »Zwei Monate.«

Ayshem ist 22, so alt wie Gulnigar. Das seidige schwarze Haar reicht ihr bis zu den Hüften. Sie wurde verhaftet, weil ihre Schwiegermutter Geld an jemanden geschickt hat, der in die Türkei geflohen war. Wahrscheinlich eins ihrer Kinder, aber das will Ayshem nicht verraten. Als die Polizei kam, hat sie alle mitgenommen: die Schwiegermutter, ihren Mann und sie. Das war vor zwei Monaten. Vor Kurzem hat sie erfahren, dass die Beine ihrer Schwiegermutter gelähmt sind. Sie wird im Rollstuhl zum Verhör gefahren.

Für die Staatsmacht sind die Uiguren, die im Ausland leben oder dorthin Kontakt haben, die gefährlichsten. Man betrachtet sie als Spione und beschuldigt sie alle des Hochverrats. Hier in der Zelle sagen die anderen, dass Ayshem aus »politischen Gründen« verhaftet wurde. Da haben wir etwas gemeinsam.

Der Lautsprecher in einer Zimmerecke knistert. Eine verzerrte Stimme brüllt Sätze in Mandarin, die ich nicht verstehe. Früher war mein Mandarin perfekt, aber zu Hause sprachen wir Uigurisch. Mandarin benutzte ich nur in der Firma oder wenn die Umstände es verlangten. In Frankreich hatte ich es in einer Ecke meines Gedächtnisses verstaut. Sieh an, diese Kameras an der Decke hatte ich noch gar nicht bemerkt. Eine von ihnen zwinkert uns zu und bewegt den Kopf, um denen zu folgen, die vom Waschbecken zum Bett oder vom Bett zum Waschbecken gehen. *Bzzz, bzzz.* Das ist unerträglich. Die Kamera macht sich über uns lustig. Sie demütigt uns. Ich starre sie an und versuche, ihr die ganze Wut zu zeigen, die in mir schäumt. In Gedanken zerstöre ich sie mit meinem hasserfüllten Blick, der von den Tränen verschleiert ist, die mir ständig über die Wangen laufen. Die knisternde Stimme setzt ihren Monolog fort. »Nummer zwei? Anwesend! Nummer drei? Anwesend!« Die auf dem Bettrand sitzenden Mädchen springen auf, wenn ihre Nummer genannt wird. Ich tue es ihnen zitternd gleich.

Zu diesem militärischen Ritual kommt ein Haufen anderer sinnloser Pflichten, von denen ich nicht weiß, ob sie die Gefangenen abstumpfen, ihre leeren Tage füllen oder sie umerziehen sollen, noch bevor sie im Lager sind. Aber in jenem Moment denke ich nicht darüber nach, weiß ich nicht mal von der Existenz dieser Lager. Ich konzentriere mich auf den Augenblick: Die Verhaltensregeln in Zelle 202 zu erlernen, hilft mir, den schwarzen Gedanken zu entrinnen, die in meinem Kopf toben, sobald ich etwas Ruhe habe. Es hilft auch, die zahlreichen Bestrafungen zu vermeiden, die der kleinste Fehler nach sich zieht. Sobald der Appell vorbei ist, geht das Getuschel in der Zelle wieder los. Im allgemeinen Geflüster erklärt mir Ayshem: »Das Wichtigste ist, dass du das hier auswendig lernst.« Sie zeigt auf ein Plakat, das an der Wand gegenüber unseren Betten hängt. Es listet in Uigurisch und Chinesisch die Regeln für Zelle 202 auf. Eine Aneinanderreihung von stumpfsinnigen Pflichten und Pseudorechten, die es de facto nicht gibt. Wir müssen sie aus dem Effeff beherrschen, weil wir sie jeden Morgen aufsagen müssen. »Oft ruft die Stimme irgendeine von uns auf. Sie muss strammstehen, die Arme ausgestreckt am Körper, und die Regeln auf Mandarin hersagen«, erklärt mir meine neue Freundin. »Wenn du stockst oder nicht mehr weiter weißt, wirst du bestraft.« Bestraft? Was machen sie mit uns? Ich starre auf die Regeln an der grauen kalten Wand. Ich schlucke sie, ohne mit der Wimper zu zucken. Ich möchte nicht bestraft werden. Niemals. Also lerne ich:

- Es ist verboten, Uigurisch zu sprechen.
- Es ist verboten zu beten.
- Es ist verboten zu streiten.
- Es ist verboten, einen Hungerstreik zu beginnen.
- Wenn eine kranke Person medizinische Behandlung benötigt, darf sie sich ihr nicht entziehen.
- Es ist verboten, die Befehle nicht zu befolgen.
- Es ist verboten, an die Wände zu malen.
- Es ist verboten, die Hygieneregeln nicht einzuhalten.

Bei den Rechten lese ich »frei seine Religion ausüben« und »einen Anwalt zu seiner Verteidigung bekommen«*.

Das war mein erster Widerstandsakt. Alles auswendig zu lernen. Ihnen nicht die Gelegenheit oder die Freude zu verschaffen, mich zu demütigen, indem sie mich bestrafen.

* Während ihrer gesamten Gefangenschaft bekommt Gulbahar trotz ihrer wiederholten Forderung keinen Anwalt zu ihrer Verteidigung.

Kapitel 5

15. April 2017

Ich wurde bestraft, ohne zu wissen wofür. Eines Morgens kam ein Wächter herein und schloss meine Ketten wortlos an die Bettstange. Das war vor zwei Wochen.* Seitdem sitze ich an das Gestell des Eisenbettes gelehnt auf dem staubigen Boden. Für die Nacht hieve ich mich mühsam auf die Matratze.

Unter dem ewigen Neonlicht, das jedes Gefühl für Tag und Nacht raubt, erwacht Zelle 202 allmorgendlich wieder zum Leben. Das also ist Gefangenschaft: Die immer gleiche Abfolge aus schäbigen Mahlzeiten, gebracht von taubstummen Küchengehilfen, die wegen ihrer Behinderung ausgewählt wurden, damit sie nicht berichten, was sich hier abspielt. Reissuppe, Maismehlsuppe, Kohlsuppe, trockenes Brot, ein Ei pro Woche. Ich habe sehr abgenommen. Wenn ich die Hände um die Taille lege, berühren sich meine Daumen und meine Zeigefinger. Die Gefangenschaft ist ein Aufmarsch von Zombies mit ausgehöhlten Gesichtern in viel zu großen orangefarbenen Gefängnisoveralls. Die Zelle leert und füllt sich wie das alte Waschbecken, das wir teilen. Tags-

* Gulbahar bleibt 20 Tage, vom 1. bis zum 20. April 2017, an ihr Bett gekettet.

über brüllt die chinesische Stimme im Lautsprecher. Sie kommandiert jede Bewegung, die unweigerlich vom suchenden Kopf der Kamera begleitet wird. Nachts verfolgt sie mich während der zwei, drei Stunden Schlaf, die ich mit Mühe zusammenbekomme.

Bei meiner Ankunft vor zweieinhalb Monaten waren wir neun Frauen. Heute sind wir knapp 30, fast alle Uigurinnen. Die Namen kann ich mir nicht merken. Eine von ihnen war in Mekka, andere werden beschuldigt, verbotene religiöse CDs verkauft zu haben, an einer Hochzeit ohne Alkohol teilgenommen oder den Geburtstag einer Freundin gefeiert zu haben, die ein Kopftuch trägt. Jeden Tag hilft mir Ayshem, aufzustehen und meine Notdurft zu verrichten. Sie bringt mir den Eimer. Sie trocknet meine Haare mit einem Schwamm. Seit ein paar Tagen nennt sie mich »Mutter«.

Nur die Verhöre, die nach einer für uns unverständlichen Ordnung stattfinden, unterbrechen die tödliche Monotonie unseres Alltags. Sie sind meine einzige Hoffnung. Das Versprechen, dass irgendwo in Xinjiang Polizisten an meinem Fall arbeiten und die Anschuldigungen prüfen, die auf mir lasten. Die Gewissheit, dass in Frankreich Kerim, Gulhumar und Gulnigar Himmel und Hölle in Bewegung setzen, um herauszufinden, wo ich bin. Je mehr Verhöre ich habe, desto weniger vergisst man mich.

In Zelle 202 ist jedes Verhör ein Ereignis. Die Stimme aus dem Lautsprecher ruft die Nummer auf. »Nummer 7, Verhör!« Nummer 7 löst sich aus der Gruppe und geht zur Tür, deren Schloss bereits klappert. Alle Blicke sind auf sie gerichtet, halb ängstlich, halb neidisch. Manche kommen nicht wieder. Sie verschwinden ebenso plötzlich, wie sie gekommen sind, an einem Winterabend im grellen Neonlicht. Wir erfahren nie, was mit ihnen geschieht. Werden sie freigelassen? Einige möchten das gern glauben. Ich habe dazu keine Meinung. Jedes Mal, wenn meine Nummer aufgerufen wird, packt mich die Angst, zum Tode verurteilt zu werden. Aber das wird kaum geschehen. Ich weiß nur, dass ihnen mein Fall zu schaffen macht.

Ich wurde drei Mal zum Verhör gerufen. »Das ist viel«, sagen die Frauen in der Zelle. »Das ist ein gutes Zeichen«, flüstert Ayshem. Kerim wird stolz auf mich sein. Ich verliere vor den Polizisten nicht die Fassung. Ich breche nie zusammen. Vielleicht haben sie mich deshalb ans Bett gefesselt. Beim letzten Mal bin ich zu weit gegangen.

Zum Verhörraum geht man durch einen langen fensterlosen Schlauch mit Linoleumboden. Die Polizisten fesseln mir die Hände auf dem Rücken und ziehen mir eine stinkende schwarze Wollmaske über den Kopf. Durch die Maschen sehe ich die Zellen entlang des Korridors. 204, 206, 208. Sie sehen leer aus, aber ich ahne, dass sie ebenso überfüllt sind wie die 202. Wer sind all die Menschen, die man da hineingepfercht hat? Links öffnet sich ein weiterer Flur: Dort sind die Verhörräume. Schlösser klappern, schwere Türen werden aufgestoßen. Eine unsichtbare Hand nimmt mir die Maske ab. Und ich stehe vor Ablajan, einem der Polizisten, die mich von Anfang an verhört haben.

Er ist Uigure, eine Bohnenstange von 1,70 Metern mit

hellem, hagerem Gesicht. Er trägt keine Uniform. Sein Lächeln könnte mir sympathisch sein, wäre er nicht seit zweieinhalb Monaten mein Peiniger. Wie jedes Mal befiehlt er den Wachen, mich auf den Stuhl ihm gegenüber zu setzen. Wie jedes Mal tun es die beiden, die mich begleiten, ohne großes Feingefühl. Sie stecken meine schmerzenden Handgelenke in zwei Lederschlaufen an den Armlehnen, dann verlassen sie den Raum. Eine Wand aus Gitterstäben trennt uns voneinander. Links von ihm liegt ein roter Ordner, vollgestopft mit Fotos und einzelnen mit Stempel versehenen Blättern. Meine Akte.

Jedes Mal beginnt das Kräftemessen auf die gleiche Art: Ablajan schlägt den Ordner auf, blättert gemächlich darin, unterbricht die Stille im Raum mit gelegentlichem Räuspern, als stoße er sich an einem Foto oder einem Dokument. Wie ein Spieler, der seine Karten begutachtet, die Trümpfe und die Luschen gegeneinander abwägt. Darunter das Foto von Gulhumar, die bei der Demonstration in Paris das himmelblaue Fähnchen von Ostturkestan schwenkt. Zwischen einer Lohnabrechnung und einem Mietvertrag ihre lachenden Augen und ihr strahlendes Gesicht. Das ist das Rückgrat der ganzen Anklage, der einzige Grund, aus dem sie mich hier gefangen halten. Während der Verhöre zieht er es mehrmals hervor und legt es gut sichtbar auf den Tisch. Stundenlang unterbricht er seine Fragen mit demselben unwiderruflichen Satz: »Deine Tochter ist eine Terroristin.« Stundenlang schleudere ich ihm mit fester Stimme dieselbe Antwort ins Gesicht: »Nein, meine Tochter ist keine Terroristin. Ich weiß nicht, weshalb sie auf dieser Demonstration war.«

Dann stellt er mir Fallen, um meinen bereits malträtierten Geist noch weiter zu zermürben. Das Gespräch dreht sich um Einzelheiten unseres Exilantenlebens in Frankreich: »Geht es euch gut in Frankreich? Was hast du dort gemacht?« Und plötzlich hält er mir das Bild eines Exil-Uiguren vor die Nase:

»Kennst du den?«

»Nie gesehen.«

»Und sie? Und ihn?«

»Ich sage doch, ich kenne sie nicht.«

Das ist falsch. Manchmal sehe ich auf einem der Fotos, die bei Demonstrationen in europäischen Hauptstädten aufgenommen wurden, das Gesicht einer Bekannten oder eines Freundes. Aber ich verneine immer. Wenn ich Ablajan auch nur die kleinste Bresche schlagen lasse, bin ich erledigt: Dann wird er seinen Vorgesetzten melden, dass ich mit »Terroristen« verkehre. Das heißt Gefängnisstrafe. Oder Todesurteil. Also beiße ich weiter die Zähne zusammen und pariere seine Angriffe. Ich lasse mich nicht mehr hereinlegen. Inzwischen kenne ich alle seine Tricks. Die Fotos stapeln sich ungeordnet vor mir. Ich bin entsetzt von der Gesichtersammlung: Frauen in meinem Alter, Männer in Kerims Alter, aber auch junge Gesichter, sogar Teenager. Was haben wir Böses getan? Bis ans andere Ende der Welt verfolgt China die Uiguren. Welche Bedrohung stellt ein 13-Jähriger im Exil dar? Die Kommunistische Partei jagt uns wie Ratten.

Je länger ich standhalte, desto deutlicher wird mir, dass die dicke Akte der Anklage nur eine Finte ist, um mich einzuschüchtern. Oft versinkt das Gespräch in unzähligen administrativen Einzelheiten aus dem Jahr 2006, als wir Xinjiang verlassen haben. Ablajan verliert sich im tiefen Brunnen der chinesischen Prozeduren, die jeder Ausreise ins Ausland vorausgehen: die Vermietung unserer Wohnung, die Abmeldung unserer Töchter von der Schule, mein unbezahlter Urlaub in der Firma. Seine argwöhnische Miene und seine idiotischen Fragen ärgern mich. Ich bin wegen »gemeinschaftlicher Störung der öffentlichen Ruhe« verhaftet worden, und dieser Beamte redet über Papierkram?

»Warum hat dir Frankreich eine Aufenthaltsgenehmigung für zehn Jahre gegeben?«

»Ich weiß nicht. Das ist dort so üblich, wenn man Ausländer ist.«

»Dein Pass war nur fünf Jahre gültig.«

»Ich habe ihn auf der Botschaft verlängern lassen.«

»Schützen die Franzosen Terroristen wie dich?«

»Keine Ahnung, da musst du sie selbst fragen!«

Offensichtlich haben sie nicht viel über mich in der Hand. Das merke ich daran, dass Drohung und Einschüchterung schnell ins Zentrum dieser Verhöre rücken, die wir über dem roten Ordner verbringen. In diesen Momenten, wenn mir die Erschöpfung den Rücken hochkriecht, denke ich an den Mut von Rebiya Kadeer. Sie ist das Gesicht der Uiguren im Ausland und saß von 1999 bis 2005 in Ürümqi wegen »Landesverrat« im Gefängnis, nachdem sie ihrem Mann, der als politischer Flüchtling in den USA lebte, »sensible« Dokumente geschickt hatte. Für uns, die Gefangenen in Zelle 202, ist sie ein Vorbild. Von ihren sechs Jahren Gefängnis hat sie zwei Jahre in

Einzelhaft in einer vier Quadratmeter großen Zelle ohne Licht verbracht. An ihre Stärke zu denken, gibt auch mir neue Kraft.

»Wir haben unsere Leute/Agenten in Frankreich. Wenn du uns anlügst, werden sie uns die Wahrheit sagen. Sieh dich vor.«

»Sie können euch nur sagen, dass ich unschuldig bin! Ich habe keine Angst, weil ich nichts getan habe!«

»Wenn du weiter leugnest, wirst du nie nach Frankreich zurückkehren, begreifst du das? Du wirst deinen Mann und deine Kinder nie wiedersehen.«

»Das macht nichts, das macht überhaupt nichts: Solange sie dort glücklich sind, bin auch ich glücklich.«

Ich glaube, diesmal habe ich ihn richtig wütend gemacht.

Die Ketten tun weh. Seit ich ans Bett gekettet bin, schwellen meine Knöchel unter dem Gewicht an. Es gibt kein Fenster, doch die Luft in Zelle 202 riecht nach Frühling. Die Tür neben unserer Zelle führt auf einen engen Hof mit einem Stückchen Himmel darüber. Manchmal erlauben uns die Wachen, hinauszugehen und uns die Beine zu vertreten. Ein paar Minuten dürfen wir im Rhythmus der Befehle aus dem Lautsprecher über den Sandboden stampfen. Nun, ans Bett gefesselt, fehlt mir selbst dieser demütigende Hofgang. Meine Mitgefangenen erzählen, dass die eisige Kälte zwischen den Mauern seit einigen Tagen von einer leichten Brise verdrängt wird, sie ist voller Wüstenstaub und lässt die Augen austrocknen.

Ich bin wie eine Zellenwand. Ich starre stumm auf das freie Viereck in der Mitte, wo sich die Frauen bewegen.

Manchmal sind die Wachen etwas nachsichtiger, als würde das mildere Klima auch ihre Strenge besänftigen. Vor der Abendsuppe um 17 Uhr hat manchmal eine von uns den Mut zu tanzen. Uigurische Musik ist hier verboten. Niemand wagt, darum zu bitten. Also singen ein paar Frauen in Gedanken die Lieder, die uns teuer sind. Sie summen sie nicht einmal, aber plötzlich hört man sie geradezu in der Zelle, während die Frauen ein paar schüchterne Tanzschritte andeuten. Die erste lädt ihre Nachbarin mit einer Handbewegung zum Mitmachen ein und so geht es weiter. Der uigurische Tanz ergreift ihre Körper, die sich wiegen und drehen, als würden sie ihre weiten Röcke schwingen lassen. In diesen kurzen Momenten entspannen sich die vom Warten gezeichneten Gesichter. Mit ein bisschen Phantasie sehe ich die Pailletten auf ihren Westchen glitzern, höre die Seide zwischen den Beinen der Tänzerinnen rascheln. Sie springen von einem Bein aufs andere und die Armbänder an ihren Handgelenken klimpern. Ja, mit ein bisschen Phantasie erwacht Gulhumars Hochzeit wieder zum Leben.

Ich sehe den Frauen mit Freude zu, aber ich selbst habe nie gern getanzt. Das ist selten bei einer Uigurin. In Xinjiang hört man zwischen der Stille der Wüste und dem Knattern der Mopeds die Musik der *Nagras* (Trommeln), *Sornays* (Oboen) und *Dotars* (Lauten). Sie erklingt an jeder Straßenecke, bei religiösen Festen und Empfängen. Die Stimmen der Sänger klagen oder frohlocken. Ich verstehe nicht, warum sie uns hier erlauben zu tanzen, eingezwängt zwischen den staubigen Kacheln und dem unverwüstlichen Neonlicht. Warum lassen sie uns dieses letzte Vergnügen, nachdem sie uns sogar unsere Würde und unseren Namen geraubt haben? Vielleicht, um es uns ein paar Minuten später wieder zu nehmen. Vielleicht wollen sie uns auch glauben lassen, dass die Entschlossenheit Chinas, die uigurische Kultur verschwinden zu lassen, nur ein Hirngespinst ist. Dass wir uns alles nur ausgedacht haben.

Aber schließlich sind wir, ohne jede Schuld und dennoch schuldig, hier eingesperrt! Das ist die Kunst der Unterdrückung der Kommunistischen Partei Chinas: Sie verbietet alles, aber macht Zugeständnisse, sie bestraft, aber belohnt mit Kleinigkeiten, sie erzieht, indem sie einsperrt. Von unseren Freunden in Karamay konnte keiner mit Überzeugung behaupten, wegen seiner Abstammung diskriminiert zu werden. »Sie sind böse geworden, das stimmt«, flüsterte ein Freund bei einem Abendessen im Januar, als ich ihm vorsichtig von den Problemen mit meinem Pass erzählte. »Es ist immer schwieriger geworden, Arbeit zu finden, ja, Kerim hat recht«, sagte ein anderer. Aber wie immer verloren sich die Diskriminierungen in der Illusion von Freiheit. In der Folklore aus Musik und Tanz, die bei den offiziellen Feierlichkeiten von der Provinzregierung gepflegt wird, oder den Komplimenten der Han-Chinesen über die Schönheit der uigurischen Frauen.

Wenn beim Schritt der Wachen oder dem Knistern des Lautsprechers, das die Suppe ankündigt, die Musik in unseren Köpfen verstummt, bleiben die Frauen einen Moment außer Atem und mit gestreckten Körpern stehen. Die unterbrochenen, in der Intimität des Tanzes überraschten Körper wanken, noch erfüllt von den Noten, die sich nur langsam aus Zelle 202 verflüchtigen. Der Atem wird ruhiger, der Staub legt sich wieder als dünner Film auf den Boden. Das Bewusstsein kehrt zurück in das fade, monotone Zellenleben. Die Frauen setzen sich im Schneidersitz in kleinen Kreisen zusammen. Der Abend kommt. Das Flüstern wird lauter, prall gefüllt mit Erinnerungen an Hochzeiten und andere Feste. Hier und da unterbricht ein Lachen das Getuschel.

Oft sprechen wir auch von danach. Wir sind die Bewohner einer Zwischenraumzeit, die morgen enden wird oder in hundert Tagen, wer weiß. Zusammengesunken und mit feuchten Augen sprechen manche vom Zuchthaus. Sie haben Brüder, Onkel, die schon dort waren. Die Stimmen ersticken, wenn sie widerwärtige Details aufzählen: Folter, Kälte, Ratten, Hunger, Dunkelheit. Jedes Mal wird mein Herz schwer wie ein Stein, zieht sich mein Magen vor Angst zusammen. Ich will nicht ins Zuchthaus. Wenn ich da lande, gehe ich unter. Dort sterbe ich.

Zum Glück sprechen die Frauen auch von den »Schulen«: ein besserer Ausgang aus der Untersuchungshaft. Nach zehn Jahren in Frankreich bin ich, was Repressionen angeht, ein Neuling. Zum ersten Mal erahne ich etwas von den Dimensionen des Bunkers, zu dem Xinjiang geworden ist. Von dieser geheimnisvollen Ausbildung habe ich noch nie gehört. Die Regierung hat sie erfunden, um die Uiguren zu »erziehen«, wie es heißt. Aber auch, behauptet man, damit sie eine Arbeit finden. Aber ich brauche keine Arbeit, ich lebe in Frankreich! Und selbst wenn ich noch in Karamay leben würde, hätte ich eine Arbeit! Ich bin Erdölingenieurin. In Zelle 202 erzählen die Frauen auch, dass man an diesen Orten von Han-Lehrern unterrichtet werde, wie in einer normalen Schule. Wenn die Ausbildung abgeschlossen sei (sie könne mehrere Monate dauern), könnten die Schüler nach Hause zurückkehren.

Ich stelle mir Klassenzimmer mit faltigen, müden Schülern vor, die graue Strähnen im schwarzen Haar haben und schwarz-gelbe Schuluniformen tragen, wie sie Gulbahar und Gulnigar als kleine Mädchen morgens anzogen, als sie in ihre Grundschule in Karamay gingen. Ich begreife das alles nicht, aber Müdigkeit und Angst haben meinen Verstand schon lange getrübt. Was könnte es Schlimmeres geben als Zelle 202? Die Beschreibungen meiner Mitgefangenen machen mich hungrig: Die warmen, abwechslungsreichen Mahlzeiten werden in einer großen Kantine serviert, nach dem Essen gehen die Schüler für eine kurze Mittagsruhe oder abends für die Nacht in ihre Schlafsäle. Im Bad (wie lange habe ich dieses Wort nicht gehört) reihen sich die Spiegel aneinander, vor denen die Frauen stehen, die sich frisieren und schminken dürfen. Und vor allem dürfen die Schüler mit ihren Familien telefonieren. Wenn sie mich in eine dieser Schulen schicken, kann ich Kerim oder meine Schwester Madina anrufen. Kann ich ihnen von dem Albtraum erzählen, aus dem ich einfach nicht erwachen kann.

Die Zeit des Abendessens naht. Keine Uhr bestätigt es mir, aber mein leerer Bauch verkrampft sich wie ein nasser Lappen, den man auswringt. Während die Frauen über verschiedene Arten von Schulen diskutieren, kauern sich andere auf dem Bettrand zusammen und fangen an, leise zu singen: »Draußen warten meine Eltern, ich will sie wiedersehen.« Das ist ein uigurisches Lied. Sie singen mit gesenktem Kopf, damit das unermüdliche Auge der Kamera nicht ihre Lippenbewegungen sieht. Sonst wird man sie beschuldigen zu beten. Dann werden sie in Einzelhaft in eine andere Zelle gesteckt und an das Bett gekettet wie ich im Moment. Andere weinen lautlos und verzweifelt. Eine laute Stimme aus der kleinen Diskussionsrunde belehrt uns: »Wenn die Akte schlecht ist, bestrafen sie dich. Das heißt Zuchthaus. Wenn sie gut ist, schicken sie dich in die Schule.«

Ich will in die Schule. Allmächtiger, mach, dass sie mich in die Schule schicken.

Kapitel 6

5. Juni 2017

»Sieh mal, das ist Gulbahar.«

»Bist du sicher?«

»Ja, ja, sieh doch!«

Die Polizistinnen stehen am Eingang des Untersuchungsgefängnisses in der Sonne. Sie tuscheln wie zwei aufgeregte Teenager und werfen mir verstohlene Blicke zu. Im Gegenlicht zappeln ihre Schatten auf den Bodenfliesen der Eingangshalle, einem grauen Schachbrett mit schmutzigen Streifen. Dieser Fußboden hat sich nicht verändert. Die Monate haben ihn mit einer dünnen Schicht Sand bedeckt, den der Wind aus der Wüste mitgebracht hat. Ein Angestellter stößt ihn eifrig mit seinem Besen vor sich her: Hier und da, in den Ecken des großen Raums mit den schmutzigen Wänden hat er kleine Häufchen zusammengeschoben. Das letzte Mal ist mein Blick bei meiner Ankunft im Januar auf diesen Boden gefallen. Damals hielten mir die Polizisten das Papier mit meinem Geständnis wegen »Störung der öffentlichen Ruhe« vor die Nase. Auf dem Empfangstisch wartete ein Kugelschreiber darauf, dass ich nach ihm griff, um zu unterschreiben. Ich war gelähmt vom Gebrüll dieser Männer, von dem ich nur einzelne beängstigende Fetzen (»schuldig«, »Terroristin«, »Spionin«) erfasste, und starrte mit leerem Blick auf die Zementstreifen zwischen den Fliesen.

Ich warte in einer winzigen Zelle. Sie ist durch ein Gitter vom Rest des Raums abgetrennt und für die Neuankömmlinge bestimmt. Aber auch für die, die das Gefängnis verlassen, wie ich. Der mit schwarzem Stoff ausgekleidete Raum mit einem Stuhl in der Mitte erinnert irgendwie an eine Wahlkabine. Als ich im Januar ankam, stank es hier nach schmutzigen Socken, während ich schlotternd den orangefarbenen Gefängnisoverall anzog und meinen Kleiderhaufen gegen speckige kakifarbene Leggings, ein paar schwarze, stinkende Filzschuhe, eine dünne Decke, eine Plastikschale und einen Zahnbürstenkopf tauschte. Das war meine Ausstattung für die nächsten Monate.

In derselben Zelle, die immer noch nach schmutzigen Socken riecht, erlebe ich jetzt das umgekehrte Ritual. Eine schweigende Angestellte bringt mir die Sachen, die ich am Tag meiner Festnahme getragen hatte. Wie ich haben sie den Winter als Gefangene in einem Schrank verbracht. In der Dunkelheit der Wahlkabine entledige ich mich meiner widerlichen Verkleidung, die mit der Zeit zu einer zweiten Haut geworden ist und sich nur mit Mühe abstreifen lässt. Der Reißverschluss des Overalls ist verrostet, der raue Stoff der Ärmel und Beine ist steif von der Kälte, der Hitze und dem Schweiß, in dem ich die ganze Zeit geschmort habe (ich habe keinen Overall zum Wechseln bekommen).

Meine Haft ist zu Ende. Es ist vorbei. Vor drei Tagen hat es mir Rahmanjan, einer der Polizisten, gesagt. »Du gehst in die Schule«, teilte er mir kurz mit. Ich konnte den Seufzer der Erleichterung nicht unterdrücken. Rahmanjan deutete ein Zwinkern an, als sich mein verkrampftes Gesicht in einem halben Lächeln entspannte. Er erzählte mir, dass meine Mutter und meine Schwester dagewesen seien und Sachen für mich abgegeben hätten. Aber er hatte ihnen nicht erlaubt, mich zu sehen. Ich sah ihn sprachlos, fassungslos an. Tränen flossen über meine eingefallenen Wangen, ohne dass ich sie zurückhalten konnte. Warum sagte er mir das jetzt?

Im Nebel all dieser Neuigkeiten musste ich unbedingt meine Gedanken sortieren. Ich konzentrierte mich auf den Augenblick, war voller Hoffnung: Ich komme in die Schule! Ich würde nicht jahrelang in einem verkommenen Gefängnis versauern, sondern eine »Ausbildung« erhalten! Wenn ich Disziplin und Arbeitseifer an den Tag legen würde, könnte ich »in ein paar Monaten« rauskommen, fügte er noch hinzu. Das traf sich gut: Ich war immer diszipliniert und gewissenhaft gewesen.

Gestern Abend habe ich mit den Frauen viel geweint. Aus unserer Zelle wurden fünf für die Schule ausgewählt. Mein Herz hat einen Sprung gemacht, als Ayshem sagte, sie gehöre auch dazu. Natürlich haben wir uns alle gefragt, was aus den anderen wird. Einige haben Lieder angestimmt, andere haben mir die Haare geflochten. Sie schwirrten wie Fliegen um meinen Kopf herum. Wir haben verstohlen gelacht.

Ja, das Ende des Albtraums ist nah. Ich muss mich nur noch anziehen und ein paar Dokumente unterschreiben, dann bin ich draußen. Ich schwanke, als ich aufstehe. Mir dreht sich der Kopf. Mein Körper ächzt wie das Blechdach einer alten Hütte, die unter den Windböen zusammenzubrechen droht. Aber ich will mich nicht beklagen. Glücklich stecke ich das eine Bein in die schwarze Hose, dann das zweite. Was für ein seltsames Gefühl! Sie haben mir heute früh, bevor ich die Zelle 202 verließ, die Ketten abgenommen. Sie mussten sie mit einem Hammer aufschlagen, denn der Kopf des kleinen Schlüssels war in dem rostigen Schloss abgebrochen! Ich trage noch die Spuren an den Knöcheln, in die sich der Rost eingegraben hat, fast so wie die Muster, die sich die uigurischen Frauen für die Hochzeit mit Henna auf den Körper malen.

Die Haut meines Rückens, die früher über und unter dem BH hervorkroch, bleibt glatt unter dem Verschluss. Meine Brüste verschwinden fast in den Körbchen aus schwarzer Spitze. Nach so langer Zeit rieche ich noch eine Spur meines Parfüms, Narciso Rodriguez. Das ist unglaublich! Ich erkenne die raffinierte Mischung aus Moschus und Rose und die nachfolgende Patschulinote, fern, aber hartnäckig. Die Zeit hat den Duft altern lassen. In Boulogne sprühte ich mir jeden Morgen zwei Spritzer ins Dekolleté. In dieser Minute liegt der Flacon irgendwo in meinem Koffer im Gästezimmer meiner Mutter in Gulja. Arme Mutter, sie kommt sicher um vor Sorge.

Als ich den Unterziehpullover in meine dunkle, schmale Hose gesteckt habe, flattert er mir um die Hüften. Die kleinen Wülste, die ich von den Schwangerschaften zurückbehalten hatte, sind verschwunden. Ich entdecke meinen Körper wieder, misstrauisch, aber nicht traurig.

Da es keinen Spiegel gibt, erkunde ich mit der Hand aufmerksam das Schlachtfeld, das Mangelernährung, Angst und Schlaflosigkeit hinterlassen haben. Es ist, als hätte man mich in eine neue Hülle gesteckt. Im Halbdunkel der Kabine nehme ich sie in Besitz. Seltsamerweise finde ich einen gewissen Reiz an den dünnen Handgelenken und Knöcheln, der Rundung des Pos und dem flachen Bauch. Müsste eine traumatisierte, ausgeblutete Gefangene nicht Abscheu oder Hass für ihren Körper empfinden? Schließlich spiegelt er doch wider, was sie erlitten hat. Er erinnert sie bei jedem müden, mühsamen Atemzug daran. Bei mir ist es nicht so. Mir schenkt die Freude, meine Kleider wieder zu haben, neue Kraft. Ich glaube, für einen flüchtigen Moment fühle ich mich schön.

Bei uns, den Haitiwaji, hat das Aussehen immer eine gewisse Rolle gespielt. Das wird von Generation zu Generation weitergereicht. Wir betreiben keinen Kult um die ohnehin subjektive Schönheit, sondern eher eine raffinierte Ästhetik, nach der sich die Frauen mit viel Schmuck, Stoff und Düften schmücken. Weiblichkeit wird ebenso von der Mutter auf die Tochter übertragen wie Gastfreundschaft oder Großzügigkeit. Sie zeigt sich natürlich in der sorgfältigen Auswahl der Kleidung, aber auch im liebevollen Tischdecken oder der geschickten Komposition einer würzigen Sauce. Ich erinnere mich noch an das Geschrei der kleinen Gulhumar, wenn ich ihr weißes Satinkleid zuknöpfte. Sie stampfte im Badezimmer mit dem Fuß auf und schimpfte über diese Aufmachung, die sich nicht für Fahrradtouren durch die Straßen von Karamay eignete. Ich dagegen schimpfte, wenn sie ganz zerzaust nach Hause kam, und stellte sie erst einmal unter die Dusche, aus der sie rot wie ein Krebs herauskam. Das war für sie, die so gern ein Junge gewesen wäre, genauso schwierig wie für mich, die als Hüterin dieses hartnäckigen weiblichen Erbes versuchte, sie zur Vernunft zu bringen. Sie schmollte und zeterte und lehnte es ab, sich in die vorgegebene Form zwingen zu lassen. Zu eng, zu unbequem. Insgeheim bewunderte ich ihren Mut.

Das verstummende Brummen eines Motors bringt mich in die Kabine, in die Zelle zurück. Hinter dem Vorhang sehe ich die Umrisse mehrerer Polizisten, die in der Eingangshalle herumlaufen. Jetzt fehlt nur noch das letzte Kleidungsstück: ein weicher Rollkragenpullover, viel zu warm für das sommerliche Wetter. Beim Anziehen passe ich auf, dass sich meine geflochtenen Haare nicht lösen, bevor ich aus der stinkenden Kabine komme. Der Schlüssel dreht sich in der Eisentür. Und ich bin draußen.

Portemonnaie? Personalausweis? Aufenthaltsgenehmigung? Geld? Nichts. Ich bekomme nichts zurück, wie es am Ende einer Untersuchungshaft üblich sein sollte. Wo ist die Handtasche, die ich am Tag meiner Verhaftung im Januar bei mir hatte? Was haben die Polizisten mit ihr gemacht? Haben sie sie entsorgt? Bei der Vorstellung, dass meine Aufenthaltsgenehmigung verbrannt oder in kleine Stücke zerrissen wurde, krampft sich mir das Herz zusammen. Wie soll ich nach Frankreich zurückkommen, wenn ich keine Aufenthaltsgenehmigung mehr habe? Aber schon schwindet meine Angst, denn ich höre das von Kichern unterbrochene Getuschel der beiden Polizistinnen, die immer noch an ihrem Platz sind.

»Guck mal, wie hübsch sie ist!«

»Stimmt, sie hat abgenommen. Nicht wiederzuerkennen.«

Berauscht vom Tageslicht und der schönen Musik ihrer Schmeicheleien bemühe ich mich um einen langsamen, sicheren Schritt, als ich an ihnen vorbeigehe. Sie lächeln, als wären wir alte Freundinnen. »Auf Wiedersehen, Gulbahar«, sagt eine von ihnen. Ich antworte kaum. Die Daunenjacke, die ich bei meiner Ankunft getragen habe, liegt über meinem Arm und gibt mir etwas Haltung, während ich diese Hölle ohne einen Blick zurück verlasse. Auf keinen Fall sollen sie denken, die Reissuppe, die Ketten und das weiße Neonlicht in Zelle 202 hätten mich gebrochen. Ich finde das köstliche Gefühl der Freiheit wieder, das sich einstellt, wenn man auf ein Ziel zugeht: den Kombi mit getönten Scheiben, der mich auf dem Parkplatz neben dem Gefängnis mit offener Tür erwartet. Darin sitzen schon mehrere Frauen. Mit halb geschlossenen Augen genieße ich noch den Patschuliduft aus meinem Dekolleté. Er streichelt für einen Moment meine Nase, während ich die drei Stufen hinunter und über den Hof gehe. Ein paar herumstehende Polizisten ziehen an ihren Zigaretten und scharren mit der Fußspitze im Boden. Ich weiß nicht, was mich erwartet, aber es wird auf jeden Fall besser sein als Zelle 202. Hinter mir schlägt die Autotür zu. Ein starker Geruch nach Klimaanlage vertreibt Narciso Rodriguez. Das Ziel: »die Schule«.

Kapitel 7

10. Juni 2017

»Rechts! Links! Rührt euch!« Wir sind ungefähr 40 Frauen in blauen Hemden und Hosen in einem gewöhnlichen rechteckigen Klassenzimmer. Sicher nicht größer als 50 Quadratmeter. Eine breite Eisenjalousie mit kleinen Löchern, die Sonnenstrahlen hereinlassen, verbirgt jedes Außenleben. Elf Stunden am Tag reduziert sich die Welt auf diesen Raum. Die Filzschuhe quietschen auf dem Linoleum, während zwei Han-Soldaten weiter den Takt schlagen. Meine Mitgefangenen und ich haben jetzt »Körperliche Ertüchtigung«. Tatsächlich ist es eine militärische Ausbildung. Unsere erschöpften Körper bewegen sich mit denselben Bewegungen längs, quer und diagonal durch den Raum. Wenn der Soldat auf Mandarin »Rührt euch!« brüllt, erstarrt unser Gefangenenregiment. Dann befiehlt er: »Stillgestanden!« Das kann dann eine halbe Stunde dauern, aber auch eine oder mehrere Stunden. Allmählich schlafen unsere Beine ein. Die warmen, fiebrigen Körper kämpfen, um in der schwülen Hitze nicht zu schwanken. Unser stinkender Atem breitet sich aus. Wir schnaufen alle wie Rinder, es gibt nicht genug Sauerstoff. Manchmal fällt eine Gefangene um. Wenn sie trotz des Geschreis der

Aufpasser nicht zu sich kommt, wird sie mit ein paar Ohrfeigen geweckt. Wenn sie wieder zusammenklappt, schleppen sie sie aus dem Zimmer, und wir sehen sie nie wieder. Am Anfang hat mich das schockiert. Jetzt finde ich es alltäglich.

Wenn ich nicht gerade mit den Tränen kämpfe, muss ich immer wieder ein Kichern unterdrücken, so lächerlich ist das Spektakel, das ich seit drei Tagen erlebe: der martialische Ton der drei Männer und unsere Choreographie mit 40 kleinen Scheinsoldatinnen. Vor unserer tadellos geschlossenen Reihe hängt das Porträt von Xi Jinping. Sein Mondgesicht mit dem paternalistischen Lächeln vor zartblauem Hintergrund. Als stünden wir auf dem Platz des Himmlischen Friedens in Peking. In den Rahmen gezwängt, die Arme hinter dem Rücken verschränkt, sieht er wie bei den jährlichen Militärparaden zu, wie wir das Zimmer durchpflügen. Ich würde ihm gern ins Gesicht brüllen, dass ich mein Leben lang eine freie Frau bleibe, dass sein System mich niemals brechen wird.

Seit fünf Tagen bin ich hier. Sie haben gesagt, die Ausbildung dauere zwei Wochen. Dann würde der theoretische Unterricht beginnen. Ich weiß nicht, wie ich das durchhalten soll. Ich staune, dass ich noch nicht zusammengebrochen bin. Wir sind in Baijiantan. Das war die einzige Information, die ich auf dem Weg vom Gefängnis zur »Schule« auf einem Schild erspähen konnte, das in einem ausgetrockneten Graben von leeren Plastiktüten umtanzt wurde. Baijiantan ist ein Vorort von Karamay. Außer drei Gebäuden, zusammen so groß wie ein kleiner Flughafen, habe ich nur einen dichten Wall aus Stacheldraht gesehen und Wüste, so weit das Auge reicht.

Unter den 40 Neuankömmlingen sind kleine Damen, die vom dicken Leinen des blauen Anzugs erdrückt werden, welke Teenager, die darin ertrinken, und Frauen wie ich, gebeugt von Müdigkeit und schlaflosen Nächten auf den schmalen Pritschen. Zu ihnen gehört auch Nadira. Sie steht sehr aufrecht vor mir in der Reihe. Sie ist die Einzige, mit der ich mich bisher angefreundet habe. Ich habe sie am ersten Tag kennengelernt. Als die Wärterinnen die Tür zu meinem »Zimmer« aufschlossen, saß sie allein in dem Schlafsaal mit den Reihen erhöhter, nummerierter Holzbretter: unseren Betten. Mir wurde die Nummer 9 zugewiesen. Sie hatte die 8. Dieser Zufall reichte aus, um uns einander näherzubringen. Sie freute sich über meine Ankunft, denn sie saß dort schon seit ein paar Stunden. »Warum riechst du so gut?«, fragte sie als Erstes. Ich erzählte ihr von dem BH aus dem Gefängnisschrank. Wir lachten über die Geschichte. Ihre strahlenden Augen flößten mir Vertrauen ein. Ausnahmsweise war ich nicht argwöhnisch. »Wir können uns den BH teilen, wenn du willst. Ich lege ihn abends zwischen uns, dann riechen wir ihn beide.« Die Idee gefiel ihr. »Würdest du das machen? Das ist wirklich nett, Gulbahar, danke!«

Im Gegenzug für den Duft von Narciso Rodriguez zeigte sie mir den Raum, der noch einen strengen Geruch nach frischer Farbe verströmte: den Eimer für die Notdurft, dem sie einen wütenden Tritt verpasste, das Fenster mit einer Metalljalousie (die man nicht hochziehen konnte) und die beiden Kameras in den Ecken an der Decke. Das war alles. Keine Matratzen auf den Holzgestellen. Keine Schränke. Keine Wäsche. Kein Waschbecken. Nur wir beide im erstickenden Halbdunkel, dem betäubenden Farbgeruch und in der Ferne das Knallen schwerer Türen.

An diesem ersten Tag hat Nadira viel erzählt. Sie lief im Raum auf und ab wie eine Löwin im Käfig, während sie Bruchstücke ihrer Geschichte auf die Wände projizierte. Sie war Moderatorin einer Kultursendung im Fernsehen von Karamay gewesen. Eine »Supersendung«, auf Uigurisch, »sie lief immer abends«, erklärte sie angesichts meiner verblüfften Miene. Sie hatte davon geträumt, Tänzerin zu werden und bei der Eröffnung offizieller politischer Feierlichkeiten in Xinjiang zu tanzen. Daraus wurde nichts. Also ging sie zum Fernsehen, eine gute Alternative. Auch eine Bühne, Scheinwerfer, das Lampenfieber beim Live-Auftritt. Außerdem hat Nadira dieses besondere Aussehen. Diese Schönheit, die »das Licht gut aufnimmt«, wie sie sagt. Kurz, sie hatte ihren Platz gefunden. Sie wohnte mit ihren Kindern und ihrem Mann in einem hübschen Viertel im Stadtzentrum. Aber eines Tages standen diese Kerle in Zivil vor ihrer Tür. »Du weißt doch, dass es verboten ist zu beten?«, haben sie gefragt. »Ich weiß nicht, woher sie das wussten. Es stimmt, ich habe manchmal gebetet«, flüsterte sie, als könnten die Kameras uns hören (vielleicht konnten sie es). Sie sagten nicht, wo sie sie hinbringen. Sie hörte nur dasselbe Wort wie ich, »Schule«. Und so ist sie in Baijiantan gelandet. In diesem Moment habe ich begriffen, dass wir nicht in einer »Schule« sind, sondern in einem Lager.

Bei der Ausbildung lernen wir auch patriotische Lieder. »Ihr müsst sie auswendig können, sonst werdet ihr bestraft.« Tagelang quaken wir diese Refrains. Da Nadira eine hübsche Stimme hat, haben ihr die beiden Soldaten einen Sonderauftrag erteilt. Wenn sie es ihr befehlen, tritt sie aus der Reihe und stellt sich neben die beiden. Sie hebt die rechte Hand, um die Nationalhymne anzustimmen, und auf ihr Signal hin ertönen unsere schon ganz heiseren Stimmen im Klassenraum: »Steht auf! Steht auf! Steht auf! Gemeinsam wider das feindliche Kanonenfeuer, voran! Gemeinsam wider das feindliche Kanonenfeuer, voran! Voran! Voran! Voran!«* Das ist so lächerlich!

In Zelle 202 waren wir uns selbst überlassen. Die Untätigkeit war unsere tägliche Qual und raubte uns jede Fähigkeit zu denken. Nur die Langeweile, verstärkt von der sich dehnenden Zeit, beschäftigte unseren Verstand. Die Tage zogen sich endlos hin. Unsere Gedanken drehten sich im Kreis, unser einziger Wunsch war rauszukommen, zu rennen, zu schreien.

Hier werden wir von der Militärausbildung gebrochen. Die körperliche Erschöpfung raubt uns die Lust zu reden. Die Wärter wecken uns mit Pfiffen, die auch zu den Mahlzeiten und zur Nachtruhe ertönen. Beim Essen dürfen wir nicht sprechen. Ständig haben wir Aufpasser im Rücken. Wenn eine von uns flüstert oder sich den Mund abwischt, beschuldigt man sie zu beten. Wenn eine ein Gericht ablehnt, befiehlt man ihr, es aufzuessen, und beschimpft sie als »islamistische Terroristin«. Sie behaupten, das Essen sei *halal*. Wir haben keine andere Wahl, als es irgendwie

* *Der Marsch der Freiwilligen*

runterzuwürgen. Abends sinke ich abgestumpft neben Nadira auf mein Lager und schlafe sofort ein. Ich weiß nie, wie spät es ist. Ich merke es nur an der Temperatur. Es gibt keine Uhren. Die Wärter machen mir Angst.

Seit unserer Ankunft haben wir kein Tageslicht gesehen. Sie verschließen alle Fenster mit diesen verfluchten Metalljalousien. In mir tobt die Empörung. Aber was hilft es, wütend zu werden? Um uns herum ist nur Wüste. Man hat mich nicht telefonieren lassen, wie es mir Rahmanjan versprochen hatte. Niemand weiß, dass ich hier eingesperrt bin. Hat jemand meine Schwester und Aynur informiert? Kerim und Gulhumar? Es ist ein ewiger Albtraum. Ich kann mich nicht einmal meinen Mitgefangenen anvertrauen, weil wir in der Zelle ständig von den Kameras beobachtet werden. Außerdem bin ich müde, so müde vom endlosen Gedankenwälzen. Ich kann nicht mehr nachdenken.

Die Mittagspause rettet mich. Nach dem Essen bringen uns die Wärter vielleicht für eine halbe Stunde in unsere Zellen zurück. Dort dürfen wir uns auf die Pritschen legen. Manche Frauen dösen, andere flüstern. Für mich ist dieser Moment eine Flucht in meinen geheimen Garten. Niemand kann mich daran hindern, ihn aufzusuchen. Er ist in meinem Kopf. Von Nadiras regelmäßigem Atem gewiegt, wandle ich dort in glücklichen Bildern der Vergangenheit. Sie erinnern mich daran, woher ich komme. Dank ihnen verliere ich nicht vollends den Boden unter den Füßen. Im Halbschlaf nehme ich den Faden meiner Gedanken da auf, wo ich ihn am Vortag abgelegt habe. Barcelona, Fontainebleau, die Gärten von Giverny, die Städtchen der Yvelines, durch die wir sonntags fahren, den Kofferraum voller Obst, Gemüse und Blumen, die wir vom Bauernhof in Viltain geholt haben. Ich umhege jede einzelne Erinnerung, sortiere sie chronologisch und lasse sie mit allen Einzelheiten wachsen. »Woran denkst du«, flüstert Nadira mit belegter Stimme. Tränen steigen auf. Meine Kehle ist wie zugeschnürt. Ich will vor den Kameras nicht weinen. Stattdessen starre ich an die weiße Decke. »An nichts.«

Baijiantan ist ein riesiges Labyrinth. Für jede Tätigkeit bewegen sich alle Zelleninsassinnen gemeinsam, stets von einer Handvoll Wärter begleitet. Abgesehen von der Mittagsruhe ist man tagsüber keinen einzigen Moment für sich. Zum Waschraum, zu den Toiletten, dem Klassenzimmer oder dem Essensraum gehen wir durch das grelle Neonlicht immer neuer, endloser Flure. An jedem Ende verschließt eine Sicherheitsschleuse mit automatischen Türen den Schlauch. Kein Zweifel, dieses Lager wurde erst kürzlich errichtet. Alles ist neu. Der Farbgeruch der makellosen Wände erinnert uns überall daran.

Man wähnt sich in Fabrikgebäuden, aber ich kann die Größe noch nicht abschätzen. In Baijiantan spielt sich der Alltag im immer selben Dreieck ab: Zelle-Klassenzimmer-Essenssaal. Nur die vielen Gefangenen und Wärter, denen wir auf unseren Wegen, immer in der Gruppe, begegnen, lassen mich vermuten, dass dieses Lager riesig ist. Jeden Tag entdecke ich neue Zombiegesichter mit schweren Lidern. Bis jetzt habe ich noch nie dieselbe Gefangenengruppe wiedererkannt. Am ersten Tag waren nur Nadira und ich in unserer Zelle. Am nächsten Abend waren wir sieben. Heute sind wir zwölf.

Ich muss nur rechnen: Ich habe 16 Zellen gezählt, mit unserer. Jede hat zwölf Betten. Wenn man die Zahl der Zellen mit der der Betten multipliziert, kommt man auf fast 200 Gefangene in Baijiantan. 200 Gefangene, die ihren Familien entrissen wurden. 200 Leben, die hier bis auf Weiteres eingesperrt sind. Und man kann zusehen, wie sich das Lager weiter füllt.

Die Neuen erkennt man an ihren verzweifelten Augen. Auf den Fluren suchen sie den Blick der anderen. Diejenigen hingegen, die schon länger da sind, starren auf ihre Füße. Sie bewegen sich in engen Reihen wie Militärroboter. Sie bleiben stramm stehen, ohne sich zu rühren, wenn ein Pfiff es ihnen befiehlt. Mein Gott, was hat man nur mit ihnen gemacht? Ich zittere bei dem Gedanken daran, was mir bevorsteht.

Kurz nach meiner Ankunft ist mir etwas Seltsames passiert. Ich habe eine Frau getroffen, die ich kannte. Es war im Waschraum, einem großen gekachelten Saal mit Wänden ohne Spiegel, an denen Aluminiumbecken aneinandergereiht sind. Es gibt sieben Duschen und sieben Stehtoiletten. Ich rieb gerade mein Gesicht mit eisigem Wasser ab. Morgens zählt jede Sekunde. Wir haben nur 15 Minuten, um uns zu waschen, auf die Toilette zu gehen und unsere blaue Lagerkleidung anzuziehen. Auch wenn wir noch nicht fertig sind, treiben uns die Wärter hinaus. Es ist das einzige Mal am Tag, dass wir auf die Toilette gehen dürfen. Ich wollte die Gelegenheit nicht verpassen. Irgendwie versuchte ich, die Minuten abzuschätzen, die mir blieben. Deshalb reagierte ich erst überhaupt nicht auf die Stimme, als ich meinen Namen hörte. »Gulbahar?«, wiederholte sie. Ich drehte mich um, triefend, wütend, in meinem täglichen Gang gestört zu werden. Mit dem weißen Haar und dem abgemagerten Körper habe ich sie nicht gleich erkannt. Dilnur! Ich wollte sie so gern in die Arme nehmen. Aber wir dürfen uns nicht berühren. Wir blieben ein paar Zentimeter entfernt voreinander stehen.

Sie weinte: »Was machst du hier? Seid ihr nicht nach Frankreich gegangen? Haben sie deinen Mann auch geholt? Meiner ist seit Wochen in einem Lager, wie ich.« Dilnur war in Karamay unsere Nachbarin. Unser Kontakt beschränkte sich auf kleine Hilfen, wir mochten uns. Sie hatte meine Töchter sehr gern, und wenn ich in der Firma aufgehalten wurde, vertraute ich sie ihr an. Ich hatte sie als sanfte und freundliche Frau in Erinnerung. Jetzt ist sie nur noch ein Schatten ihrer selbst. Man hat sie gebrochen. Zwischen zwei Schluchzern erzählte sie mir ihre Geschichte. Von ihrem Mann, den sie eines Morgens ohne Grund abgeholt haben, sicher, weil er in die Moschee ging, und den sie in ein anderes Lager gesteckt haben, sie weiß nicht wo. Dann war sie an der Reihe und wurde hierhergebracht, ohne zu wissen warum und wie lange. Wie konnten sie ausgerechnet diese Frau in ein Lager stecken? Ich kenne sie, sie und ihr Mann hängen einem gemäßigten Islam an. Sie trug kein Kopftuch, hielt keine separatistischen Reden. Eine brave Frau, die keine Probleme machte. Eine Uigurin aus Karamay wie es Tausende gibt. Werden sie die gesamte uigurische Bevölkerung verhaften?

Kapitel 8

20. Juni 2017

Sie haben Nadira geholt! Sie haben sie verschwinden lassen! Vor einer Woche wurde sie morgens mit zwei anderen Frauen aufgerufen. Wir waren gerade dabei, mit schweren Beinen durch den Klassenraum zu marschieren. Es war erstickend heiß und wir hatten darum gebeten, dass die Metalljalousie geöffnet wird, um Luft hereinzulassen, aber die Polizisten wollten nichts davon wissen. »Rührt euch!« Wie immer sind wir sofort stehen geblieben, und da kam plötzlich Rahmanjan mit zwei anderen Polizisten in den Raum. »Nummer 8!«, hat er gebrüllt. Nadira ist gehorsam vorgetreten. Die beiden anderen Frauen, jünger als ich, traten ebenfalls vor, als ihre Nummern aufgerufen wurden. Meine Beine zitterten. Das verhieß nichts Gutes. Ich hatte Rahmanjan seit der Untersuchungshaft nicht wiedergesehen. Wenn er sie so aufrief, war wohl etwas Schlimmes passiert. Es dauerte eine Sekunde. Ich reckte den Hals, um zu sehen, was da vorn vor sich ging. Die Polizisten legten den Frauen wortlos Handschellen an. Dann verschwanden sie. Seitdem haben wir sie nicht mehr gesehen. Bevor Rahmanjan ging, wandte er sich uns noch einmal zu: »Wir nehmen sie mit, weil sie ihre Verbrechen nicht gestanden haben. Gesteht eure Verbrechen, sonst seid ihr auch bald an der Reihe!« Dann schloss sich die Tür. Das Marschieren ging weiter.

Während der Mittagspause sprachen wir über nichts anderes. Wohin haben sie die drei gebracht? Und warum? Einige, die sie besser kannten, sagten, sie wurden wegen ihres Kontakts zu einer muslimischen Imamin von Karamay ins Gefängnis gebracht. Ich hatte schon von ihr gehört, als wir noch hier lebten. Diese Frau, Rizwan Bawudun, organisierte Workshops und Vorträge über den Islam. Vor kleinen Gruppen erklärte sie Passagen aus dem Koran. In besonders gläubigen Kreisen wurde sie häufig gebeten, bei Hochzeiten oder Beisetzungen zu sprechen. Sie führte auch Reinigungsrituale durch. Nadira hatte nicht erwähnt, dass sie ihr nahestand.

Ihre Pritsche neben meiner blieb zwei Tage leer, dann kam eine andere Frau. Ich habe sie argwöhnisch beobachtet, während sie ihre Decke ausbreitete. Erst da habe ich begriffen, dass Nadira nicht wiederkommen wird. Zu dieser Stunde kauert sie wohl in einem dunklen Kerker in Karamay. Ich bete, dass sie sie nicht zum Tode verurteilen.

Nachts schrecken uns entsetzliche Schreie aus dem Schlaf. Als würde in der Etage über uns jemand gefoltert. In stummer Erstarrung horchen wir auf das Heulen, das die Nacht durchdringt. Es sind Klagen von Frauen im Fieberwahn. Sie flehen, man solle ihnen nicht mehr wehtun. Oder sie bitten um Vergebung für ihre Verbrechen.

Nadira war der Anfang. Seitdem sie unsere Zelle verlassen hat, sind die Wärter noch boshafter als zuvor. Zu den

Exerzierübungen kommen jetzt wüste Beschimpfungen hinzu, die beim kleinsten Fehler auf uns niederhageln: »Dreckige Terroristin«, »Warum isst du kein Schwein, na?«, »Glaubst du, ich sehe dich nicht beten, verdammte Terroristin?« Den ganzen Tag lang hämmern sie uns ein, dass wir »des schlimmsten Verbrechens« schuldig seien, nämlich »unser großes Vaterland verraten« zu haben. Sie behandeln uns wie »die Kriminellen« von Ürümqi 2009: »Gesteht eure Verbrechen, sonst landet ihr im Gefängnis wie Nadira und die anderen. Schreibt eure Selbstkritik, dann wird euch die Partei vielleicht vergeben!«

Ich dachte, nach dem militärischen Drill würde uns der theoretische Unterricht ein bisschen Erleichterung bringen, aber er ist noch schlimmer: Die Lehrerin maßregelt und ohrfeigt uns bei jeder Gelegenheit. Gestern hat eine meiner Gefährtinnen, eine vielleicht 60-jährige Frau, die Augen geschlossen, sicher aus Erschöpfung und Angst. Der Zerberus verpasste ihr eine brutale Ohrfeige. »Glaubst du, ich sehe nicht, dass du betest? Du wirst bestraft!« Die Wärter zerrten sie brutal aus dem Raum. Eine Stunde später kam sie mit einem Blatt zurück, auf das sie ihr Geständnis geschrieben hatte. Die Lehrerin verlangte, sie solle es vorlesen. Sie tat es, dann kehrte sie totenbleich auf ihren Platz zurück. Sie hatte nur die Augen zugemacht! Was haben wir eigentlich verbrochen? Um mich herum sehe ich alte zitternde Frauen und weinende Teenager! Wir sind keine Terroristen!

Im Klassenzimmer, im Essenssaal, im Waschraum, in der Zelle … Es gibt in Baijiantan keinen Ort, an dem wir nicht der Gewalt und den Drohungen der Lehrer, Polizisten und Wärter ausgesetzt sind. Wenn sie nicht hinter uns lauern, beobachten uns die Kameras. Wir vegetieren wie menschlicher Unrat. Ewige Opfer, die sich unter den Drohungen beugen.

Anstatt mich zu brechen, war Nadiras Verschwinden wie ein Elektroschock. Ich glaube, ich bin härter geworden seit der Zeit, als ich in Zelle 202 ans Bett gekettet unaufhörlich weinte. Meine Tränen sehen sie nicht. Ihre Versuche, mich kleinzukriegen, sind vergeblich. Das habe ich mir in der ersten Nacht geschworen, in der ich ohne Nadira neben mir einschlief. In meinem geheimen Garten habe ich zwischen den Erinnerungen ein kleines Beet gegraben. Darin habe ich den Samen des Widerstands gesät. Ich werde die Hölle von Baijiantan überleben.

Obwohl ich nie sehr religiös war, habe ich mich jetzt Gott zugewandt. Vielleicht als Provokation. Nachts schließe ich die Augen und bete aus tiefstem Herzen. Morgens und abends zwinge ich mich, in der Zelle Yogaübungen zu machen. Aus mir machen sie kein formloses Wrack! Ich stelle mich in die Mitte des Raums, direkt vor die blinkende Kamera. Einatmen, Beine spreizen, Hände in die Hüften, Ausatmen, Oberkörper zum Boden neigen. Während das Blut langsam in meinen Kopf fließt, bete ich. In dieser Position ist es für die Kamera unmöglich, mein Flüstern zu Gott zu erkennen. Die Hände unter der Brust aneinandergelegt, flehe ich ihn an, mir zu Hilfe zu kommen und meine Familie zu beschützen. Was für eine Freude, die Wachsamkeit der Kameras zu überlisten.

Diese kleinen Widerstandsaktionen vervielfachen meine

Kräfte. Seit dem Beginn des Unterrichts brauche ich sie noch mehr. Ich war voller Illusionen, als die militärische Ausbildung zu Ende war. Ich nahm mir vor, die eifrige Schülerin und Mustergefangene zu spielen, was mich keine große Anstrengung kosten würde, weil ich immer gern gelernt habe. Ein Satz von Rahmanjan klang mir im Ohr: Wenn ich mich im Unterricht hervortäte, käme ich schneller raus. Mein Bemühen würde belohnt werden.

Aber es war nicht die erträumte Schule. Nach ein paar Tagen begriff ich, was »Gehirnwäsche« bedeutet.

Tatsächlich hat das hier nämlich rein gar nichts mit Schule zu tun. Es gibt keine Schulglocke, keine richtigen oder falschen Antworten. Jeden Morgen tritt die Lehrerin in die Totenstille des Klassenraums. Sie ist Uigurin. Eine Frau unserer eigenen Volksgruppe lehrt uns, Chinesinnen zu werden. Sie behandelt uns wie widerspenstige Bürgerinnen, die die Partei umerziehen muss. Ich frage mich, was sie selbst von all dem denkt. Denkt sie überhaupt etwas? Woher kommt sie? Wie ist sie hier gelandet? Wurde sie selbst umerzogen, bevor sie diese Stelle angetreten hat? So viele Fragen.

Auf ihr Signal hin erheben wir uns wie ein einziger Körper. Mit *Lao shi hao*, dem Gruß an die Lehrerin, beginnen die täglichen elf Stunden Unterricht. Wir rezitieren eine Art Glaubensbekenntnis an China: »Dank unserem großen Land. Dank unserer Partei. Dank unserem verehrten Präsidenten Xi Jinping.« Ein ähnlicher Sermon beschließt am Abend den Tag: »Ich wünsche mir, dass mein großes Land sich entwickelt und eine große Zukunft hat. Ich wünsche mir, dass alle Volksgruppen eine einzige große Nation bilden. Ich wünsche mir, dass Präsident Xi Jinping gesund bleibt. Lang lebe Präsident Xi Jinping.« Aufrecht auf unseren Stühlen sitzend, wiederholen wir wie Papageien. Man lehrt uns die glanzvolle Geschichte Chinas, bereinigt von allen Missetaten. Auf dem Einband des Lehrbuchs steht »Programm zur Umerziehung«. Darin ist nur von bedeutenden Dynastien, ruhmreichen Eroberungen und dem Erfolg der Kommunistischen Partei bei all ihren Unternehmungen die Rede. Alles ist noch parteiischer und politisierter als an den chinesischen Universitäten. Am Anfang musste ich innerlich lachen. Glauben sie wirklich, dass sie uns mit ein paar Seiten Propaganda zerstören können?

Aber die Tage vergehen, und ohne andere Aussicht als die »Schule« wächst die Erschöpfung wie ein alter Feind. Ich bin todmüde und meine schönen Vorsätze, Widerstand zu leisten, geraten immer mehr ins Wanken. Ich versuche, jeden Tag in meinem geheimen Garten Kraft zu schöpfen, aber die Dampfwalze der »Schule« kommt näher. Sie zermalmt unsere schmerzenden Körper. Das also bedeutet Gehirnwäsche: tagelang dieselben lächerlichen Sätze wiederholen. Als würde das nicht ausreichen, müssen wir abends, nach dem Essen, noch eine Stunde lang lernen, bevor wir ins Bett dürfen. Dann wiederholen wir ein letztes Mal die endlos hergebeteten Lektionen. Jede Woche, am Freitag, gibt es eine mündliche und eine schriftliche Prüfung. Unter dem misstrauischen Blick der Lagerleitung käuen wir abwechselnd den kommunistischen Brei wieder, der uns täglich vorgesetzt wird.

Die nächsten Lektionen folgen. Kaum geschluckt, müssen wir sie wieder ausspucken. Deshalb erinnere ich mich nie, was uns in der Woche davor eingetrichtert wurde. Ich bin unfähig wiederzugeben, was wir vor sechs Tagen gelernt haben. Ich versuche, Bruchstücke zu behalten, aber die Sätze wirbeln durch meinen Kopf, die Gedanken versinken im Nebel. Sie rinnen mir wie Wasser durch die Finger und verschwinden, ich bin besiegt. Unser Kurzzeitgedächtnis ist unser bester Verbündeter und zugleich unser schlimmster Feind. Es hilft uns, Unmengen von Geschichtskapiteln und staatsbürgerlichen Erklärungen aufzunehmen und wiederzugeben, und erspart uns so die öffentlichen Demütigungen der Lehrerin. Doch zugleich zermürbt es unseren kritischen Verstand. Es entfernt uns von den Erinnerungen und Gedanken, die uns am Leben halten. Die Gesichter von Kerim, Gulhumar und Gulnigar verschwimmen. Wir sind nur noch abgestumpftes Vieh. Unser Leben besteht für eine unbegrenzte Zeit ausschließlich aus dem Lernen. Niemand sagt uns, wie lange es dauern wird. Wir haben keinerlei Perspektive – weder für die Tage noch für die Monate, die vor uns liegen. Wenn ich daran denke, wird mir übel. Da vertiefe ich mich lieber in die Arbeit.

Kapitel 9

14. Juli 2017

Ich bin das fünfte von acht Kindern, und wie in jeder Geschwisterschar, in der es große Altersunterschiede gibt, steht man sich mehr oder weniger nah. Am engsten bin ich mit meinen beiden jüngeren Schwestern verbunden. Meine älteren Brüder sehe ich nur zu *Nouruz* und *Eid al-Adha*, dem Neujahrs- und dem Opferfest, aber Nedjma, Madina und ich waren von klein auf ein unzertrennliches Trio, denn meine Mutter hat uns zusammen großgezogen. Nedjma kam gleich nach mir. Heute ist sie Hausfrau und kümmert sich vor allem um unsere Mutter, die seit mehr als 20 Jahren Witwe ist, um ihr Haus, ihre Einkäufe und ihre Papiere. Sie wohnt mit ihrer eigenen Familie in dem Haus in Gulja, in dem wir alle aufgewachsen sind. Ihre Sanftheit ist unvergleichlich.

Und dann Madina. Madina und ihre Fröhlichkeit. Madina und ihre verrückten Grimassen, mit denen sie alle zum Lachen bringt. Madina und ihre unendliche Großzügigkeit. Sie lebt mit ihrem Mann und ihren beiden Kindern in Ürümqi, der Hauptstadt von Xinjiang. Ich liebe meine beiden Schwestern gleichermaßen, aber Madina, der Jüngsten, fühle ich mich am nächsten. Vielleicht, weil wir nach dem Studium beide den gleichen Weg gegangen sind: Wir haben uns in attraktiven Städten niedergelassen, weit weg von unseren Geschwistern und dem Haus unserer Mutter, von Gulja und seinen Bergen. Ich habe Karamay für mich entdeckt, Madina Ürümqi, die quirlige Wirtschaftsmetropole. Ja, sicher ist im Laufe der Jahre eine besondere Nähe entstanden, weil wir zu einer Zeit angefangen haben zu arbeiten, als viele Frauen wie Nedjma sich noch auf Mutterschaft und Haushalt beschränkten.

Seit meiner Ankunft im Lager habe ich nur einen Gedanken. Ich muss meine Mutter und meine Schwestern wiedersehen. Ich bedränge die Wärter. »Wann kann ich meine Familie sehen? Habt ihr ihnen gesagt, dass ich hier bin? Man hat mir versprochen, sie dürften mich besuchen! Ich bitte euch, lasst sie mich besuchen!« »Das sehen wir später. Noch nicht«, antworten sie nur. Unsere Fragen beantworten die Wärter in Baijiantan immer so unbestimmt, dass wir hoffen und zugleich verzweifeln: »Das sehen wir später!«, »Du musst Geduld haben«, »Noch nicht«, wiederholen sie immer wieder. Unsere Fragen bleiben offen, wenn sie nicht mit einem kategorischen »Nein« oder einer Ohrfeige wegen »Frechheit« beantwortet werden. Diese Regel gilt für alle Wünsche: nachts auf die Toilette gehen, Besuch bekommen oder die Familie anrufen dürfen. In manchen Nächten höre ich, wie Frauen aus anderen Zellen die Wärter anflehen, sie auf die Toilette zu lassen. Sie klopfen, weinen, rufen. Manchmal gibt ein Wärter nach, dann höre ich die verschiedenen Schlösser und Riegel klappern und die Schritte auf dem Linoleum, die zu den Toiletten eilen. Aber meistens reagiert niemand, dann müssen wir unsere Notdurft in dem Eimer in der Zelle verrichten.

Die Wochen sind vergangen, ich hatte das Zeitgefühl verloren. Bis heute. Heute kam der so lange ersehnte Besuch. Endlich. Ich hatte nicht mehr daran geglaubt. Aber es war ganz anders, als ich es mir vorgestellt hatte. Etwas Schreckliches ist geschehen, und je länger ich grüble, desto schlimmer quält mich jetzt das Gefühl, schuld daran zu sein.

Als sich die Sicherheitstür vor ihnen öffnete, explodierte mein Herz. Nach Monaten der Einsamkeit, ohne ein vertrautes Gesicht, sah ich meine Mutter in das Besuchszimmer treten, ihre elegante Gestalt und das lange Kleid passten nicht in die elende Atmosphäre des Raums, in dem noch andere Gefangene mit ihren Verwandten flüsterten, die Körper über den trennenden Tisch gebeugt, die Hände ineinander verschlungen. Mutters Züge waren von Müdigkeit verhärtet, oder von etwas anderem, das mich schon vor dem ersten Wort spüren ließ, dass sie eine schlechte Nachricht brachte. Hinter ihr kam Nedjma. Auch sie wirkte besorgt. Als sich die Türen hinter ihnen schlossen, ohne dass Madinas fröhliches Gesicht aufgetaucht war, begriff ich, dass meiner jüngsten Schwester etwas zugestoßen war.

Ich war mir sicher, dass Madina und Nedjma Himmel und Hölle in Bewegung setzten, um meine Freilassung zu erreichen, dass sie versuchten, Polizisten mit Geld zu bestechen oder ihre Beziehungen in der Hauptstadt spielen zu lassen. Niemals hätte Madina freiwillig darauf verzichtet, mich zu besuchen. Deshalb habe ich Nedjma und meiner Mutter nicht geglaubt, als sie behaupteten, niemand könne auf Madinas Kinder aufpassen und sie sei deshalb nicht mitgekommen. Man hatte sie daran gehindert, davon war ich überzeugt.

Wir redeten über Belanglosigkeiten, all das, was den Alltag ausmacht, mir hier aber umso oberflächlicher vorkam, weil eine in der Runde fehlte. Wir plauderten, als würden wir miteinander Tee trinken, und umgingen das Drama, das ich seit sieben Monaten durchlebte. Keine Frage nach dem Gefängnis in Karamay oder den Lebensbedingungen hier. Kein Wort über Madina. Ich erwähnte weder den zerstörerischen Unterricht noch die schlaflosen Nächte. Wir kommentierten nicht einmal die triste Stimmung im Besuchszimmer voller Frauen in Gefängniskleidung. Ihr Geplapper erreichte mein Ohr wie ein fernes Echo. Meine Mutter und ihre labile Gesundheit, Nedjmas Kinder, ihr Mann. Ich versuchte, ihre Mienen zu entschlüsseln. Immer wieder verstummte unser Gespräch, das doch für die Wärter ganz natürlich klingen sollte. Wir hörten einander kaum zu, weil nur eine Frage zählte. Wo ist Madina?

Nedjma wurde als Erste schwach. »Sie haben sie auch geholt«, stieß sie in einem kaum hörbaren Flüstern hervor, erstickt im Gewirr der uns umgebenden Gespräche. Wer »sie«? Die Polizei? Und wohin haben sie sie gebracht? In ein Untersuchungsgefängnis wie mich? Mein Herz raste so sehr, dass ich dachte, es werde beim nächsten Schlag platzen. Nedjma warf dem Wärter, der durch den Raum spazierte, verstohlene Blicke zu. Dann begriff ich: Madina war in einem Lager. Einem Lager wie diesem. Einem riesigen, erst vor wenigen Monaten errichteten, nach frischer Farbe, Schweiß und Tod riechenden Hangar ohne Fenster, in den die Soldaten des Regimes Hunderte Frauen deportierten. Madina war eine von ihnen. Die Tränen drängten sich unter meinen Lidern, trübten meinen Blick. Mit zugeschnürtem Hals schluckte ich sie hinunter, weil ich an die grobe Stimme des Aufsehers dachte, der mich vor ihrer Ankunft gewarnt hatte: »Aber keine Heulerei, klar? Wenn du weinst, gibt es keinen Besuch mehr! Dann ist Schluss für dich!« Mein Gott, sie haben Madina geholt.

Die Sicherheitstür öffnete sich weiter für fremde Gesichter. Mütter, Schwestern, Töchter schlängelten sich zwischen den Tischen hindurch. Ich sah sie gegenüber den Gefangenen Platz nehmen wie meine Mutter und Nedjma wenige Minuten zuvor. Die kurzen Erklärungen meiner Schwester dröhnten in meinem Kopf. Sie hatten Madina wegen irgendeiner administrativen Geschichte eingesperrt. Einer ungültigen Wohnbescheinigung, abgelaufenen Papieren. Ich habe es nicht richtig verstanden. In China darf man nicht leben, wo man will. Um dort zu wohnen, wo man Arbeit gefunden hat, muss man vorher einen neuen *Hukou** beantragen. Offenbar warf die Polizei von Ürümqi Madina vor, keinen gültigen *Hukou* zu haben, obwohl sie schon seit Jahren in Ürümqi lebt. Was haben sie mit ihr vor?

Die Minuten verstrichen. Die Besuchszeit ist begrenzt, und ich belauerte jede Bewegung des Aufsehers aus Angst,

* In China besitzt jeder Bürger einen *Hukou*, einen nationalen Pass, der ihm von Geburt an eine Provinz als Wohnort zuweist. Seit 1951 soll dieses System die Landflucht eindämmen. Wer keine Sondergenehmigung vorweisen kann, darf sich nicht in einer anderen Stadt oder Region niederlassen als der im *Hukou* genannten.

er werde den Besuch beenden. Ich wollte unbedingt wissen, ob sie in Boulogne angerufen hatten. Ich stellte mir Kerims Stimme am anderen Ende der Leitung vor, die verstummte, um Nedjma reden zu lassen. Nun verlor ich die Beherrschung. Meine Fragen gingen wie ein Hagelschauer auf sie nieder. »Wie geht es ihnen? Wie geht es Kerim? Gulhumar? Gulnigar?« Meine Mutter sagte nichts. Nedjma griff nach meinen Händen. »Allen geht es gut, mach dir keine Sorgen. Wirklich, du musst dir keine Sorgen machen«, wiederholte sie beschwörend. Dann redeten wir weiter über Banalitäten. »Ist das Essen gut? Hast du andere Frauen kennengelernt?« Je fester sie meine Hände drückten, desto weniger wollte ich ihnen von den Schreien der Frauen in der Nacht und den Ohrfeigen erzählen, die uns ohne Vorwarnung treffen. Madina hörte sicher die gleichen Schreie, empfing die gleichen Ohrfeigen. Mein Herz raste. Ich warf einen Blick auf den Wärter, der einen Meter von unserem Tisch postiert war; plötzlich hatte ich es eilig, zum Ende zu kommen. »Das Essen ist gut, die Behandlung ist gut. Macht euch keine Sorgen. Sagt ihnen, dass es mir gutgeht. Sagt ihr ihnen das?«

Der Besuch von meiner Mutter und Nedjma hat mir eines bestätigt: Wird jemand aus einer uigurischen Familie deportiert, reißt er in seinem Sturz alle anderen mit sich. Madina wurde nicht wegen administrativer Probleme ins Lager gebracht. Nein. Wenn Madina wirklich Probleme mit ihrem *Hukou* hätte, wäre sie nicht im Lager, sondern zu Hause, bei ihrem Mann und ihren Kindern. Sie haben Madina meinetwegen verhaftet. Es ist meine Schuld, und ich werde nie mehr ohne dieses Schuldgefühl leben können. Ich, ihre »Terroristenschwester«, die im Ausland gelebt hat und mit einem politischen Flüchtling verheiratet ist, hatte ungewollt den Zorn der Staatsmacht auf sie gezogen. Vielleicht wird sie gefoltert, damit sie »Verbrechen« gesteht, die ich nicht gestehe. Denn ich habe nichts getan. Sie hat nichts getan. Wir sind unschuldig.

Niemand in Xinjiang darf frei sagen, was er denkt. Nedjma und meine Mutter verschimmeln nicht im Lager, aber dennoch sind sie bestraft. Sie dürfen ebenso wenig frei reden wie ich. Auch jenseits des Stacheldrahtwaldes, der Baijiantan umgibt, schreitet die Umerziehung der Uiguren voran. Ob sie uns einsperren oder nicht, in China gibt es für uns nur ein und dasselbe Los: Umerziehung durch Angst, Erpressung und Zensur. In dem Freiluftgefängnis, zu dem Xinjiang geworden ist, vernichten sie uns alle.

Ich stelle mir die Angst vor, mit der sie durch den Alltag gehen, meine arme Nedjma, meine arme Mutter. Die unangemeldeten Besuche der Polizei, die »Einladungen zum Tee« im Kommissariat, die endlosen Verhöre … Ich weiß, dass sie mir nicht die ganze Wahrheit gesagt haben, aber wie könnte ich ihnen dafür böse sein? Schon lange, bevor die Lager gebaut wurden, haben wir uns durch Auslassungen belogen, um uns besser zu schützen. Wir haben uns nie alles gesagt.

Als wir uns beim Abschied kurz umarmten, habe ich es nicht mehr ausgehalten. Das war die letzte Gelegenheit, und ich musste es wissen. »Ist Kerim in Xinjiang?«, habe ich Nedjma ins Ohr geflüstert. »Nein, nein, er ist nicht hier«, hat sie geantwortet. »Schwörst du es mir? Sag ihm, er soll nicht kommen, es ist zu gefährlich. Ich weiß, dass er gern kommen würde, um mich hier rauszuholen, aber wenn er kommt, wird er auch verhaftet! Bitte sag ihm, er soll es nicht tun. Unsere Töchter sind das Wichtigste.« »Ich verspreche es dir.« »Und Madina?«, habe ich noch hervorgestoßen, als der Wärter schon auf uns zukam. »Mach dir keine Sorgen. Wir unternehmen alles, um sie freizubekommen. In zwei Wochen, hoffe ich«, antwortete sie.

Wir lächelten uns an, dann sah ich, wie sich die automatische Tür hinter ihnen schloss. Sie kehrten in ihr Gefängnis zurück und ich in meins.

Kapitel 10

3. September 2017

Wie alle chinesischen Schulen – die echten, in denen die Kinder Mandarin, Literatur, Mathematik, Geschichte oder Geographie lernen – hat auch Baijiantan, diese falsche Schule, die ein echtes Lager ist, angefangen, sich mit dem Rot und Gold des Kommunismus zu schmücken: Überall werden Lampions, Transparente und andere Dekorationen aus Papier aufgehängt, weil ein großer nationaler Festtag bevorsteht. Im August feiert China die Volksbefreiungsarmee*. Obwohl wir Gefangenen seit Monaten von der Außenwelt abgeschnitten sind, erspart man uns keine Gelegenheit, der Kommunistischen Partei die Ehre zu erweisen. In ihrer unendlichen Großmut bietet uns die Partei die Möglichkeit, durch die Umerziehung für unsere Sünden zu büßen. Dafür haben wir ihr zu danken.

Patriotische Gesänge, vor allem die Nationalhymne, bohren sich so tief in meinen Kopf, dass ich nichts anderes mehr denken kann. Selbst der unruhige Schlaf, in den mein von der Anspannung des Tages verkrampfter Körper nachts auf der Pritsche versinkt, wird von Aufsehern,

* In China wird der Festtag am 1. August begangen, im Lager wurde er einige Wochen später gefeiert, am 26. August 2017.

uniformierten Männern, Gefangenen und chinesischen Fahnen bevölkert. Irgendwo in der Zelle höre ich manchmal eine Leidensgenossin den Refrain brummen, den man uns tagsüber eingetrichtert hat.

In Baijiantan übernehmen wir auch den Wettbewerbsgeist der echten Schulen. Jede Zelle muss der Lagerleitung vorsingen, die die Leistung bewertet. Der zum Sieger erklärte Chor bekommt eine Belohnung. Bestimmt etwas zu essen. Vielleicht auch neue Kleidung. Unmerklich hat sich der Kampfgeist, der uns seit Wochen aufgezwungen wird, in uns eingenistet, so dass wir sogar am Abend nach dem Unterricht noch in unseren Zellen die patriotischen Lieder üben. Stück für Stück hat diese heimtückische Strategie der Umerziehung meine Wachsamkeit überrumpelt. Als ich noch die Kraft dazu hatte, sagte ich mir immer wieder, das alles sei nur ein Lügengespinst, ich würde zwar so tun, als gehörte ich dazu, aber meinen kritischen Verstand bewahren. Dummerweise habe ich Gefallen an dem Spiel gefunden. Kaum waren die Riegel hinter uns vorgeschoben, schlug eine von uns vor, die Lektionen des Tages zu wiederholen. »Üben wir?«, sagte sie, und die Gruppe wurde von Aufregung gepackt. Also übten wir. In tadelloser Reihe vor unseren Betten, die Arme gerade am Körper, vor uns ein Publikum aus unsichtbaren Direktoren, stimmten wir wie die anderen in den Nachbarzellen die Nationalhymne an. Die Umerziehung begann zu wirken.

Es gab noch einen anderen Grund, mich auf dieses idiotische Spiel einzulassen. Während der große Tag näherkam, hegte ich in mir eine gewaltige Freude. Plötzlich erschien mir mein Körper unzerstörbar. Die Polizisten im

Lager konnten mich alle patriotischen Lieder des Landes brüllen oder mich jahrelang im Licht schlafen lassen, sie konnten mir den Kopf mit den großen politischen Erfolgen von Xi Jinping vollstopfen – doch nie mehr würden sie mich besiegen. Was war geschehen? Am 13. August hatte die Polizei von Ürümqi Madina entlassen, und meine geliebte kleine Schwester war sofort zu mir nach Baijiantan geeilt. Dieser Lebensblitz, kurz, aber wunderbar intensiv, schenkte mir genug Freude, um allem Unglück der Welt zu trotzen.

Sie kam* beladen mit Geschenken. Körbe voller Bergpfirsiche mit samtiger weißer Haut, Konfekt und Ziegenkäse. Sie hatte 39 Tage in einem Lager verbracht und wusste, dass die Gefangenen solche seltenen Lebensmittel niemals behalten dürfen. Vor allem die Polizisten, die auch genug hatten von dem abscheulichen Essen, würden nach ihren Geschenken gieren, dachte sie sich. Vielleicht würden sie ihr dafür erlauben, ein paar Minuten länger zu bleiben, oder die Geschenke würden sie sogar etwas freundlicher mir gegenüber stimmen. Madina behielt zumindest in einem recht: All die Schätze, die ich kaum angerührt hatte, wurden von dem Zerberus beschlagnahmt, der das Besuchszimmer überwachte.

Wir sprachen nicht über ihren Aufenthalt im Lager. Auch nicht über meinen. Unser Wiedersehen war trotz aller Rührung wie jedes frühere von ihren Witzen, ihren Grimassen und den Anekdoten getragen und so heiter, dass ich für einen Moment glaubte, wir seien draußen, in Karamay, in Ürümqi oder in Gulja. Ihr Lachen war das

* Madina besuchte Gulbahar am 24. August 2017.

Echo auf meins. Eng umarmt weinten wir auch. Meine ersten Tränen seit Monaten. Freudentränen.

Als Madina sich verabschiedet hatte, kehrte ich leichten Herzens in meine Zelle zurück. Was für ein schreckliches Schuldgefühl, wenn einer der Menschen, die du am meisten liebst, deinetwegen leidet. Das war vorbei. Sie war frei, das war alles, was für mich zählte.

Ende August kam der Festtag. Das Rot der kommunistischen Spruchbänder färbte das Zimmer. Aus voller Kehle singend marschierten wir hinein wie brave kleine Soldatinnen, die nachzuahmen man uns eingebläut hatte. Meine Zellengenossinnen und ich haben den Wettbewerb nicht gewonnen, aber alle reckten wir den Hals, als die Lehrer die Geschenke für die Siegerinnen brachten, die vor Freude jauchzten. Es waren Körbe mit Bergpfirsichen. Die Bergpfirsiche von Madina.

Kapitel 11

20. November 2017

Seit einem Jahr bin ich Gefangene von Xinjiang. Und seit fast sechs Monaten bin ich in Baijiantan eingesperrt. Meine Mutter und meine Schwestern waren am 3. Oktober noch einmal hier. Seitdem habe ich kein vertrautes Gesicht mehr gesehen. Ich hoffe, ihnen ist nichts zugestoßen. Das Lager wird zu meiner einzigen Wirklichkeit. Kein anderer Horizont als der Stacheldraht, der uns vom Rest der Welt trennt. Alles, was früher existierte – meine Familie, meine Sorgen als Mutter und Ehefrau, Frankreich –, verschwimmt in meinem Kopf wie die Geschichte einer Fremden. Einer Frau, die ich nicht mehr bin.

Meine Gesundheit verschlechtert sich, obwohl ich alles versuche, um meinen von fehlender Bewegung schlaffen und schmerzenden Körper fit zu halten. Während der kurzen Pausen in der Zelle, früh am Morgen und spät am Abend, mache ich Dehnübungen. Wir bekommen nicht zu wenig zu essen, im Gegenteil. Trotzdem kann ich zusehen, wie ich abnehme. Ich glaube, sie mischen etwas in unser Essen. Seine Beschaffenheit und sein Geschmack sind irgendwie eigenartig. Als wären unsere Teller mit unsichtbaren Körnern bestreut. Geben sie uns Drogen?

Vielleicht ist es nur die Zeit, die mich abstumpfen lässt, aber ich merke, dass ich das Gedächtnis verliere. Meine Gedanken verknoten sich wie ein riesiges Knäuel.

Tagsüber zieht sich unser Gefangenentross über das Linoleum wie ein einziger Schlafwandler in blauem Anzug. Manchmal verliert eine von uns das Bewusstsein. Ein Wärter schafft sie weg. Ein paar Stunden später bringt er sie zurück, ohne dass wir darauf achten. Vieles, was uns früher schockiert hat, wird ganz normal. Ohrfeigen, Schimpftiraden, Gefangene, die einen Herzanfall bekommen oder verschwinden, das gehört inzwischen zum Alltag. Der kräftezehrende Rhythmus der Gefangenschaft mit seinem Wechsel aus Unterricht und ebenso unverdaulichen Mahlzeiten erschöpft mich so sehr, dass ich nicht einmal mehr denken kann. Die Lehrer haben jeder von uns ein Heft gegeben. In den wenigen Momenten der »Freizeit«, die man uns lässt, sollen wir darin unsere Gedanken festhalten. Unsere Träume, unsere Erinnerungen, unsere »Sünden«. Alle drei Tage sammeln die Wärter die Hefte ein. Die Lehrer lesen den Inhalt und schleichen sich damit sogar in die trübe Intimität unserer Herzen. Glauben sie wirklich, dass ich ihnen in diesen Zeilen auch nur ein Fünkchen Wahrheit offenbare? Das Schreiben verschafft mir überhaupt keine Erleichterung, weil die im fahlen Licht gefüllten Seiten nichts als Lügen sind. Nebelkerzen, um die zerstörerische Umerziehung zu überlisten. Innerlich lache ich über meine albernen Sätze. Aber ich weiß auch, dass die ständige Selbstkritik, zu der ich gezwungen werde, mich jeden Tag etwas weiter von der Gulbahar entfernt, die ich früher war.

Wenn Baijiantan schläft, bleibe ich wach, denn das ist die einzige Zeit, in der ich überlegen kann. Nachts sind meine Augen weit geöffnet, und ich bete mit aller Kraft. Ich bin unschuldig. Ich bin unschuldig. Ich bin unschuldig.

Das Leben in Baijiantan hat sich verändert. Alles begann am 18. Oktober während des 19. Parteitags der Kommunistischen Partei. Drei Tage lang ging eine Welle der Aufregung durch die Reihen der Aufseher und Lehrer wie auch durch unsere. Xi Jinping würde seine große Rede vor der Versammlung der Delegierten aus dem ganzen Land halten, um für eine zweite Amtszeit von fünf Jahren gewählt zu werden. Wir würden ihm in unserem Klassenzimmer vor dem Fernseher applaudieren. Wie in den uigurischen Häusern am Vorabend des Opferfests wurde das ganze Lager geputzt. Alles musste wie geleckt sein.

Die Aufseher haben sowieso schon einen Sauberkeitswahn. Das ist eins der ersten Dinge, die ich hier gelernt habe: Jede Gefangene muss tadellos sauber sein, jeder Raum muss blitzen. Wenn kein Unterricht ist, kriechen wir mit Lappen und Seife über den Boden und putzen jeden Winkel. Für jede übersehene Unreinheit gibt es Vorwürfe oder Strafen. Baijiantan soll unseren gehorsamen Seelen gleichen: Je mehr es in unheimlicher Sauberkeit glänzt, desto besser schreite unsere Umerziehung voran.

Aber diesmal mussten wir noch einen drauflegen. Für den Präsidenten von China war nichts schön genug. An allen Wänden hingen große rot-goldene Spruchbänder mit dem Symbol der Partei. Die Lehrer stellten Fernseher in jeden Klassenraum. Je näher der 18. rückte, desto mehr schmückte sich unser monotoner Alltag mit einer neuen Aufgeregtheit: Manche prophezeiten, Xi werde die Wirksamkeit des Programms zum Kampf gegen den Terrorismus rühmen, dessen Rückgrat die Umerziehungslager bilden. Vielleicht würde er das geltende Reglement lockern. Vielleicht würden sich unsere Lebensbedingungen verbessern. Vielleicht würden die Vorbildlichsten von uns sogar vorzeitig entlassen werden. Unsere Hoffnungen gaben uns neue Energie, während das Lager in den Farben des Kommunismus erstrahlte. Die widerlichen fensterlosen Flure wurden geradezu von Festtagsstimmung erfüllt. Die ganze Inszenierung war natürlich Teil unserer Umerziehung. Von diesem Moment der »geteilten Freude« sollten wir die Größe unseres gemeinsamen Vaters in Erinnerung behalten. Das war lächerlich. Aber wenn wir schon nicht freigelassen wurden – diese Hoffnung hatte ich in einem Winkel meines Gehirns vergraben –, bewahrte mich doch die Vorstellung, unsere Lebensbedingungen könnten sich etwas verbessern, vor dem endgültigen Untergang.

Und dann war der große Tag da. Am Morgen des 18. Oktober saßen wir alle an unseren Schultischen. Für den festlichen Anlass hatten wir sogar unsere blauen Uniformen gewaschen. Der Geruch nach Seife mischte sich mit dem des Schweißes. Nur das Licht des Flachbildschirms leuchtete im Raum. Die Werbeclips liefen in Endlosschleife. Die Spannung stieg. Und dann ging die Direktübertragung aus Peking los. Unter dem disziplinierten Applaus seiner Tausenden Getreuen trat der Präsident der Volksrepublik

China vor die schweren karminroten Vorhänge auf der Tribüne der Großen Halle des Volkes.

Ich hatte ihn schon vorher auf Fotos, Gemälden und im Fernsehen gesehen. Aber ich hatte ihn nie genauer betrachtet oder ihm zugehört. Ich sagte bereits, dass Politik mich nicht sonderlich interessiert. Das also war Xi Jinping. Seine Miniaturversion im engen Rahmen des Bildschirms wirkte eher harmlos. Sein rundes Gesicht und die schwarze, über dem breiten Oberkörper zugeknöpfte Jacke verliehen ihm ein gutmütiges Aussehen. Ich erinnere mich an eine sehr lange und leidenschaftliche Rede. Ich erinnere mich auch, dass im Lager patriotische Gesänge erklangen. Sobald wir nicht mehr auf unseren Stühlen vor dem Bildschirm klebten, schlug unser Lehrer den Takt und wir sangen aus voller Kehle zum Ruhme Xis und seiner großen Nation:

Ohne die Kommunistische Partei gäbe es kein Neues China.
Die Kommunistische Partei arbeitet hart für die Nation.
*Die Kommunistische Partei denkt immer nur an die Rettung Chinas.**

Aber vor allem erinnere ich mich daran, dass sich das Leben in Baijiantan nach seiner Wiederwahl geändert hat. Leider nicht so, wie wir es uns erhofft hatten.

Zuerst haben sie jede Freizeit gestrichen. Hier gibt es ohnehin kein Wochenende. Wir arbeiten die ganze Woche von Sonnenaufgang bis Sonnenuntergang. Ein Tag

* Verse aus dem chinesischen Revolutionslied *Ohne die Kommunistische Partei gäbe es kein Neues China* (1943).

gleicht dem anderen. Aber bisher waren die Samstage und Sonntage wenigstens ein bisschen anders. Zwar hatten wir auch da unsere Ration Unterricht und Arbeit, aber die Wärter erlaubten uns, am Abend für ein paar Stunden unsere Zellen zu verlassen. Diese Gunst wurde nicht regelmäßig gewährt. Sie hing von ihrer Laune ab. In diesen seltenen Verschnaufpausen bekamen wir Besuch aus der Nachbarzelle oder besuchten eine befreundete Mitgefangene. Es war ein Gefangenenleben, aber immerhin ein Leben.

In diesen Stunden unter der weniger strengen Aufsicht der Wärter lernte ich viel über das Lager. Überall tuschelten die Gefangenen über ein paar Würfeln oder abgenutzten Spielkarten. Während im Flur die patriotischen Gesänge erschallten, wurden die während der Woche aufgeschnappten Informationen über Baijiantan wie durch Stille Post verbreitet. Seit einiger Zeit beherrschte ein Thema alle Gespräche: die Impfung. Wir waren alle zwangsgeimpft worden.

Eines Morgens hatten uns die Wärter eine nach der anderen in ein Zimmer gebracht, das als Krankenstation diente. Dort erwartete uns eine kleine Gruppe Han-Chinesen in Arztkitteln. Ich habe geschrien und mich gewehrt, aber man hat mir keine Wahl gelassen. »Wir müssen dich impfen, Gulbahar, du bist 50, dein Immunsystem ist geschwächt, du kannst dich mit Grippe anstecken, wenn du es nicht tust. Ich werde mich auch gleich impfen lassen«, agitierte mich eine der Lagerleiterinnen und zeigte auf die Spritzen, die neben einem Untersuchungstisch lagen. Aus Angst vor Repressalien habe ich eine Zustimmungserklärung unterschrieben, dann habe ich erlaubt, dass man mir die Nadel in die Armvene sticht. Wie dumm ich war. Heute weiß ich, dass sie mich belogen hat. Sie hat den anderen Gefangenen dasselbe erzählt. Aber das ist noch nicht einmal das Schlimmste. Bei unseren Gesprächen haben mir viele Frauen verschämt anvertraut, dass sie ihre Regel nicht mehr bekämen. Sie sagten, die Monatsblutung sei unmittelbar nach der Impfung ausgeblieben. Die Jüngeren, die meisten von ihnen verlobt, weinten. Sie hatten gehofft, nach der Freilassung aus dem Lager eine Familie gründen zu können. Ich hatte meine Regel schon vorher nicht mehr gehabt. Ich versuchte, die Frauen zu beruhigen, obwohl in mir ein entsetzlicher Gedanke reifte: Sind sie dabei, uns zu sterilisieren?

Seit dem Parteitag dürfen wir nicht einmal mehr einen Blick oder ein Lächeln wechseln. »Schau nach unten, weißt du nicht, dass es verboten ist, sich anzusehen?«, schreien die Aufseher. Wenn ein Gefangenentrupp an unserer Gruppe vorbeigeht, richte ich die Augen zum Boden und starre auf meine ekelhaften schwarzen Filzschuhe. Dasselbe im Essenssaal oder beim Waschen. Warum rauben sie uns diese letzte Freiheit?

Jeden Tag kommen neue Gefangene ins Lager. Sie füllen die Zellen neben meiner. Ich sehe ihre verängstigten Gesichter. Ich würde sie gern trösten, ihnen zurufen: »Passt auf! Lasst euch nicht impfen!« Aber was würde das helfen? Sie werden trotzdem geimpft, und ich werde bestraft. Also bleibe ich stumm. Wir werden immer mehr in Baijiantan, aber ich habe mich noch nie so allein gefühlt.

Draußen braut sich etwas Seltsames zusammen, ich spüre es. Das Chaos von Xinjiang schlägt an die Mauern des Lagers, und das ferne Echo dringt bis in unsere Ohren. Die Aufseher sind besonders nervös und sprechen von offiziellen Inspektionen. Leute aus Ürümqi, lokale Parteikader, werden bald ins Lager kommen, »um die Hygiene und die Ausbildungsinhalte zu überprüfen«, hat man uns gesagt, »die besten Schülerinnen müssen auf ihre Fragen antworten«. Ich gehöre dazu. Das ist ein Witz! Die Antworten, die man uns auswendig lernen lässt, sind ein Lügengespinst. Wenn einer von ihnen mich befragt, soll ich Folgendes sagen: »Das Ausbildungszentrum macht mich sehr glücklich, weil ich hier einen Beruf erlerne, und ich bekomme gutes Essen. Man zahlt mir einen kleinen Lohn. Man gibt mir Kleidung und alles Nötige.« Das ist alles falsch. Wir haben kaum etwas zum Anziehen und zum Waschen bekommen. Das Einzige, was man uns hier immer wieder erzählt, ist, dass die Uiguren Terroristen sind, die sich schuldig bekennen müssen! Warum befiehlt man uns, so zu lügen? Haben sie sich etwas vorzuwerfen?

Ein paar Wochen vor dem Parteitag hat jede von uns eine persönliche »Betreuerin« zugewiesen bekommen. Als wären wir nicht schon erschöpft von den dicken Büchern, die wir auswendig lernen, werden jetzt noch wöchentliche Treffen mit diesen Frauen in den Höllenrhythmus des Lagerlebens geschoben. Meine heißt Mihray. Ich treffe sie in einem Besuchszimmer, in dem sie schon mit meiner »Akte« sitzt, wenn ich hereinkomme. Mihray ist eine junge Uigurin mit dichtem schwarzem Haar, das in einem strengen Knoten im Nacken zusammengebunden ist. Ihre sanfte Stimme verführt zur Vertraulichkeit, deshalb habe ich ihr alles erzählt: von meiner Verhaftung, meiner Familie in Frankreich, meiner Unschuld. Sie bestürmt mich mit Fragen, ich tue das Gleiche. »Wann werde ich freigelassen? Kann ich meine Familie sehen? Kann ich sie bitte anrufen?« Behutsam dämpft sie meine Forderungen. »Du musst Geduld haben, Gulbahar.« Seit dem Parteitag ist Mihray misstrauisch und deutet meine Worte als mögliche Zeichen von Frechheit. Welche Ironie des Schicksals! Mihray ist die Einzige, mit der ich sprechen kann. Je mehr man uns knebelt, desto mehr gleichen unsere Gespräche Polizeiverhören. Wenn ich sie frage, wann ich hier rauskomme, verzieht sie neuerdings verärgert das Gesicht: »Gulbahar, du musst bereuen. Du musst gestehen. Warum fragst du, wann du rauskommst? Wie kann ich dir vertrauen? Woher weiß ich, dass du nicht wieder anfängst, sobald du draußen bist?«

Eines Tages sagte sie mir schließlich, wie zur Belohnung: »Du musst auf deinen Prozess warten.« Meinen Prozess? Nach Monaten, ohne je einen Anwalt zu Gesicht zu bekommen oder ein Urteil gehört zu haben, erfahre ich, dass es einen Prozess geben soll! In diesem Moment habe ich aufgehört zu hoffen. Nach dem Prozess werde ich verurteilt, dann ist alles aus. Meine einzige Zuflucht ist das Gebet. Gott allein kann mich noch erhören. Ich habe keine Ahnung, was draußen vor sich geht, aber meine Vorahnung ist richtig, es geschieht etwas. Jeder Tag bringt neue Kleinbusse voller Frauen. Baijiantan ist eine Fabrik, in der sich immer mehr Frauen drängen. Draußen werden die Uiguren zuhauf verhaftet. Die Polizei führt einen

Wettlauf gegen die Zeit, als würde irgendjemand versuchen, ihr großes Umerziehungsprojekt zu gefährden. Man will uns so schnell wie möglich verschwinden lassen. Wenn wir hier nicht vor Erschöpfung sterben, werden uns die »Prozesse«, die man uns verspricht, zu Boden zwingen. Werden sie mich zum Tode verurteilen? Einer Uigurin, die ins Ausland geflohen ist, räume ich keine große Chance ein.

Kapitel 12

Ende 2017, Anfang 2018

Nichts, nichts geschieht. Leere. In diesem Winter, am Ende des Jahres 2017, gehe ich in Baijiantan vor die Hunde. Als das neue Jahr beginnt, sieche ich hinter den eisigen Mauern unserer Zelle dahin. Sie füllt sich mit verängstigten Frauen, deren Namen durch Nummern ersetzt wurden, und ich habe nicht einmal mehr die Kraft, sie kennenzulernen. In den Windungen des Lagers, abgeschnitten vom Rest der Welt, schwindet mein Durchhaltevermögen. Die ermüdende Routine wiederholt sich wieder und wieder, bildet nur noch einen einzigen immer gleichen kräftezehrenden Tag. Endlos unterwerfen wir uns den Pfiffen, den Beschimpfungen und dem Gebrüll der Aufseher. Unsere Gespenstergestalten schleppen sich durch die stinkenden Flure zum Waschraum, dann schlurfen sie in die Klassenräume, wo wir bis zum Abend die Propaganda der Lehrer schlucken. Manche von uns werden nachts noch durch Schreie geweckt. Wenn die fernen Stimmen die Dunkelheit durchbrechen, richten sich die Aufgeschreckten kerzengerade in ihren Betten auf, dann sinken sie wieder in sich zusammen. Ich öffne ein Auge, versuche aber nicht mehr zu begreifen, woher diese Klagen kommen und welche Misshandlungen diese Gefangenen zu ertragen haben. Ich schlafe wieder ein.

Ein einziger alter Gedanke hält sich hartnäckig in meinem Kopf: Ich, Gulbahar Haitiwaji, bin unschuldig. Früher war ich eine liebende Mutter. Eine leidenschaftliche Ehefrau. Eine aufrechte Frau, eine willensstarke Frau, eine lebendige Frau. Mit meiner Familie habe ich Xinjiang verlassen, und Frankreich hat uns Freiheit geschenkt. Ich liebte Frankreich, das »Land der Menschenrechte«, wie Kerim immer wieder mit dankbarem Stolz betonte, weil es ihn aufgenommen hatte. Das ist noch gar nicht so lange her. Ein Jahr oder mehr, ich weiß es nicht mehr genau, denn die Tage existieren nicht mehr. Die Gesichter von Kerim, Gulhumar und Gulnigar wabern durch mein gequältes Gehirn. Die Erinnerungen entgleiten mir. Ohnmächtig sehe ich zu, wie sie verschwinden.

Die Lektionen zu schlucken und wieder auszuspucken, verbraucht all meine Zeit und meine Energie, so dass mir keine mehr zum Denken bleibt. »Ihr seid Kriminelle. Gesteht eure Verbrechen, dann wird die Partei euch vergeben. Dann werdet ihr freigelassen«, wiederholen sie den ganzen Tag. Die ewige Leier der Aufseher und Lehrer krümmt unsere Körper, bis die erbarmungslose Mechanik der Gehirnwäsche selbst den widerstandsfähigsten und kühnsten Geist besiegt. Doch eines Abends flüstert eine Mitgefangene: »Chen Quanguo* hat uns gründlich unterschätzt. Er wird uns nicht so leicht ändern!« Dieser in der Dunkelheit dem Gouverneur von Xinjiang gezeigte Mittelfin-

* Sekretär der Kommunistischen Partei Chinas in Xinjiang. Er war berüchtigt für seine repressiven Methoden, als er 2011 bis 2016 den gleichen Posten in Tibet innehatte.

ger entlockt mir ein Lächeln. Ich würde so gern glauben, dass die Partei nicht gewonnen hat, aber sind wir nicht schon umerzogen?

»Kriminelle.« Was nützt es, ständig dagegen anzuschreien? Seit ich hier bin, habe ich geschwiegen. Habe in den Gesprächen mit meiner Betreuerin die Reuevolle gespielt. Seit einiger Zeit gibt sich Mihray keine Mühe mehr, unsere Gespräche mit ihrem sanften Trost zu umhüllen. Die junge Frau, selbst Opfer einer gründlichen Gehirnwäsche, hat die Maske fallen lassen und das eigentliche Ziel ihrer Arbeit offenbart: mich zu einem Geständnis zu bringen. Bei den Gesprächen wiederholt sie zehn, 50, manchmal 100 Mal dasselbe: Ich würde das Ende dieses Albtraums erst erleben, wenn ich meine Verbrechen gestanden hätte. Ich müsse beim Prozess alles sagen, die Partei um Verzeihung bitten. Ja, der Prozess kommt, versichert sie mir. Nein, Mihray weiß nicht, wann das sein wird. Wofür werde ich verurteilt, wo ich doch in Xinjiang nichts anderes war als Mutter, Ehefrau und eine fleißige Angestellte? Habe ich Anrecht auf einen Anwalt, den man mir während meiner ganzen Untersuchungshaft verweigert hat? Mihray behauptet, nichts von den Einzelheiten des Verfahrens zu wissen. Ein Jahr schon quält mich der Gedanke an meinen Prozess. Er wird zur Obsession. Meine Rettung oder mein Grab. Ich klammere mich mit hartnäckiger Resignation daran, überzeugt, dass er, egal wie das Urteil lauten wird, meine einzige Chance ist, Baijiantan zu verlassen.

Draußen in Xinjiang nimmt die Unterdrückung weiter zu. Lastwagen bringen Dutzende Frauen nach Baijiantan.

Die Aggressivität der Aufseher und der Lehrer, der Druck von Mihray und die zunehmende Spannung im Lager zeigen, dass China das Uigurenproblem schnell lösen will. Selbst jene, die nicht im Lager landen, sind der Brutalität einer Polizei ausgeliefert, der alles erlaubt ist. In den großen Städten im Norden und Süden hagelt es immer neue Vorschriften. Es ist verboten, einen Bart oder ein Kopftuch zu tragen, seinem Kind einen uigurischen Vornamen zu geben, WhatsApp zu nutzen, mit Personen im Ausland zu kommunizieren, an traditionellen religiösen Feierlichkeiten teilzunehmen … Je länger die Liste wird, desto deutlicher sichtbar wird die Willkürpolitik, die darauf abzielt, den Islam und die uigurische Kultur auszurotten.

Unter dem Deckmantel eines großen Gesundheitsprogramms hat man in den Provinzen angefangen, DNA, Fingerabdrücke, Irisfotos und Blutgruppen von Millionen Einwohnern zu sammeln.* Dieses Unterfangen ist nicht neu, da die Polizei bereits die biometrischen Daten von allen speichert, die im Rahmen des Kampfes gegen den Terrorismus als »verdächtig« gelten, angefangen bei Bürgern, die einen Pass beantragen.

In Xinjiang zählt man nicht mehr die Einwohner, sondern die Verdächtigen. Die massenhafte Speicherung von DNA, sorgfältig in dem digitalen Labyrinth hinterlegt, wo die Polizei ihre Dateien anhäuft, bestätigt eine schreckliche Hypothese: Alle Bürger der Provinz werden als mögliche terroristische Gefahr wahrgenommen, wenn sie Uiguren sind. Für sie gibt es keine Gnade. »Seid ohne Erbarmen«,

* »China: Minority Region Collects DNA from Millions«, *Human Rights Watch Report,* 13. Dezember 2017.

sagte Xi Jinping schon 2014 bei einem Besuch in Xinjiang zu den lokalen Parteifunktionären. Diese Äußerung wurde von der *New York Times* öffentlich gemacht.*

Die Repressionen erreichen selbst die entlegensten Dörfer. Im Rahmen der Kampagne »Eine Familie werden«** laden sich Parteifunktionäre für eine Woche bei uigurischen Familien ein, essen mit ihnen und schlafen unter ihrem Dach. Die Uiguren werden aufgefordert, von ihrem Leben zu erzählen und ihre politischen Überzeugungen darzulegen, außerdem müssen sie sich kaum verhohlene Lektionen über die Doktrin von Xi Jinping anhören. Was wird dann aus ihnen? Bleibt ihnen ein Lageraufenthalt erspart? Werden sie belohnt, wenn sie sich gehorsam der hinterhältigen Aktion der Funktionäre unterworfen haben? Das weiß niemand. Diese Familien, die sich in den Berichten von Human Rights Watch und Amnesty International hinter geänderten Namen verstecken, sind von der Angst geknebelt. Sie verschwinden ebenso schnell im Bermudadreieck von Xinjiang, wie ihre Aussagen verbreitet werden.

So erstickt Peking die Uiguren allmählich, entweder im Lager oder im Schweigen. Aber warum beschließt Xi Jinping plötzlich, sein Umerziehungsprogramm über die »Schulen« hinaus auszudehnen? Wie lässt sich diese Eile erklären, die Uiguren auszulöschen?

Die Welt erfährt Anfang 2018 von den »Schulen« in Xinjiang und ist fassungslos. Von nun an sind die Men-

* »›Absolutely no mercy‹: leaked files expose how China organize mass detentions of Muslims«, *New York Times*, 16. November 2019.

** »China: Visiting Officials Occupy Homes in Muslim Region«, *Human Rights Watch Report*, 13. Mai 2018.

schenrechtsorganisationen nicht mehr die Einzigen, die die Alarmglocken läuten. Die Fassade Chinas, bisher von seiner digitalen Großen Mauer geschützt, bröckelt ab, je mehr Berichte von Entkommenen in der Presse erscheinen und Whistleblower Informationen und Bilder von den Lagern überall auf der Welt verbreiten, von Kanada über die USA bis nach China. Die uigurische Diaspora demonstriert in den europäischen Hauptstädten. Zwischen den himmelblauen Fahnen von Ostturkestan halten die Demonstranten Fotos ihrer seit Monaten oder Jahren verschwundenen Angehörigen hoch. Unter Führung des Weltkongresses der Uiguren* fordern sie die internationale Politik auf, etwas zu unternehmen. In den chinesischen sozialen Netzwerken wagen Bürger, die Zeugen der Grausamkeiten in Xinjiang wurden, Bilder und Videos zu posten. Mehrere Videos zeigen etwa, dass Xi Jinpings China für ganz junge uigurische Frauen ein besonderes Schicksal vorsieht. Man sieht auf den Filmen Massenhochzeiten, bei denen Uigurinnen in traditioneller Festkleidung mit leerem Blick neben strahlenden Han-Chinesen stehen.** Diese Frauen wurden vermutlich zwangsverheiratet, aber bisher ist es schwer, Beweise dafür zu liefern. Sie sind in Xinjiang gefangen, ihre Stimmen bleiben unhörbar. Sind diese Ehen eine Alternative zu den Lagern? Sind diese geopferten Mädchen eine Tauschwährung, um für die »Ver-

* Der 2004 gegründete Weltkongress der Uiguren ist die Hauptvertretung der Uiguren im Ausland. China hat ihn auf die Liste terroristischer Organisationen gesetzt, doch er kämpft mit gewaltfreien Aktionen für Demokratie, Menschenrechte und die Freiheit des uigurischen Volkes.

** »Pékin, accusé de forcer les mariages entre Ouïghoures et Hans«, *Mediapart,* 31. Mai 2018.

brechen« ihrer Familien zu zahlen? Wurden sie von den Han-Chinesen gekauft, wie es im Süden des Landes mit vietnamesischen Frauen geschieht? Die Uiguren im Ausland verbreiten diese Videos, und es lassen sich viele furchtbare Dinge erahnen, die auf etwas hindeuten, was niemand sehen will, vor dem man aber nicht die Augen verschließen darf: In Xinjiang geschieht ein Genozid.

Die westlichen Demokratien, die sich seit zwei Jahren sträuben, Stellung zu beziehen, haben keine andere Wahl mehr: Die Anschuldigungen gegen China wiegen zu schwer, als dass sie länger ignoriert werden könnten. Als Erste werden die USA aktiv. Sie nehmen seit Jahren zahlreiche Oppositionelle, Intellektuelle und Künstler aus Xinjiang auf, unter ihnen auch Rebiya Kadeer, »die Mutter der Uiguren«. Das politische Establishment der USA hat sich gegenüber dem chinesischen »Feind« zum Fürsprecher der uigurischen Sache gemacht. Donald Trump setzt die »uigurische Frage« ebenso wie den chinesisch-amerikanischen Streit über 5G, Hongkong oder Taiwan als Trumpf im Handelskrieg gegen Peking ein.

Doch die europäischen Demokratien zeigen an dem Thema weniger Interesse. Sie winden sich, denn das Kräfteverhältnis erscheint ihnen zu ungleich, der Kampf von vornherein verloren. Zum einen, weil China auf dem Gebiet der Wirtschaftsdiplomatie glänzt: Mit dem Geld, das es vor allem in den europäischen Ländern ausgibt, kauft es ihre Nachsicht und erzwingt Zugeständnisse. Der letzte Hebel, den China ansetzt, offenbart die Dimensionen: Die »Neue Seidenstraße«, das gewaltige Infrastrukturprogramm, das China im Meer und auf dem Land vorantreibt, soll unter anderem das Reich der Mitte mit Europa verbinden und den Kontinent zu einem noch wichtigeren Handelspartner machen.

Zudem nutzt China jede Bresche, die die UNO bietet. Während Xinjiang seine erzwungene Häutung vollzieht, spinnt Peking, von einem unersättlichen Appetit angetrieben, seine Fäden in den UN-Unterorganisationen, um seine Getreuen auf strategisch wichtigen Posten zu platzieren. Mit Lobbyismus und Drohungen etabliert China Schritt für Schritt neue Spielregeln im internationalen Umgang, bei denen die Menschenrechte zugunsten der wirtschaftlichen und sozialen Entwicklung in den Hintergrund gedrängt werden. Durch das Geld, das China in die verschiedenen Etagen der UNO pumpt, zählt seine Stimme längst über sein Vetorecht im Sicherheitsrat hinaus. 2016 hatte es zum Beispiel einen UN-Treuhandfonds für Frieden und Entwicklung initiiert und sich verpflichtet, über zehn Jahre Projekte in einer Größenordnung von bis zu 200 Millionen Dollar zu finanzieren. Von den drei chinesischen Generaldirektoren der UN-Organisationen für internationale Zivilluftfahrt, industrielle Entwicklung und Telekommunikation wurden 2018 zwei für drei bzw. vier Jahre wiedergewählt.* Diskret sichert sich China strategische Positionen.

Das beste Beispiel ist sicher die Wahl von Qu Dongyu an die Spitze der Ernährungs- und Landwirtschaftsorganisation FAO, der UN-Organisation, die gegen den Hun-

* Liu Fang wurde an die Spitze der Internationalen Zivilluftfahrtorganisation (ICAO) und Li Yong an die der Organisation der Vereinten Nationen für industrielle Entwicklung (UNIDO) wiedergewählt.

ger auf der Welt kämpft. Der chinesische Vize-Landwirtschaftsminister wurde im Juli 2019 im ersten Wahlgang mit der Mehrheit von 108 der 191 Stimmen gewählt, obwohl die französische Kandidatin Catherine Geslain-Lanéelle als Favoritin gegolten hatte. In Diplomatenkreisen wurde gemunkelt, wieder einmal hätten Lobbyismus und chinesisches Geld die Entscheidung herbeigeführt: China unterstützt die FAO seit Jahren mit großzügigen finanziellen Zuwendungen und soll unter anderem mehreren Mitgliedsstaaten als Gegenleistung für den Rückzug eines eigenen Kandidaten Schulden erlassen haben, darunter Kamerun (70 Millionen Dollar). Ohne ein Blatt vor den Mund zu nehmen, erklärte Catherine Geslain-Lanéelle nach der Wahl: »China hat einen sehr aggressiven Wahlkampf geführt, mit Mitteln, die wir nicht benutzen.«*

China macht bei der UNO seinen ganzen Einfluss geltend, weil es genau weiß, mit welchen Anschuldigungen man es konfrontieren wird, wenn die »Umerziehungslager in Xinjiang« im UN-Menschenrechtsrat in Genf auf den Tisch kommen. Diese zwischenstaatliche Organisation führt Untersuchungen in Staaten durch, in denen die Menschenrechte gefährdet sind, und erstattet darüber Bericht. Seit 2018 liegt bereits ein Dossier »Uiguren« vor, aber vorläufig gibt es darüber keine Auseinandersetzung mit China.

Fern der Medien und der Blicke der UN-Experten tritt der Kampf meiner Tochter Gulhumar auf der Stelle. Während überall Enthüllungen über die Umerziehungslager

* »Un Chinois élu à la tête de la FAO«, *Le Figaro*, 23. Juni 2019.

bekannt werden, läuft sie von Pontius zu Pilatus, um meine Freilassung zu erreichen. Sie klopft an alle Türen: bei uigurischen Familien im Exil, Persönlichkeiten der Diaspora, Menschenrechtsanwälten. Diese überschütten sie mit Trost und Ratschlägen, können ihr letztlich aber nicht helfen.

Sie schreibt zahllose verzweifelte E-Mails an den Vizekonsul Frankreichs in Peking. Die meisten bleiben unbeantwortet. Manchmal ruft sie ein Konsulatsmitarbeiter zurück, um sie zu beruhigen, aber keine konkrete Information, keine Verhandlung mit den Behörden in Xinjiang erlaubt ihr, auf meine Rückkehr zu hoffen. Die Auskünfte meiner Mutter oder meiner Schwester bei den seltenen Anrufen in Xinjiang sind ausweichend und beunruhigend. »Alles ist gut«, »Ja, wirklich, deiner Mutter geht es gut, mach dir keine Sorgen«, antworten sie ihr. Als sie ein weiteres Mal meine Mutter erreicht, bricht diese in Tränen aus und verrät die Wahrheit: »Ich bitte dich, sei nicht böse, aber ruf uns nicht mehr an. Sie haben uns endlos verhört, wir sind alle am Ende. Wir wissen nicht, warum sie uns so behandeln.«

Ich stelle mir vor, wie Polizisten, vielleicht dieselben wie die, die mich gefangen halten, in der Küche meiner Mutter in Gulja sitzen und sie verhören, während sie ihnen Tee serviert. Und meine Mutter verspricht ihnen, alles zu sagen, was sie weiß.

Vier Tage später versucht Gulhumar es noch einmal. Vergeblich. Nachdem sie die Nummer ihrer Großmutter gewählt hat, kommt kein Freizeichen. Als würde es den Anschluss plötzlich nicht mehr geben.

Seit einem Jahr stellen sich meine Töchter und mein Mann das Schlimmste vor: Sie denken, ich sei tot. Kerim hat 30 Kilo abgenommen, er versinkt in einer tiefen Depression. Er arbeitet weiter, aber sein Blick ist stumpf. Immer wieder denkt er daran, nach Xinjiang zu kommen, um mich zu suchen.

Kapitel 13
Frühjahr 2018

Tausende Kilometer trennen sie. Und zwei Jahrzehnte. Der eine ist ein deutscher Wissenschaftler in den Vierzigern. Der andere, Mitte 20 und chinesischer Abstammung, studiert Jura an der British Columbia University im kanadischen Vancouver. Während der eine bereits mit seinen Recherchen über die chinesische Unterdrückung in Tibet den Zorn Pekings auf sich gezogen hat, lebt der andere in relativer Anonymität. Ihn kennen weder die chinesischen Behörden noch die Uiguren in der Diaspora überall auf der Welt. Der eine heißt Adrian Zenz, der andere Shawn Zhang.

Die beiden Männer haben eine Gemeinsamkeit. Im Frühjahr 2018, während in den Medien viele schreckliche, jedoch nicht verifizierbare Berichte über Uiguren erscheinen, die in Xinjiang verschwunden oder, in seltenen Fällen, aus den »Schulen« entkommen seien, liefern Zenz und Zhang das, was den Regierungen und den internationalen Organisationen fehlte: Beweise. Hunderte Beweise.

Zenz hat offizielle Dokumente aus Xinjiang, öffentliche Ausschreibungen für Bauvorhaben und Online-Stellenangebote durchforstet* und die Entstehung des Umerziehungssystems nachgezeichnet. Er kann den Bau vieler neuer Lager seit dem Antritt von Chen Quanguo als Parteisekretär von Xinjiang im August 2016 bis zum Frühjahr 2018 nachweisen. Er nimmt auch die lokale und regionale Presse genau unter die Lupe, in der sich die offiziellen Vertreter äußern. Seine Schlussfolgerungen sind erschreckend: Nach seinen Recherchen gibt es in Xinjiang bis zu 1200 Umerziehungszentren für jeweils 250 bis 880 Insassen. Ungefähr eine Million Menschen wurden bislang in diese Lager deportiert.

War die eigene Zensur nicht sorgfältig genug und hat China in die Falle laufen lassen? Bei seinen Recherchen gelangt Zenz mühelos an die offen zugänglichen Daten. Er muss sich nur auf den mit unzähligen verfänglichen Daten gespickten Websites der Provinz umsehen, um das Projekt der ideologischen Umerziehung der Uiguren in seinen Mechanismen zu verstehen. Im Internet macht sich das Propagandabüro nicht mehr die Mühe, die Absichten zu verschleiern und spricht frank und frei von »Berufsbildungszentren« oder »Erziehung durch Arbeit«. Fast könnte man glauben, hinter den verschlossenen Toren von Xinjiang sind diese »Schulen« schon für niemanden mehr ein Geheimnis.

Im Mai 2017 sucht das staatliche Arbeitsamt von Karamay zum Beispiel »110 Angestellte in Umerziehungszentren für vier verschiedene zentralisierte Unterrichts-

* Adrian Zenz, »›Thoroughly reforming them towards a healthy heart attitude‹: China's political re-education campaign in Xinjiang«, European School of Culture and Theology, Korntal, aktualisiert am 6. September 2018.

gruppen zur Umerziehung« sowie »248 Polizisten für Polizeistellen, Kontrollposten und Zentren für ›Umerziehungsbasen‹«, notiert Zenz. Einige Zeit später weist die offizielle Website der Region darauf hin, dass zwei Städte der Präfektur Hotan »mehrere Lehrerstellen« in »Zentren für Umerziehung« anbieten. Sie verlangen »Kenntnisse in Kriminalpsychologie« und »Marxismus«. Auch die in den meisten öffentlichen Ausschreibungen von Bauvorhaben angegebenen Standardausstattungen lassen keine Zweifel. Erwähnt sind »Absperrungsmauern, Sicherheitsschleusen, Metallgitter, Stacheldraht, gepanzerte Sicherheitstüren und -fenster«, aber auch »Überwachungssysteme, Wachtürme, Bereitschaftsräume, Polizeistellen und Einrichtungen für bewaffnete Polizeikräfte« sowie »Spezialtüren und -betten für Gefängniszellen«. Das alles beweist, dass diese »Schulen« keine gewöhnlichen Schulen sind, sondern befestigte und vielfach gesicherte Straflager.

Shawn Zhang analysiert Satellitenfotos. Die Ortsangaben in den Ausschreibungen liefern ihm die Spur zu Dutzenden von Lagern. Er erkennt sie an den dicken Stacheldrahtzäunen und den Wachtürmen neben den Gebäuden. Manchmal sieht er dort, wo sich noch einen Monat zuvor nichts als die Weite der Wüste erstreckte, in rasender Geschwindigkeit riesige Gefängnisanlagen entstehen. Tag für Tag betrachtet er die Bilder, auf denen man die Lager aus dem Boden schießen sieht. Auf dem Blog *Medium*, den er im Frühjahr 2018 einrichtet, veröffentlicht er den Standort und Screenshots der ersten drei Zentren in Kashgar, der großen Stadt im Westen von Xinjiang, und ihrer Umgebung. Der Post ist vom 20. Mai 2018. Zwei Tage später ein neuer Post: diesmal ein Lager in Hotan. Am selben Tag ein weiteres in Karakax, einer Stadt in der Präfektur Hotan. Auf der interaktiven Karte häufen sich die Markierungen. Zhang weiß, dass er seine Familie in China gefährdet, indem er zum Whistleblower wird. Die Kommunistische Partei wird es ihm nicht verzeihen, den Lagern ein Gesicht gegeben zu haben. Seine Eltern wurden bereits zum Verhör vorgeladen, aber er veröffentlicht unermüdlich weiter Bilder auf seinem Blog.

Falls die Welt noch gezweifelt hat, hier ist die Bestätigung: Obwohl China das Gegenteil behauptet, entstehen immer neue Arbeitslager. Bis das Land 2013 erklärte, die Lagerhaft aus seinem Strafvollzugssystem gestrichen zu haben, gab es ein dichtes Netz an Gefangenenlagern, in die unterschiedslos politische und religiöse Dissidenten, Kriminelle und Asoziale geschickt wurden. Die *Laogai*, wörtlich »Reform durch Arbeit«, 1957 von Mao Zedong eingeführt, waren im Reich der Mitte, was der Gulag in der UdSSR war: ein riesiger, über das ganze Land verteilter Archipel, in dem die Häftlinge mit der Kraft ihrer Arme für ihre »Verbrechen« büßen mussten. Eine nationale Besonderheit des krakenartigen Lagernetzes war die Kategorie der *Laojiao*, »Umerziehung durch Arbeit«, die im Unterschied zu den *Laogai* nicht der Jurisdiktion unterstanden. Jeder, dessen Gedanken als böse angesehen wurden, konnte ohne Gerichtsverfahren für bis zu vier Jahre in einem *Laojiao* landen. Diese Lager, die ebenso wie die *Laogai* angeblich 2013 abgeschafft wurden, waren vor allem für jene bestimmt, die die Partei verdächtigte, spirituell von Feinden beeinflusst zu sein.

In vielerlei Hinsicht lassen die »Schulen« mit ihrer außergerichtlichen Struktur und der ideologischen Ausrichtung die brutalen *Laojiao* der Mao-Zeit wiederauferstehen. In Xinjiang richten sich die Repressionen nicht nur gegen die Taten der Uiguren, auch wenn Peking behauptet, die »Schulen« seien eine Antwort auf die terroristische Bedrohung in der Provinz. Zenz hat es immer wieder deutlich gemacht*: Die Partei, die in ihren offiziellen Erklärungen nicht mit medizinischen Ausdrücken knausert, hat es auf den Glauben und die Traditionen der Uiguren abgesehen. In den Augen der Kommunistischen Partei leben sie unter der giftigen Geißel der Religion, einer Krankheit, die man durch Umerziehung ausrotten muss. Sie sei der fruchtbare Boden für den radikalen Islam und den Terrorismus, eine Seuche, die es zu besiegen gelte. Deshalb konzentriert sich die Umerziehung in den »Schulen« weniger auf körperliche Arbeit als auf die Veränderung des Denkens durch Erschöpfung und Gehirnwäsche.

Im Frühjahr 2018 sind Zenz und Zhang nicht die Einzigen, die Chinas Schubladen durchforsten. In Paris stellt meine Tochter Gulhumar von der Öffentlichkeit unbemerkt ihre eigenen Nachforschungen an. Da sie Mandarin beherrscht, begibt sie sich im chinesischen Internet auf die Suche nach Beweisen für die Existenz der Lager. Bei WeChat und Douyin, den chinesischen Entsprechungen von WhatsApp und TikTok, stößt sie auf Äußerungen von Bekannten, die in Xinjiang geblieben sind. Sie muss schnell sein, denn die meisten sind nur ein paar Minuten

* Adrian Zenz, a. a. O.

sichtbar, bis sich die Dampfwalze der Zensur in Bewegung setzt. Gulhumar speichert alles, was ihr verdächtig vorkommt: eine Ausschreibung für Arbeiten in einer »Schule«, ein Stellenangebot für einen Elektriker in einem »Berufsbildungszentrum«, Bilder von Krematorien, die leeren Straßen eines früher sehr belebten Viertels von Karamay … Die Artikel in den Zeitungen und ihre verzweifelten Schreiben an die französische Botschaft in Peking haben nicht ausgereicht. Sie will begreifen, warum unsere Familie in Xinjiang nicht mehr ans Telefon geht.

Seit mehr als einem Jahr kämpft sie unermüdlich für mein Überleben und meine Freilassung, während ich in den chinesischen Kerkern dahinvegetiere. Sie weiß, dass die Informationen streng vertraulich und irgendwo im Verwaltungslabyrinth von Xinjiang in einer geheimen Datenbank gespeichert sind. Mein Fall gehört zu den »sensiblen Fällen«, die die Behörden verschleiern. Xinjiang ist ein Tresor ohne Zugangscode.

Im Winter 2017/18 landet mein Fall am Quai d'Orsay. Jemand hat Gulhumar mit dem Botschafter für Menschenrechte im Außenministerium, François Croquette, zusammengebracht. Er hört ihr und vier anderen Exil-Uiguren einen Vormittag lang zu. Dank ihm gibt es nun eine »konsularische Akte« mit meinem Namen. Mein Fall werde wie der einer französischen Staatsbürgerin behandelt werden, verspricht er Gulhumar.

Seither wird sie einmal im Monat von einer braunhaarigen Frau in einem dunklen Kostüm empfangen. In deren nüchternem, hellem Büro erzählt Gulhumar alles: von unserer Vergangenheit in Karamay, der Ankunft in Frankreich, den friedlichen Jahren in Boulogne-Billancourt und dann von dem seltsamen Anruf, meiner Abreise und meinem Verschwinden in den Abgründen von Xinjiang. Sie offenbart auch ihre Hypothese, ich sei in einem Umerziehungslager eingesperrt, und ihre größte Angst, die chinesischen Behörden könnten mich zum Tode verurteilen. Die Frau hört zu, ohne sie zu unterbrechen. Sie macht sich Stichpunkte und gibt Gulhumar ein Glas Wasser. Wenn Gulhamars Stimme vor Erregung zu versagen droht, beugt sie sich über den Schreibtisch, der sie trennt, und drückt ihr sanft die Hand.

Das französische Außenministerium setzt seine diplomatische Maschinerie in Peking in Gang. Die französische Botschaft und das chinesische Außenministerium werden kontaktiert. Verhandlungen werden geführt. Zunächst will man herausfinden, wo ich bin und warum man mich festhält. Monatlich findet ein allgemeines Treffen zwischen den chinesischen Behörden und der Botschaft statt. Dort fällt jetzt auch mein Name. Aber zunächst gibt es kein greifbares Ergebnis. Die Chinesen würden sich Notizen machen, erklärt die junge Frau Gulhumar. »Sie machen sich Notizen? Was heißt das?« »Nun, sie notieren sich die Angaben über Ihre Mutter. Sie werden sie nach oben weiterleiten.« Gulhumar unterdrückt ihre Wut. Die Frau beruhigt sie: Bei jedem Treffen, jedem Gipfel, bei jedem Privatgespräch zwischen französischen Politikern und ihren chinesischen Amtskollegen komme mein Fall zur Sprache. »Ich verspreche Ihnen, dass wir alles tun, was in unserer Macht steht, um sie da rauszuholen.«

In den Windungen der französisch-chinesischen Diplomatie weiß bald jeder, wer ich bin. Die »Gulbahar-Haitiwaji-Affäre«: eine Uigurin im französischen Exil, die von China grundlos in einem geheimen Umerziehungslager der Regierung festgehalten wird. Zum x-ten Mal bittet man Gulhumar um Geduld. Die laufenden Gespräche seien äußerst heikel. Jedes falsche Wort könne die Chinesen verärgern und eine Lösung unmöglich machen. Xinjiang liege 3000 Kilometer von Peking entfernt. Am Ende der Welt. Im Moment sei es unmöglich, die Chinesen zu bitten, eine französische Delegation hinreisen zu lassen.

Gulhumar seufzt. Sie hat keine Zeit mehr. Unerträglich lange werde ich schon in Xinjiang festgehalten. Parallel zu den Gesprächen im Ministerium alarmiert Gulhumar die Presse. Die Frau im Ministerium hat nichts dagegen. Durch die Medien würde ihr Kampf sicher auf ein größeres Echo stoßen. Aber Vorsicht, hat sie sie gewarnt, man dürfe mich auf keinen Fall als Botschafterin des uigurischen Volkes und seines politischen Kampfes präsentieren. Das könne den kleinen Fortschritten schaden, die hinter den Kulissen erzielt würden. Die Chinesen würden sich dann sofort wieder verschließen.

Wenn meine Tochter abends müde von der Arbeit nach Hause kommt, packen sie wieder Zweifel. Ist das alles vergeblich? Kerim hält es nicht mehr aus. »Wenn sie nichts machen, fahre ich selbst hin! Ist mir doch egal, ich bin ein in Frankreich eingebürgerter politischer Flüchtling! Schlimmstenfalls sperren sie mich an ihrer Stelle ein. Sie hat nichts getan, verdammt!« Trotz der Zeitungsartikel und der Gespräche im Außenministerium bewegt sich nichts, und Gulhumar befürchtet, dass Kerim sein Vorhaben umsetzt. Was soll sie tun, wenn er sich auch nach Xinjiang aufmacht?

Wenige Monate später bringt ein wichtiges Ereignis neuen Schwung in die Sache. Im August 2018 verurteilt die UNO offiziell die Umerziehungslager in Xinjiang.* Es ist das erste Mal, dass sich die Vereinten Nationen zur Unterdrückung der Uiguren durch China äußern. Das ist sensationell, und die Frau vom Außenministerium ruft Gulhumar sofort an. »Das wird etwas bewegen, Sie müssen daran glauben! Wir kommen voran!«, jubelt sie. Auf der Grundlage des Berichts von Adrian Zenz, der Bilder von Shawn Zhang und der zahlreichen Zeugenaussagen von Exil-Uiguren fordert die UNO China auf, sich zu erklären und unabhängigen Beobachtern Zugang nach Xinjiang zu gewähren, um sich ein Bild vom Ausmaß der Unterdrückung zu machen, die nichts anderes ist als ein Genozid.

Plötzlich erwacht China aus seinem Schweigen. Im Oktober 2018 gibt es die Existenz von Umerziehungszentren zu, weist jedoch den Vorwurf entschieden zurück, diese Lager würden eine massive Verletzung der Menschenrechte darstellen.** China betrachtet sie als gewöhnliche »Ausbildungszentren«, die dem Kampf gegen Terrorismus, radikalen Islamismus und Arbeitslosigkeit dienen. Die nicht überraschende, aber besorgniserregende Reaktion bestätigt, was die ausländischen Beobachter bereits

* Siehe »Vereinte Nationen befürchten eine Million internierte Uiguren«, *Die Zeit*, 11. August 2018.

** Siehe »Und es gibt die Lager doch«, *Frankfurter Allgemeine Zeitung*, 18. Oktober 2018.

befürchteten: China denkt nicht daran, die Zwangsinternierung der Uiguren zu stoppen. Ganz im Gegenteil. Seine Stellungnahme beweist, dass das Land inzwischen ein Rechtssystem etabliert hat, mit dem sie die Existenz dieser Lager vor dem Rest der Welt legitimiert.

Kapitel 14

Irgendwo im Norden von Xinjiang

5. November 2018

»Ihr müsst euch keine Sorgen machen, ihr werdet alle für ein konkretes Verbrechen verurteilt.« Der Direktor von Baijiantan wollte uns wohl beruhigen, als er das sagte. Als wäre es eine Blume, ein Geschenk, das er uns armen, erschöpften Gefangenen überreichte. »Da, das ist für euch, eine Gefängnisstrafe von sechs, neun oder 15 Jahren!« Was für ein Witz! Fast hätten wir uns noch bedanken sollen. Als der Direktor vor sechs Monaten dieses Versprechen gab, hatte mich etwas anderes aus der Fassung gebracht: Wie können sie mich verurteilen, wenn sie doch nichts gegen mich in der Hand haben? Ach ja, pardon, ein Foto von Gulhumar bei einer Demonstration in Paris. Aber das ist alles. Wird man wegen so einer Kleinigkeit verurteilt? Ich habe mich gehütet, Mihray diese Frage zu stellen. Ich habe aufgehört mit den »Provokationen«, weil es für jede Kleinigkeit Strafen hagelte. Bestenfalls hätte mir der Aufseher ein paar Ohrfeigen und ein paar Schläge verpasst, schlimmstenfalls hätte ich eine Woche in Einzelhaft verbracht. Dazu fehlte mir der Mut.

Ich bin nur noch ein Schatten meiner selbst. Ein Gespenst. Wenn Kerim, Gulhumar und Gulnigar mich sehen könnten, würden sie aufschreien. Ich wiege weniger als 50 Kilo. Wegen des grellen Lichts in Baijiantan sehe ich immer schlechter, unter den Augen habe ich tiefe schwarze Ringe. Während ich früher darauf achtete, dass sich kein weißes Haar in meinen Haarschopf schlich, laufe ich jetzt mit einer unförmigen Mähne verfilzter Strähnen herum. Mein Herz schlägt so schwach, dass ich es nicht spüre, wenn ich die Hand auf die Brust lege. Manchmal blockiert meine Wirbelsäule, dann werden meine Beine so steif wie Holz und quälen mich mit höllischen Krämpfen.

Überall um mich herum hat das Lagerleben unauslöschliche Spuren hinterlassen. Von all dem Marschieren auf dem Linoleum sind wir zu einem erbärmlichen Haufen schlaffer, gebeugter Körper geworden. Unsere grünlichen Gesichter sind geschwollen. Kommt das davon, dass wir reglos und schwitzend unter den Neonröhren sitzen? Das Tageslicht fehlt mir so sehr. Wir haben nur Anrecht auf drei, vier kurze Hofgänge pro Woche. Ist es das widerliche Essen, mit dem sie unsere Näpfe füllen? Ich rühre es kaum noch an. Wollen sie uns hier krepieren lassen? Wozu soll ich dann essen? Oder sind es die Spritzen, die sie uns aufzwingen? Im Frühjahr haben die Krankenschwestern behauptet, es gebe eine neue Grippewelle, und diesmal habe ich mich nicht mehr so heftig gewehrt wie im vergangenen Winter. Wie alle anderen habe ich der Schwester meinen Arm hingestreckt und dann die Erklärung auf Mandarin unterschrieben, die sie mir vorgelegt hat. Wie alle anderen habe ich mich in diesem Moment nicht getraut zu fragen, ob sie uns einen Impfstoff injizieren oder ein

Gift, das uns das Gedächtnis verlieren lässt. Denn wir alle verlieren unsere Erinnerungen.

Was wird aus uns ohne Erinnerungen? Früher war unsere Zelle abends vom Tuscheln der Frauen erfüllt. Durch unsere Stimmen war der stinkende Schlafraum weniger grau, weniger leer. Die Mütter erzählten von ihren Kindern. Einem kleinen, wilden Nachkömmling, einem Erstgeborenen, der bald heiraten würde. Einem Ehemann, der auch in einem Lager eingesperrt war, einem Männerlager. Die jungen Mädchen lächelten, wenn sie von den Jungen sprachen, die draußen auf sie warteten. Sie sorgten sich, ob sie ein »normales« ein fruchtbares Frauenleben führen würden, und wir Älteren beruhigten sie mit guten Worten. Ich erzählte ihnen vom Ausland, vom Leben der Uiguren-Familien im Exil, die sich in einem Häuschen am Stadtrand von Paris um einen Grill versammeln und *Nouruz* feiern. Von der Solidarität, die starke Bindungen schafft, und den Kindern, die heranwachsen und untereinander in einer fremden Sprache sprechen. Die anderen lauschten begierig, aber auch ängstlich. Das Ausland. Der Rest der Welt. Das schien so fern.

Jeden Abend gaben uns diese Erinnerungen etwas Leben zurück. Davon zu erzählen, wie Geschichten am Feuer, schürte die Glut des Gedächtnisses. So blieben wir die Frauen, die wir gewesen waren: Mütter, Ehefrauen, Schwestern. Selbst gefangen und gedemütigt blieb ich doch Gulbahar Haitiwaji, weil ich meine Erinnerungen hatte. Damals dachte ich, niemand könne sie mir nehmen.

Mit dem Gedächtnisverlust sind auch unsere Gespräche verstummt. Nach elf Stunden Unterricht jeden Tag kommen wir nun in die Zelle zurück und fallen ohne ein Wort auf unsere Pritschen. Wir haben nicht mehr die Kraft, jeden Tag das Glück wiederauferstehen zu lassen, das sie uns genommen haben. Manchmal deute ich noch ein paar Yogabewegungen an, dann krieche ich unter meine Decke. In der erstickenden Stille hört man nur noch den Schluckauf der Heizung in der Wand.

Ohne unsere Erinnerungen sind wir nichts als Gefangene. Frauen ohne Namen, ohne Geschichten. »Terroristinnen«, »Kriminelle«, wie sie sagen. Ja, ohne Erinnerungen sind wir wie tot.

Je länger ich darüber nachdenke, desto sicherer bin ich, dass sie dazu imstande wären. Mich zu töten, meine ich. Schließlich hat China schon bewiesen, dass es bei den Uiguren keinerlei Skrupel kennt. Ich bin fast zwei Jahre hier, obwohl ich unschuldig bin. Ich habe Dutzende Frauen verschwinden sehen, und mir verspricht man einen Prozess, der mich irgendwohin bringen wird, warum nicht in ein Grab?

Seit heute Früh wird das Versprechen des Direktors in die Tat umgesetzt: Die ersten Frauen werden von den Aufsehern gerufen. Sie verlassen den Unterrichtsraum zu zweit oder zu dritt. Und sie kommen nicht zurück. Mein Gott, wohin bringen sie sie? Ins Gefängnis? In die Wüste, um sie zu töten? In andere, noch unmenschlichere Lager?

Wir sind nicht mehr in Baijiantan. Im letzten Monat hat man uns verlegt. Eines Abends, nach dem Essen, haben uns die Aufseher nicht wie üblich in den Studienraum zurückgebracht. Sie haben uns ohne Erklärung zu unseren

Zellen getrieben und jeder eine schwarze Plastiktüte gegeben. »Packt euer Zeug da rein«, haben sie befohlen. Es war spät, als sie uns holen kamen. Nachdem sie unsere Nummern auf die Tüten geschrieben hatten, wurde alles eingeladen. »Wohin fahren wir?«, hat eine junge Frau gefragt. »In ein neues Lager, das hier ist zu klein. Das andere ist sehr groß. Da gibt es mehr Platz.« Niemand hat etwas gesagt. Es war spät, fast ein Uhr nachts. Ich erinnere mich daran, weil auf dem Weg, den sie uns entlangführten (und den ich vorher nie gegangen war), eine Uhr hing. Wir sind schweigend ein paar Stufen hinuntergegangen, dann kamen wir in einen gekachelten, seelenlosen Raum, der stark nach Farbe roch. Dort erwarteten uns andere Aufseher.

Mein Bauch verkrampfte sich so sehr, dass ich dachte, ich müsse mich übergeben. Was heißt das, uns ausziehen? Hier, vor allen Leuten, unter dem Neonlicht? Was haben sie mit uns vor? »Zieht euch aus«, wiederholte der Oberaufseher. Wir warfen uns panische Blicke zu, aber was hätten wir anderes tun können, als zu gehorchen? Langsam zog ich an dem rostigen Reißverschluss meiner Hose und ließ sie auf meine Füße rutschen. Wir wagten nicht, einander anzusehen. Das war ein entsetzlicher Moment, und ich erschaudere noch heute, wenn ich daran denke. Gestalten gingen hinter unseren nackten, erstarrten Körpern vorbei. Sie hatten uns befohlen, mit gespreizten Beinen in die Hocke zu gehen, und kontrollierten, dass wir nichts in unseren Geschlechtsteilen versteckt hatten. Mir stieg das Blut zu Kopfe, mein Oberkörper sank nach vorn. Ich spürte ihren feuchten Atem im Rücken. Dann schloss ich die Augen, angewidert, gedemütigt, beschmutzt.

Wir zogen uns wieder an. Unsere Köpfe verschwanden unter schwarzen Jutekapuzen, unsere Hände wurden auf dem Rücken gefesselt. Man ließ uns in Lastwagen steigen. 15 Minuten später kamen wir in ein Baijiantan, das man wie durch Zauberhand vergrößert hatte. Es war unheimlich: die Gebäude, die Flure, die Treppen, die Zellen … Alles war identisch, aber verglichen mit dem früheren Baijiantan gigantisch groß. Wir sind hier mehr als 500 Frauen!

Ein Wärter hat mir ein elektronisches Armband angelegt. Durch das die Haut einschnürende Ding fühlt sich mein Arm unangenehm schwer und geschwollen an, als würde das Blut nicht richtig fließen. Der Unterricht, die Mahlzeiten, die Verhöre haben wieder angefangen. Heute haben sie Nurgul, Gulmira und Maynur gerufen. Ich hoffe, dass sie mir meinen Prozesstermin nicht vorher ankündigen, sondern mich einfach holen kommen, wenn es so weit ist. Ich will nicht wissen, wann ich an der Reihe bin. »Habt keine Angst. Diese Prozesse sind nur eine Formalität«, sagen die Lehrer zu uns. »Ihr solltet froh sein: Wenn ihr nicht im Lager wärt, hätte man euch ins Gefängnis gesteckt.« Je öfter sie wiederholen, wir sollten keine Angst haben, desto mehr zittere ich vor Angst. Ich habe so große Angst.

Kapitel 15

23. November 2018

Heute Morgen kamen die Polizisten in den Klassenraum. »Nummer 9? Du bist dran!« Von unkontrollierbarem Zittern erfasst, folgte ich ihnen durch endlose Flure, Sicherheitstüren, andere Flure, andere Treppenhäuser. Wieder einmal habe ich gemerkt, wie riesig dieses Lager ist. Die Finger des Aufsehers tippten flink die Codes ein. Er hielt seinen Ausweis an den Kontrollkasten neben jeder Tür. In einem Konzert aus Piepen und Knallen der automatischen Schleusen gelangte unsere kleine Gruppe nach draußen. Es war das erste Mal seit Wochen, dass ich die kalte Luft einatmete. Eisig war sie. Mir drehte sich der Kopf.

In meiner Naivität dachte ich, wir würden zum Gericht nach Karamay fahren. Aber das »Gericht« befand sich in einem großen Gebäude neben unserem. Wir gingen ein paar Minuten, und ich hatte Zeit, mir die Umgebung anzusehen: die Mauer aus Stacheldraht, die niemand überwinden kann, ohne sich die Haut vom Leib zu reißen und einen elektrischen Schlag zu bekommen, mehrere Wachtürme, ein gepflegter Rasen.

Im »Wartesaal« saßen schweigend drei Frauen mit verstörten Gesichtern. Meine Betreuerin, nicht mehr Mihray, sondern eine Frau mongolischer Herkunft, erwartete mich. Ich beobachtete sie aus dem Augenwinkel. Sie sah mich nicht an. Plötzlich packte mich eine absurde Hoffnung: Vielleicht würde sie mich vor dem Richter verteidigen. Vielleicht würde sie ihm von meinen guten Noten erzählen. Von meinem Gehorsam.

Ich setzte mich zu den anderen Vorgeladenen auf ein Sofa. Jemand gab mir ein Glas Wasser. Ich schüttete es in meinen pelzigen Mund, dann, ich hatte keine Zeit nachzudenken, packte mich ein Wärter am Arm und stieß mich in den Flur. Die drei Frauen gingen vor mir her. Unsere Betreuer folgten. Ein paar Minuten später saßen wir mit gefesselten Händen auf einer schwarzen Bank. Hinter uns hatten sich die Lehrer und eine Handvoll Besucher niedergelassen. Ich traf den feuchten Blick meiner Schwester. Madina! Die Lagerleitung hatte sie benachrichtigt. Sie war aus Ürümqi hergekommen und musterte mich traurig: gealtert, ertrinkend in meinem schmutzigen Anzug, kranker Teint. Ich war so verzweifelt, dass ich es nicht schaffte, ihr zuzulächeln. Mein Mund verzog sich zu einer seltsamen Grimasse. Ihrer auch. Dann wandte ich mich wieder dem Richter zu. Er verlas den Namen der ersten Frau und befahl ihr aufzustehen. Hüsteln, Stühlerücken, das Blättern des Richters in der Akte der Angeklagten. Der Prozess begann.

Der Nachteil, als Letzte dranzukommen, war, dass die Gewissheit, meine Tage hier zu beenden, Zeit hatte, langsam in mir aufzusteigen. Ich würde in einem Lager sterben, das war sicher. Deshalb habe ich nichts von den anderen Verfahren mitbekommen. Ich hörte die flehenden Stimmen der Angeklagten, ihre stammelnden Versuche, etwas zu erklären, den strengen Ton des Richters, der ihre gewöhnlichen Leben gewöhnlicher Frauen auseinanderpflückte. Auch wenn die Worte meinen Verstand erreichten, verweigerten sie sich mir. Ich begriff sie nicht. Ich zitterte innen wie außen. Ich erinnere mich nur an eines: Die ersten beiden Frauen wurden für unschuldig erklärt. Die dritte bekam drei Jahre Umerziehung. Und dann, wie auf einer Bühne das Lampenfieber verschwindet, wenn dein Einsatz kommt, weil du weißt, dass der Moment da ist, dass jetzt du an der Reihe bist, im Scheinwerferlicht zu stehen, dass nichts mehr dazwischenkommen kann, verschwand meine Angst, als ich meinen Vornamen hörte. Ich empfand nichts. Nein, ich empfand gar nichts mehr. Mein Körper war nur noch ein steifer, harter Panzer, von dem alle Kugeln des Richters abprallten.

»Die Angeklagte: Gulbahar Haitiwaji, 52 Jahre, geboren am 24. Dezember 1966 in Gulja. Sie hat Xinjiang 2006 verlassen und ist nach Frankreich gegangen. Sie ist seit dem 11. Juni 1990 mit Kerim Haitiwaji verheiratet. Kerim Haitiwaji ist politischer Flüchtling in Frankreich, er beteiligt sich an den Aktivitäten der Vereinigung der Uiguren in Frankreich, einer separatistischen und terroristischen Organisation. Gulbahar Haitiwaji hat 2006 die Wohnung verkauft, die sie mit Kerim Haitiwaji in Karamay besaß. Im selben Jahr hat sie die *Hukous** von vier

* Das *Hukou*-System hat auch die Funktion eines Familienbuchs. In ihm werden der Familienstand und Informationen über die Identität jedes Familienmitglieds festgehalten. Auf dieses Dokument bezieht sich der Richter.

Personen aus dem Familienbuch löschen lassen: Kerim Haitiwaji, Gulhumar Haitiwaji, Gulnigar Haitiwaji und sich selbst.«

Der Richter räusperte sich und befahl mir aufzustehen. Ich tat es. Ich zitterte nicht mehr. Er sagte: »Gulbahar Haitiwaji, erkennen Sie Ihre Tochter auf diesem Foto?« Dann zeigte er den Versammelten die Aufnahme von Gulhumar mit ihrem himmelblauen Fähnchen vor dem Trocadéro. Seine Stimme hallte im Gerichtssaal. Es war ein großer Raum mit gekacheltem Boden, schwarzen Plastikbänken und einem Podest, von dem herab er und zwei andere Männer mich musterten. Er trug nicht die Robe, die ich erwartet hatte, sondern eine Militäruniform aus grauem Drillich. Ich antwortete laut und deutlich: »Ja, das ist meine Tochter.« Dann sagte er: »Gulbahar Haitiwaji, Ihrer Akte nach zu urteilen, haben Sie offenbar nur wenig Achtung für Ihr Land.«

Ich wusste nicht, was ich antworten sollte. Die Stimme des Richters war hart und bedrohlich. Meine Kehle schnürte sich zusammen. Ich senkte den Kopf. Auf der Bank hinter mir konnte meine Schwester ein Schluchzen nicht unterdrücken. Das war unerträglich. Wenn sie nicht aufhört, dachte ich, breche ich zusammen. Schließlich wird nicht sie verurteilt. Wenn eine von uns Grund zum Weinen hätte, dann doch wohl ich. Ich drehte mich zu ihr um und bat sie, ruhig zu sein.

Nichts von all dem glich einem Prozess. Bei einem Prozess gibt es einen Gerichtssaal, der aussieht wie ein Gerichtssaal, nicht wie der Verhörraum eines Polizeireviers, und einen Richter, der wie ein Richter aussieht und keine

Militäruniform trägt wie der kleine, wohlgenährte Mann, der vor mir saß. Auf den Bänken saßen die Zuhörer, mehr oder weniger eng mit der Angeklagten verbunden: Familie, Freunde, Bekannte. Man ruft sie in den Zeugenstand, damit sie aussagen. Hier waren die schwarzen Plastikbänke fast leer, und es gab keinen Zeugenstand, um irgendjemanden zu befragen. Meine Schwester putzte sich verstohlen die Nase, und abgesehen von ihrem störenden Schniefen hörte man sie nur, als sie, nachdem mein Urteil gesprochen worden war, dem Richter und der Kommunistischen Partei Chinas dankte, mir »die Gelegenheit zur Buße gegeben zu haben«. Natürlich hatte ihr jemand den Text diktiert. Ein Mann mit Kamera filmte das Ganze.

In einem normalen Prozess hat die Angeklagte auch einen Anwalt an ihrer Seite. Er stellt sich zwischen seine Mandantin und den Richter, er verteidigt sie. Er ist ihr Schutzschild gegen die Rechtsmaschinerie, die sie in ihren Fängen hält. Neben mir saß nur meine Betreuerin mit verschlossenem Gesicht und schmalen Lippen. Sie hat während der neun Minuten, die mein Prozess dauerte, kein einziges Wort gesagt. Und schließlich gibt es in einem richtigen Prozess eine Angeklagte, die eine Angeklagte ist, das heißt eine Person, die etwas getan hat, was man verhandeln und verurteilen kann. Ich aber bin unschuldig.

Nein, dieser Prozess war kein Prozess, aber natürlich tat jeder so, als wäre er das. Der Richter-Polizist, die Komparsen, die rechts und links von ihm saßen (auch sie Polizisten in Uniform), die Betreuer, die wahrscheinlich stolz darauf waren, die Anwälte nachzuahmen, eine Braue hochzuziehen, wenn der Richter das Wort ergreift, mit einem

Lächeln auf die besorgten Blicke der Mandantinnen zu antworten. Und schließlich war es klar, dass wir vier, die Beschuldigten, gefangen in einem kafkaesken, illegalen Justizsystem, in dem es keine Gerechtigkeit gibt und es offensichtlich nicht darum ging, uns für unsere Taten zu verurteilen, dass wir vier automatisch für das verurteilt wurden, was wir sind: Uigurinnen.

Mehr als an Kerims Aktivitäten in Frankreich, mehr als an dem Foto von Gulhumar stieß sich der Richter an zwei Punkten in meiner Akte: den gelöschten *Hukous*[*] aus dem Familienbuch und dem Verkauf der Wohnung in Karamay. »Warum haben Sie die Namen Ihrer Töchter, Ihres Mannes und Ihren eigenen löschen lassen?«, bohrte er nach. »Ich habe es Ihnen schon gesagt. Wir sind nach Frankreich gegangen, weil mein Mann ein Angebot dort hatte. Ich habe die *Hukous* 2012 löschen lassen, und nicht vier, sondern drei, die meines Mannes und meiner Töchter. Ja, mein Mann wurde als politischer Flüchtling anerkannt.«[**]

Anstatt mich zu fragen, warum wir beschlossen hatten, ins Ausland zu gehen, was seit zwei Jahren der schlimmste Vorwurf war, wandte er sich dann der Wohnung zu:

* Als Gulbahar 2012 mit Kerim und Gulnigar in Karamay die Sommerferien verbrachte, ließ sie in einem Polizeirevier die *Hukous* ihres Mannes und ihrer Töchter löschen, weil alle drei in Frankreich eingebürgert worden waren. Damals, nach den blutigen Unruhen in Ürümqi (2009), waren schon viele Uiguren ins Ausland geflohen, und unter den in Xinjiang verbliebenen Freunden gab es schreckliche Gerüchte: Man behauptete, solange die *Hukous* nicht gelöscht seien, werde China sie immer als chinesische Bürger ansehen und könne sie in Frankreich verfolgen und gewaltsam nach China zurückbringen und bestrafen.

** Während der Verhöre und ihres Prozesses gab Gulbahar nie zu, dass auch ihre Töchter wie Kerim den Status politischer Flüchtlinge erhalten hatten und eingebürgert worden waren.

»Sie haben sie 2006 verkauft, ist das richtig?«

»Nein, 2010. Damals lebten wir schon in Frankreich.«

Da geschah etwas Seltsames. Der Richter wiederholte seine Frage, als hätte er meine Aussage nicht verstanden. Oder als wollte er die kostbaren Minuten meines Prozesses darauf verwenden, Verwaltungsfehler zu korrigieren, denn das Urteil, davon bin ich heute überzeugt, stand bereits fest.

Alle Uigurinnen, die hier verurteilt wurden, hatten eine Verbindung zum Ausland, vor allem nach Europa. Einige unterhielten einen Telefonkontakt mit einem Bruder, einer Schwester oder einem ihrer Kinder im Exil. Andere schickten ihnen sogar Geld. Ich war die Einzige, die selbst ins Ausland gegangen war.

Der Richter ließ nicht locker:

»Haben Sie drei oder vier *Hukous* gelöscht? Und haben Sie die Wohnung 2006 verkauft?«

»Ich habe es schon gesagt: drei *Hukous*. Die meiner Töchter und meines Mannes. Nur mein Mann wurde als politischer Flüchtling anerkannt. Ich habe keine Einbürgerung beantragt. Nein, die Wohnung habe ich 2010 verkauft.«

Nichts von dem, was ich sagen konnte, hätte den Ausgang dieses Scheinprozesses geändert. Es gab noch ein paar banale administrative Fragen, dann ließ mir der Richter eine Minute, um meine »Reue« zu erklären. Meine Schwester hatte aufgehört zu schluchzen, kein Geräusch im Saal störte den Fluss meiner Erklärung, die, das gebe ich zu, vor Heuchelei strotzte. Tief in mir drin brüllte die Auflehnung. Aber nach außen war es überlebenswichtig, zu heucheln, Reue vorzutäuschen.

Ich legte los: »Ich habe einige administrative Fehler begangen, weil ich die Gesetze nicht gut kannte. Ich verspreche Ihnen, dass ich es nicht wieder tun werde. Aber ich habe zehn Jahre in Frankreich gelebt und nie aufgehört, China zu lieben. Deshalb habe ich auch nie die Einbürgerung beantragt. In meinem tiefsten Inneren werde ich China immer lieben.«

»Das will ich hoffen«, sagte der Mann rechts vom Richter. Dann wurde das Urteil gesprochen. Man erinnerte mich daran, dass ich mich glücklich schätzen müsse, dass ich für meine Verbrechen eine Gefängnisstrafe verdient hätte und dass mich die Justiz von Xinjiang in ihrer Großmut an einen weit besseren Ort schicken werde: eine Schule, in der ich lernen und unter anständigen Bedingungen meine Haftzeit verbüßen könne. Nein, vielleicht würde ich die Strafe nicht ganz verbüßen müssen, das hänge von mir ab, von meinem Verhalten, der Selbstprüfung, der Energie, die ich auf die Buße für meine Verbrechen verwenden würde. Aber ich hörte schon nicht mehr zu. Meine Ohren dröhnten, alles schwankte, es gab nur noch diese zwei Worte: sieben Jahre. Sieben Jahre.

Der Prozess ist vorbei. Die Nacht ist angebrochen. In meiner neuen Zelle, an der das einzig Neue die Lage ist (in einem Gebäude neben dem vorigen), lauschen Frauen, die wie ich verurteilt wurden, eng aneinandergeschmiegt meinem Bericht. Auf dem Rückweg vom Gerichtssaal haben mich die beiden Aufseher in einem Zimmer mit einem langen, zu einem Flur gelegenen Fenster warten lassen. Neben dem Zimmer gab es einen Essenssaal, und während ich mir mein Leben in den nächsten sieben Jahren vorzustellen versuchte, hörte ich das Quietschen von Filzschuhen auf dem Flur.

Hintereinander stellten sich Frauen vor der Scheibe auf. Unter ihnen waren Nurgul, Gulmira und Maynur, die einige Tage zuvor fortgebracht worden waren und die ich seitdem nicht wiedergesehen hatte.

Wir waren im Gebäude der Verurteilten. Ihre besorgten, neugierigen Blicke fragten mich aus. Ich las von ihren Lippen. »Wie viel hast du bekommen? Wozu haben sie dich verurteilt?« Ich zeigte ihnen sieben Finger. »Sieben Jahre?« »Ja, sieben Jahre!« Die Frauen waren fassungslos. Ich hielt weiter die sieben Finger hoch. Wir lachten. In so schrecklichen Momenten weiß man nicht mehr, was man denken oder fühlen soll. Und da war das Lachen wie ein frischer Luftzug.

Kapitel 16

Paris, 19. Februar 2019

Ihre Stimme ist klar und eindringlich. Ihr Gesicht ist ernst und unbewegt. Ihre Antworten sind präzise. An diesem Abend steht meine Tochter einer blonden Journalistin gegenüber. Ihr schwarzer Pullover und ihr müdes Gesicht könnten vermuten lassen, sie sei in Trauer. Sie ist bei France 24 zu Gast. In diesem Februar 2019 liegt eine hartnäckige Kälte über Paris. Während die Franzosen mit den Protesten der »Gelbwesten« beschäftigt sind, beginnt für Gulhumar die entscheidende Phase ihres Kampfes.

Mit offenem Visier wendet sie sich direkt an China: »Ich verlange die Freilassung meiner Mutter Gulbahar. Sie ist unschuldig.« Das hat es in der uigurischen Diaspora in Europa noch nicht gegeben. Als explodierte eine Bombe. Hinter ihr sieht man an die Wand projiziert die strahlenden Gesichter ihrer Eltern und ihrer Schwester im Spiegelsaal von Versailles, vor den Wassergräben von Chenonceau, vor dem Riesenrad in Disneyland. Auch Bilder von Gulhumars Hochzeit im August 2016. Eine Ewigkeit ist das her. Während die Erinnerungsfotos vorbeiziehen, erzählt meine Tochter, wie ich vom chinesischen System in die Falle gelockt wurde.

Das sei mehr als zwei Jahre her. Ich, Gulbahar, sei bei einer zweiwöchigen Reise nach Karamay, Xinjiang, von einem Tag auf den anderen verschwunden. Seither hätte ich meiner Familie kein Lebenszeichen schicken können. Über Monate hätten Gulhumar und mein Mann wieder und wieder unsere Familie in Altay und in Gulja, die Freunde in Ürümqi und Karamay angerufen. Nicht die geringste Information. Wer beim ersten Mal noch rangegangen sei, riefe nie mehr zurück.

Gulhumar hat auch die französischen Behörden alarmiert. In Peking tasten sich die französischen Konsularbeamten vor. Xinjiang ist zu einem Bunker geworden, zu dem ausländische Delegationen nur nach langen Verhandlungen Zugang erhalten. Bis jetzt war alles vergeblich. Gulhumar hat unzählige E-Mails mit dem Vizekonsul gewechselt, herausgekommen ist nichts. In Paris ist der Fall vom Konsulat direkt ins Außenministerium gewandert. Auch das ohne Ergebnis.

Ich bin einfach verschwunden, und niemand von den zuständigen Behörden kann herausfinden, wo die Polizei mich festhält. Für meine Familie ist es eine Gewissheit: Ich werde gegen meinen Willen in Xinjiang festgehalten. Ich habe das Land vor 13 Jahren verlassen und bin mit einem politischen Flüchtling in Frankreich verheiratet, deshalb bin ich eine Zielscheibe für die Kommunistische Partei. Die Heerscharen von Diplomaten, die im Verborgenen tätig sind, geben meiner Familie in Frankreich tröstende Worte und gute Ratschläge, aber es gibt keine ernsthafte Spur. Erst im Juni 2017 hat eine frühere Nachbarin aus Karamay den Hörer abgenommen und geflüstert: »Deine Mutter ist in der Schule. Es geht ihr gut.« Damit hat sich die schlimme Vermutung bestätigt. Jetzt steht fest, dass ich »umerzogen« werde.

Nach Angaben von NGOs* sind mehr als eine Million Uiguren in den »Umerziehungslagern« eingesperrt. In Europa und den USA sprechen die uigurischen Institutionen, die die Diaspora vertreten, von ethnischem und kulturellem Genozid. Sie organisieren immer mehr Kundgebungen, um die Unterdrückung ihres Volkes durch China anzuprangern, und legen Beweise vor. Die online zugängliche Datenbank *Xinjiang Victims Database* listet Tausende Personen auf, die in den Lagern verschwunden sind, mit ihrem Foto, dem Datum ihres Verschwindens und dem Grund ihrer Verhaftung.

»Alim Sulayman (Nr. 4014), 33, männlich. Beruf: Arzt. Verhaftung: 2017. Urteil: 10 Jahre. Grund: hat im Ausland gelebt«; »Shadiye Zakir (Nr. 1597), 57, weiblich. Beruf: Ingenieurin. Verhaftung: 2018. Urteil: 7 Jahre. Grund: hat im Ausland gelebt«; »Minewer Tursun (Nr. 1601), 43, weiblich. Beruf: Hausfrau. Verhaftung: 2017. Urteil: nicht bekannt. Grund: Kontakt zu Personen im Ausland«; »Qonai Qasymhan (Nr. 2444), 41, männlich. Beruf: nicht bekannt. Verhaftung: 2018. Urteil: 14 Jahre. Grund: Religion« …

Hunderttausende Uiguren sind in diesen Lagern gefangen, von denen niemand zu sagen vermag, wo genau sie sich befinden, weil die große chinesische Firewall die Daten zur Geolokalisierung der Provinz kaum zugänglich

* Amnesty International und Human Rights Watch.

macht. Ihre Existenz wurde durch die Berichte der wenigen Personen bestätigt, die aus den Lagern entkommen und ins Ausland geflohen sind. Fotos, die dort heimlich aufgenommen und im Internet veröffentlicht wurden, zeigen Reihen von Gefangenen mit rasierten Köpfen, die in blauer Lagerkleidung mitten in der Wüste sitzen.

Um mein Schicksal zu veranschaulichen, erwähnt Gulhumar auch die Berichte zweier Frauen, die den Lagern entkommen und in die USA beziehungsweise die Türkei fliehen konnten. Es ist kaum zu fassen: Zellen mit 40 Gefangenen, die nachts nur abwechselnd liegen könnten. Geschmackloses Essen und ein seltsames Medikament, das die Gefangenen in einen Zustand bedrohlicher Erstarrung versetze, in dem sich die Erinnerung auflöst und die Zeit ebenso verschwindet wie die monatliche Regel der Frauen. Auch von Elektroschocks mit Elektroden am Kopf ist die Rede.

Aber an diesem Abend bei France 24 gibt es etwas, wovon Gulhumar nicht spricht. Von der Wohnung in Boulogne-Billancourt mit ihrer zerstörerischen Atmosphäre. Eine dicke Staubschicht bedeckt die Bücher im Wohnzimmer, wo früher alles tadellos sauber war. Kerim läuft ruhelos durch die Wohnung, wenn er nicht nervös mit dem Finger auf seinem iPad durch die Nachrichten aus Xinjiang wischt. Er raucht, raucht, raucht. Die Winston-Kippen türmen sich im Aschenbecher neben den vernachlässigten Blumenkästen. Gulnigar verkriecht sich in ihrem Zimmer, das Gesicht im Kopfkissen oder hinter dem Smartphone.

Seitdem ich verschwunden bin, führt Gulhumar, meine Älteste, den Haushalt. Sie kommt dreimal in der Woche nach der Arbeit vorbei, bereitet Essen vor, füllt die Kühltruhe, wischt mit dem Staubwedel über die schlafenden Möbel. Manchmal fehlt ihr der Mut, das dunkle Schlafzimmer zu betreten. Die Unordnung ist zu groß, wie in ihrem Herzen. Abends kehrt sie erschöpft in ihre Wohnung in Nanterre zurück, wo sie mit ihrem Mann Kaiser wohnt. Dort explodiert sie, schreit ihren Schmerz heraus, schläft weinend ein. Doch jeden Morgen weckt sie der Zorn, der von ihren kasachischen Wurzeln kommt, wie ihre Großmutter in Altay sagte. Der Trotz, den ich so gut an ihr kenne.

Die Sendung auf France 24 im Februar 2019 bleibt weitgehend unbeachtet. Nur bei den Uiguren in Frankreich, einer unauffälligen, meist studentischen Gemeinschaft, löst sie eine wahre Schockwelle aus. Mit einer Mischung aus Faszination und Entsetzen teilen sie das Video in den sozialen Medien. Es gibt ihnen unverhofft neuen Mut. Seit mehreren Monaten erhalten sie immer wieder SMS und Anrufe mit unbekannten chinesischen Nummern. Nachrichten von der Polizei in Xinjiang. Sie werden von den Geheimdiensten diktiert und von den Beamten versendet, die mit der Registrierung und Beobachtung der ins Ausland geflohenen Uiguren beauftragt sind, jener »Verräter«, die sie ins Land zurückholen wollen, wo sie das gleiche Schicksal erwartet wie mich. Die Exilanten werden mit einer Flut von Anfragen überschüttet, immer drängender, immer konkreter: Die chinesischen Behörden brauchen eine Kopie des Mietvertrags, wollen Diplome sehen oder Studienbescheinigungen. Auch Forderungen werden gestellt. Sobald jemand anbeißt, wird der anonyme Gesprächspartner noch hartnäckiger. Studenten bekommen die Anweisung, an Veranstaltungen der Vereinigung der Uiguren in Frankreich teilzunehmen und darüber zu berichten. Oder sich mit einem wichtigen Vertreter der Gemeinschaft anzufreunden. Kurz gesagt, für China zu spionieren. Für die Gehorsamsten gibt es auch eine Finanzhilfe, denn die Studenten sind alle knapp bei Kasse. Unter dem Deckmantel der »Förderung der ethnischen Minderheiten im Ausland« vergibt die chinesische Botschaft Stipendien. In der Diaspora weiß man, was das heißt. Wer unterstützt wird, hat kein reines Gewissen. Man muss sich vor ihm in Acht nehmen.

Und wenn sich die Studenten weigern? Dann kommen die chinesischen Spione mit einem schlagenden Argument: der Familie, die in Xinjiang geblieben und den Behörden ausgeliefert ist. Bleibt die SMS eines unbekannten Absenders mehrere Tage unbeantwortet, kommt eine zweite von einem Angehörigen. »Bitte tu, was sie sagen.« Diese Beschwörung, die oft wie ein letzter Wille klingt, zeigt fast immer die gewünschte Wirkung. Die Studenten fügen sich. Sie geben diskret Auskunft.

Seit einigen Monaten bedient sich die chinesische Botschaft klammheimlich eines weiteren Hebels, um selbst die widerspenstigsten Uiguren im Ausland in die Knie zu zwingen. Wer einen Antrag auf einen neuen Pass stellt, erhält eine Ablehnung. »Sie kommen aus Xinjiang, wir können Ihnen keinen neuen Pass ausstellen, Sie müssen nach Hause fahren und den Pass dort beantragen. Das ist die

Vorschrift«, erklärt man ihnen im Konsulat in Paris. Ohne gültigen Pass kommen die Studenten nicht an die kostbare Aufenthaltsgenehmigung, um ihr Studium in Frankreich fortsetzen zu können. Über ihren Köpfen hängt ein neues Damoklesschwert. Indem ihnen die Botschaft den Pass verweigert, zwingt sie sie, nach Xinjiang zurückzukehren. Sie wissen, was das heißt: Dort wird man sie in ein Lager sperren.

In diesem Klima des Misstrauens, wo jeder Freund zum möglichen Spion wird, sind Gulhumars Worte Balsam für die Uiguren, die selbst in Frankreich von der chinesischen Staatsmacht verfolgt werden. All den Studenten, die in den Medien anonym von ihrer Angst erzählen, gibt sie Mut. Als meine Tochter das Studio von France 24 verlässt, weiß sie es noch nicht, aber sie hat den Kampf eröffnet. Sie hat ihr Gesicht gezeigt und China unmenschlicher Methoden beschuldigt. Sie ist die erste von der Unterdrückung in Xinjiang mittelbar Betroffene, die sich das traut. Die Folgen sind so gewaltig wie das Risiko, das sie eingegangen ist. Hinter ihr, im Verborgenen, erwartet das französische Außenministerium den Gegenschlag. Das Treffen von Xi Jinping und Emmanuel Macron in Paris ist für den kommenden Monat geplant.* Es wird entscheidend sein.

* Der Besuch Xi Jinpings in Frankreich fand vom 24. bis 26. März 2019 statt.

Kapitel 17

Karamay, 3. März 2019

Ich sollte also sieben Jahre hier verbringen. Ohne mich mit dieser unerträglichen Vorstellung abzufinden, hatte ich doch keine andere Wahl, als mich dem Leben zu unterwerfen, das einfach weiterging. Eine endlose Reihe identischer Tage zog vorbei, ohne Morgen, ohne Abend, ohne Traurigkeit, ohne Hoffnung. Es gab keinen Montag, Dienstag oder Freitag mehr, kein Mittag- oder Abendessen, keine Unterrichtsstunde, die sich von der letzten unterschied. Nein, es gab nur Tage ohne Sinn, an denen das Kaugeräusch meiner Mitgefangenen im Essenssaal das Gebrüll der Aufseher ablöste, das wiederum auf die Propagandalitanei der Lehrer folgte. Mein Geburtstag, am 24. Dezember 2018, rückte näher, ich freute mich nicht darauf, tröstete mich aber beim Gedanken an den Besuch meiner Schwester und meiner Mutter, für die ich eine einstündige Besuchszeit erbettelt hatte. Aber warum soll man einen Geburtstag feiern?, fragte ich mich. Welchen Sinn hat es, den Tag zu begehen, an dem du zur Welt gekommen bist, wenn du an einem Ort ohne jede Menschlichkeit lebst?

Ich hatte beschlossen, mich sterben zu lassen. Der Gedanke hatte schon lange in mir gekeimt, meine Verurteilung ließ ihn sprießen. Dann aber kam es zu einer Folge von Ereignissen, die mich in ein Wechselbad aus Angst und Hoffnung stürzten.

Es war der 23. Dezember, der Vorabend des Besuchs meiner Mutter und meiner Schwester. Wir hatten das Abendessen und unsere Aufgaben hinter uns. Für ihren Besuch, bei dem sie mich abgemagert, aber in Form, müde, aber tapfer, traurig, aber mutig sehen sollten, hatte ich mir gerade im Waschbecken unserer Zelle die Haare gewaschen. Ich lag also mit nassem Haar auf meinem Bett, als plötzlich die Tür aufging, was um diese Zeit sonst nie passierte. Ein Wärter kam herein und befahl mir, ihm zu folgen. Eine Stimme knisterte in dem alten Lautsprecher. Einige Frauen richteten sich in ihren Betten auf. Der Wärter hörte mit einem Ohr auf die Befehle in Mandarin, verärgert, mich da so reglos liegen zu sehen, mit leerem Gesicht und nassen Haaren, ohne Anstalten zu machen, seinen Befehl auszuführen, obwohl er offenkundig zu der Beschäftigung zurückkehren wollte, bei der man ihn gestört hatte. »Wohin bringen Sie mich?«, fragte ich ihn. »Pack deine Sachen zusammen, wir gehen. In ein paar Tagen bist du zurück.« Ich hatte kaum Sachen, ich nahm eine Jacke, die eine Mitgefangene mir reichte, und folgte ihm.

Draußen schnitt mir eine apokalyptische Kälte in die Haut. Wir rannten durch den Schnee, unser Atem bildete kleine weiße Wölkchen in der Dunkelheit. Dann kamen wir zu dem Gebäude, in dem man mich im November verurteilt hatte. Wir warteten endlose Minuten vor der

Tür. Eine Stimme ertönte aus dem Walkie-Talkie des Wärters, und plötzlich hatte ich die Nase voll davon, ständig irgendwelchen obskuren Anweisungen zu folgen, und unterbrach den Wärter, der unsere Ankunft meldete: »Ich weiß nicht, wohin Sie mich bringen, aber ich kriege morgen Besuch. Meine Mutter und meine Schwester kommen zu meinem Geburtstag, sie sind schon in der Stadt. Bringen Sie mich, wohin Sie wollen, nachdem sie da waren. Ich bitte Sie, lassen Sie mich sie sehen.« Die Stimme im Walkie-Talkie verstummte etwas überrascht. Dann brummte sie irgendwas. Ich verstand die Antwort nicht. »Nein«, sagte der Wärter. Kurz darauf kamen andere Männer. Man legte mir Hand- und Fußschellen an. Während ich das grässliche Gefühl des Metalls an meinen Beinen wiedererkannte, stülpte mir jemand brutal eine Kapuze über den Kopf. Die Ketten und das Schwarz vor meinen Augen verrieten mir, dass ich wieder irgendwohin gebracht werden würde. Ich hörte den Motor eines Fahrzeugs, zu dem man mich führte, eine Seitentür, die aufgeschoben wurde. Der Geruch einer schlechten Heizung überfiel mich, als ich mich auf die Rückbank setzte.

Wir fuhren durch die Nacht. In diesem Moment hätten sie mich aussteigen lassen und mitten in der verschneiten Wüste erschießen können, ich hätte nichts empfunden. Die Energie, die sie darauf verwandten, mich allmählich zu töten, war verschenkt. Innerlich war ich schon tot.

Sie brachten mich nach Karamay in ein Untersuchungsgefängnis. Nicht das, wo ich 2017 gesessen hatte, sondern ein anderes, größeres, mit noch brutaleren Polizisten.

Während Hände die Gefangenenausstattung in meine Arme legten, die ich nur allzu gut kannte (Zahnbürste, schwarze Filzschuhe, Kakistrumpfhose, orangefarbener Overall), fuhren andere grob mit einem Haarschneider über meinen Kopf. Unregelmäßige Büschel fielen mir auf die Schultern.

»Muss das wirklich sein?«

»Wenn du noch mehr Fragen stellst, rasieren wir alles ab«, antwortete ein Polizist.

Eine Wärterin trat einen Schritt zurück, um sich das Ergebnis des Gemetzels anzusehen. »Du bist aber hübsch! Ja, das ist wirklich sehr hübsch!«, amüsierte sie sich. Alle lachten, als wäre es ein gelungener Scherz, ein Pennälerwitz, und als machte ich, das überempfindliche Objekt ihrer Spötteleien, unnötiges Theater wegen meiner Haare.

»Was ist denn das?« Die Aufseherin zeigte erschrocken auf das elektronische Armband an meinem Handgelenk, das ich völlig vergessen hatte. »Wir machen das ab«, sagte ein Wärter. Nach mehreren Versuchen gaben sie auf. Dieses unerträgliche Armband ließ sich nicht öffnen, als würde mich das Lager für immer unter Bewachung halten. »Wir bringen dich zur Schule zurück und lassen es da abmachen«, entschied die Wärterin. Mein Bauch verkrampfte sich. Zurück ins Lager? Nein! Wenn ich dorthin zurückkehre, komme ich nie mehr raus!

»Nein, ich mache es selbst ab!« Ich riss mit aller Kraft an dem Ding, machte meine Hand so schmal wie möglich. Die Haut rötete sich. Ich dachte an die Alternative, dass man mich ins Lager zurückschicken würde. Sofort zerrte ich noch stärker und verzog vor Schmerz das Gesicht. Schließlich rutschte das Armband über meine Finger und ich gab es erleichtert der Wärterin.

Und dann tauchte ich wieder in die elende eisige Atmosphäre einer Zelle ein, in der 30 Frauen dicht aneinandergedrängt atmeten, schliefen, aßen und weinten. In dieser vertrauten Kulisse, die die schreckliche Erinnerung an meine erste Gefangenschaft weckte, erkannte ich zu meiner großen Überraschung ein vertrautes Gesicht. Almira.

Almira ist 55. Sie ist eine große, kräftige Frau und gehört zu jener Sorte Menschen, deren Lebensfreude dich ansteckt, sobald sie sich dir zuwenden. Ich erstarrte, als sie auf mich zukam. Man hatte ihr auch die Haare ganz kurz geschoren und sie hatte sehr abgenommen. Ihre Hüften, ihr Bauch und ihre Arme waren wie leere Hüllen, und ihr Körper schwankte. Ihre Beine drohten, jeden Moment wegzusacken. Sie war ganz außer sich und konnte es nicht fassen, mich nach all den Jahren in diesem erbärmlichen Kerker wiederzusehen. »Gulbahar, Gulbahar! Bist du es wirklich? Wie geht es dir? Warst du nicht in Frankreich? Was machst du hier? Haben sie Kerim auch verhaftet?«

Almira war in der Mittelschule in Karamay Gulhumars Literaturlehrerin gewesen. Im vergangenen Oktober wurde sie von der Zentralkommission für Disziplinarinspektion vorgeladen. Sie behaupteten, es habe in der Schule eine Schlägerei zwischen Han- und uigurischen Schülern gegeben. Almira entgegnete, sie habe nichts von dieser Schlägerei gehört. Daraufhin wurde sie mitgenommen. Beim Verhör warfen ihr die Polizisten vor, im Unterricht mehr Uigurisch als Han-Chinesisch zu sprechen, wie es jetzt Vorschrift war. Sie verstand nicht: War sie nicht wegen einer

Schlägerei unter Schülern auf dem Kommissariat? Offenbar nicht. Die Polizei interessierte sich für ihre Arbeit, den Inhalt ihres Unterrichts, ihre politischen Ansichten, ihren Glauben. Sie konnte noch so viel argumentieren, dass sie nur eine einfache Literaturlehrerin sei, nichts half. Die Polizisten schrien sie an, sie fördere in ihrem Unterricht den Separatismus. Dann schlugen sie auf sie ein. Ein Arzt war bei der täglichen Prügelei anwesend, und wenn sie unter »dem Schlag zu viel« das Bewusstsein verlor, traten die Polizisten zurück und er versorgte ihre Wunden. Dann prügelten sie weiter. Almira gestand nichts, weil sie nichts zu gestehen hatte. Trotzdem brachten sie sie nach zwei Wochen hierher. Das war vor drei Monaten.

Ich dachte noch über die Geschichte der armen Almira nach, als ich Zahida, auch eine alte Bekannte aus Karamay, erkannte. Noch ein von der Gefangenschaft entstelltes Gesicht. Sie schlief ein paar Pritschen von mir entfernt, und nachdem sie mehrere Tage lang mit sich gerungen hatte, erzählte sie mir schließlich, was man ihr angetan hatte. Da begriff ich endgültig, dass die Polizisten, die man durch die Gehirnwäsche scharf wie eine Klinge geschliffen hatte, nicht das geringste Mitleid mit uns haben. Sie werden uns durch den Abgrund der Unterdrückung zerren, auch durch ein riesiges Blutbad, wenn es sein muss.

Als wir in Karamay wohnten, ging Zahidas Sohn Dolkun in dieselbe Klasse wie Gulhumar. Sie verstand sich gut mit dem ruhigen, ausgeglichenen Jungen, der immer gut gelaunt und hilfsbereit war. Als wir fortzogen, brach der Kontakt ab. Dolkun sah seiner Mutter sehr ähnlich. Vielleicht sage ich das, weil ich Zahida nur als Witwe gekannt habe. Ihr Mann war schon sehr früh gestorben. Zum Schmerz über seinen Tod kamen finanzielle Probleme hinzu, die wir, ihre Freunde und Nachbarn, zu mildern versuchten. Obwohl Zahida Mühe hatte, ihre beiden Kinder mit nur einem Einkommen großzuziehen, beklagte sie sich nie. Sie war eine kleine, zarte Frau, aber ihr Mut und ihre Freundlichkeit waren gewaltig.

Sie erwähnte nicht einmal, warum die Polizisten an einem Maimorgen im Jahr 2017 vor ihrer Tür standen und sie mitnahmen. Sie brauchen keinen Grund. Sie basteln sich einen zusammen, wenn sie auf dem Revier die Akte lesen. Als Zahida mit ihnen ging, ahnte sie nichts Böses. Sicher dachte sie, dass sie am Abend nach mehreren Stunden Verhör und mehreren Litern Tee wieder zu Hause sein würde. Aber diesmal wollten die Polizisten, dass sie ein Geständnis unterschrieb. Sie hielten ihr das Blatt vor die Nase, schoben ihr den Stift wieder in die Hand, wenn sie ihn losließ, erschöpft von den immergleichen Worten, dass sie nichts getan habe. Dass alles nur ein großes Missverständnis sei. Zahida war hartnäckig. Die Polizisten auch. Sie steckten sie in ein Untersuchungsgefängnis. Jeden Tag holten sie sie, das Geständnis in der Hand. Sie weigerte sich zu unterschreiben. Ich weiß nicht, wie lange das dauerte, aber als sie eines Morgens im Verhörraum zum x-ten Mal erklärte, sie sei unschuldig, hörte sie Schreie. Erst erstickte Schreie, dann wurden sie immer lauter. Im Nebenzimmer wurde jemand gefoltert. Was konnte man einem Menschen antun, dass er so brüllte? Sein Schmerz musste unvorstellbar sein. Das musste aufhören! »Hört auf! Hört auf!«, schrie sie die Männer an, die sie ansahen, ohne mit der Wimper zu zucken. Da erkannte sie die Stimme. Es war Dolkun, ihr Sohn. Es war ihr Sohn, den sie da folterten, und auf dem Tisch vor ihr wartete das Blatt mit dem Geständnis auf ihre Unterschrift. Zitternd unterschrieb Zahida das Blatt. Sie unterschrieb das Blatt, die Schreie wurden leiser und verstummten. Dann verurteilte man sie zu 15 Jahren Gefängnis. Seitdem verkümmert sie im Untersuchungsgefängnis und wartet auf ihre Überstellung. Das ist jetzt zwei Jahre her. Sie hat nicht erfahren, was aus Dolkun geworden ist. Ob er im Nebenzimmer gestorben ist oder ob man ihn auch verurteilt und ins Gefängnis gesteckt hat.

Und was war mir in diesen zwei Jahren passiert? Kann ich mein Leiden mit dem von Almira vergleichen? Mit dem von Zahida? Nein, das kann ich nicht. Ja, man hat mich misshandelt. Man hat mir Gewalt angetan. Die Aufseher, die Polizisten, die Lehrer haben alle Erpressungstechniken und alle denkbaren Drohungen eingesetzt, um mich Verbrechen gestehen zu lassen, die es ebenso wenig gab wie die von Almira und Zahida. Doch abgesehen von ein paar Ohrfeigen wurde ich nie so geschlagen wie Almira. Niemand hat je mein Kind gefoltert, wie die Henker es mit Zahidas Sohn getan haben. Obwohl ich ein Opfer desselben großen Umerziehungsprojekts bin, gehöre ich zu einer besonderen Klasse von Gefangenen, den Exilanten. Da keimte in mir der Gedanke, dass diese Tatsache mir zwei entgegengesetzte Zukunftsperspektiven eröffnen könnte: Entweder würde sie mir zugutekommen und mir helfen, diesem Albtraum zu entrinnen (meine Familie konnte in Frankreich tätig werden, um meine

Freiheit auszuhandeln), oder sie würde mich in noch tiefere Abgründe stürzen und mir ein schreckliches Schicksal bescheren. In den Augen der chinesischen Behörden hatte ich ein unverzeihliches Verbrechen begangen, indem ich Xinjiang verlassen hatte. Man hatte mich zu sieben Jahren Umerziehung verurteilt und nach wenigen Wochen aus dem Lager geholt, das verhieß nichts Gutes.

Almira und Zahida sind zwei unter Millionen Uiguren in Xinjiang. Ich bin die Frau eines politischen Flüchtlings, eines in Frankreich eingebürgerten Exil-Uiguren, also eines Franzosen. Wenn ich aus diesem verfluchten Ort herauskomme, können sie mich nicht ewig in Xinjiang festhalten. Kerim hat es mir hundert Mal gesagt. Ich freute mich nicht über meine Position, vielmehr machte mich das Schicksal meiner Freundinnen umso trauriger, als ihre Zukunft, ob im Gefängnis, im Lager oder draußen, mir gleichermaßen schwarz vorkam. Ich traue mich immer noch nicht, an Zahida zu denken. Der Gedanke stürzt mich in einen tiefen Abgrund. Sie wird 15 Jahre eingesperrt sein! 15 Jahre! Und Almira? Auf welche Zukunft kann sie hoffen? Nach sechs oder zehn Monaten in Untersuchungshaft wird sie wahrscheinlich mehrere Jahre in einer »Schule« absitzen, wo die Propaganda ihre Erinnerungen, ihre Seele und ihren Glauben besiegen wird. Schlimmstenfalls wird sie in einem Gefängnis enden, wo man ihr auch noch die Würde rauben wird. Wie Zahida. Was auch immer geschieht, es wird eine Ewigkeit dauern, bis Almira mit grauem Haar und tiefen Falten wieder herauskommt. Ihr schlaffer, magerer Körper wird nicht vom Alter gezeichnet sein, sondern von der schlechten Behandlung. Sie wird in ihre Wohnung nach Karamay zurückkehren. Wer wird sie dort erwarten? Ihr Mann? Ihr Sohn? Auch sie werden bis dahin unter einem Scheinvorwurf verhaftet worden sein. Meine Töchter und mein Mann sind in Sicherheit. Das werden sie mir niemals nehmen können.

Almira wird dann ihr scheinbar ruhiges Leben fortsetzen, das doch die Hölle sein wird, denn niemals, auch wenn sie für ihre »Verbrechen« bezahlt hat, werden die Polizisten sie in Ruhe lassen. Sie werden unangemeldet an ihre Tür klopfen, sie wird ihre aufdringlichen Fragen beantworten, einen unerträglichen Gehorsam simulieren, ihren Glauben an die Partei verkünden müssen, vielleicht muss sie sogar uigurische Nachbarn und Bekannte denunzieren, um sich eine kurze Ruhe zu erkaufen. Almira wird ihr Leben lang im Gefängnis bleiben. Wie meine Mutter, meine Brüder, meine Schwestern und ihre Kinder. Wie alle Uiguren.

Ein paar Wochen später traf ich eine dritte Bekannte. Auch sie Uigurin. Wir waren uns im Untersuchungsgefängnis begegnet, in das man mich 2017 gesteckt hatte. Wir standen nicht auf derselben Seite der Gitter, denn sie leitete damals das Gefängnis. Wie viele andere Uiguren, die beschlossen, ihre Haut zu retten, indem sie sich bei der Polizei oder im öffentlichen Dienst einstellen ließen, was sie aber nicht daran hinderte, den Gefangenen Sympathie entgegenzubringen. Ich kann nicht sagen warum, aber sie hatte mich ins Herz geschlossen, und als ich ihr nun im Flur begegnete, strahlte sie mich an und fragte erfreut, als begrüßte sie auf der Straße eine alte Bekannte, was ich hier täte. Nachdem sie mich angehört hatte, versprach sie, sich nach meinem Fall zu erkundigen. Ein paar Tage später traf ich sie erneut, und sie bestätigte meine Hypothese: Die Gefangenen mit Verbindung ins Ausland erfuhren eine besondere Behandlung. Man brachte sie aus den Lagern zurück in die Untersuchungsgefängnisse. Eine Frau, deren Tochter in den Niederlanden lebte, hatte eine halbe Stunde nach mir dasselbe Lager verlassen. Ein paar Tage später kam eine weitere in das Gefängnis. Ihr Bruder lebte in Großbritannien. Beide saßen in benachbarten Zellen.

Seitdem wende ich die Sache hin und her. Je länger ich darüber nachgrüble, desto klarer wird es mir jetzt: Wir Uigurinnen, die jener unsichtbare Faden – eine Tochter, ein Sohn, ein Cousin, eine Tante oder eine ganze Familie wie bei mir – mit dem Ausland verbindet, bringen die Behörden von Xinjiang in die Bredouille. Einerseits verpassen sie uns Höchststrafen, weil wir aus ihrer paranoiden Sicht Verräter sind: Wenn wir nicht selbst geflohen sind, haben wir doch mit dem Ausland kommuniziert. Wir sind Spione im Auftrag des Westens. Andererseits setzen sich unsere Angehörigen in Europa natürlich für unsere Freilassung ein. Ich will mir gar nicht vorstellen, wie Kerim auf seinem Sofa vor sich hin leidet und auf meine Rückkehr wartet. Gulnigar ist noch jung, aber Gulhumar mit ihrer grenzenlosen Ausdauer wird sicher nicht Däumchen drehen. Inzwischen haben sie ganz bestimmt auch die französischen Behörden alarmiert. Die Chinesen müssen meine Haft also rechtfertigen. Aber sie haben nichts gegen mich in der Hand. Sie spielen auf Zeit. Der Beweis war das Geschwafel des Richters über das Familienbuch und den Verkauf der Wohnung in Karamay: Sie suchen irgendetwas, um mich im Gefängnis zu behalten. Um meine Umerziehung zu rechtfertigen. Es gibt also Hoffnung! Ich muss mich daran festhalten. Wenn sie nichts gegen mich haben und Frankreich sich für meine Freilassung einsetzt, muss sich China irgendwann geschlagen geben. Es gibt Hoffnung!

Kapitel 18

11. März 2019

Die Verhöre gleichen einer Partie Schach. Jeder – der Polizist auf der einen Seite, die Gefangene auf der anderen – hat Bauern, Springer, Türme, eine Dame und einen König zur Verfügung. Sie setzen sie auf dem Brett nach einer Strategie, die im Verlauf des Spiels immer deutlicher wird. Der Polizist ist natürlich im Vorteil. Er denkt, dass er die Partie gewinnt. Aber je länger die Verhöre dauern, desto besser kann die Gefangene auf der anderen Seite die Züge des Gegners vorausahnen. Sie lernt seine Tricks und weicht den Fallen aus, die er ihr stellt. Ich will zwar nicht behaupten, dass ich in dieser Disziplin brillierte, aber ich hatte die Techniken durchschaut, mit denen mich die Polizisten zum Reden bringen wollten, indem sie mich in Wut, Angst und Verzweiflung versetzten. Sie präsentieren ein Foto, das Gesicht eines Verwandten oder eine Liste von SMS, um einen aus dem Gleichgewicht zu bringen. Man muss seine Gefühle fest im Griff haben, denn das geringste Zusammenzucken zeigt ihnen eine Tür, die sie mit festem Fußtritt aufstoßen. Nach unzähligen Verhören, in denen ich große Niederlagen eingesteckt und im Laufe der Zeit auch kleine Siege davongetragen hatte, machte ich mir keine Sorgen, als ich vor einer Woche aus meiner Zelle geholt wurde. Das war normale Gefängnisroutine. Deshalb fügte ich mich mit der mechanischen Folgsamkeit der vom Gehorchen erschöpften Gefangenen, die ihre Kräfte schonen muss und sie daher nur zu wichtigen Anlässen einsetzt, nämlich wenn sie spürt, dass der Tod in der Nähe ist. Verhöre hatte ich Dutzende erlebt, dieses würde mich auch nicht ins Grab bringen.

Der Mann, der mich am 4. März erwartete, ähnelte nicht den vorherigen Polizisten. Er war nicht der Typ, der sich während der schleppenden Verhöre schnell aufregt und dir schließlich Drohungen und Beleidigungen an den Kopf wirft. Nein, dieser Mann, sichtbar kasachischer Herkunft, war von beunruhigender Ruhe. Seine eisige Höflichkeit ließ mich erahnen, dass er mit den wichtigen Fällen betraut war. Er war kein Befehlsempfänger, sondern ein hohes Tier bei der Staatssicherheit. Er hieß Tasqin.

Er sah mir direkt in die Augen, die Hände auf dem dicken roten Ordner, der meine Akte enthielt.

»Seit zwei Jahren höre ich von Ihrem Fall, Gulbahar Haitiwaji. Ich habe beschlossen, mich persönlich darum zu kümmern. Ich war in Gulja bei Ihrer Familie und an der Universität von Ürümqi bei Ihren Lehrern. Ich möchte diesen Fall abschließen. Wir müssen ihn beenden. Und um ihn zu beenden, fangen wir noch einmal ganz von vorn an«, fuhr er ruhig fort, während die beiden Polizisten meine Hände und Füße am Stuhl fixierten. Ich verstand nicht, und er erklärte es mir: »Wir werden uns Ihren Fall nochmal von Anfang an vornehmen, von 1985 an.« Mir blieb das Herz stehen. Ich begann vor dem Schachbrett zu zittern, denn ich erkannte, dass ich es mit einem starken Gegner zu tun hatte, gegen den meine Ausweichtaktik wohl nichts helfen würde.

1985 gab es noch keine Proteste auf dem Platz des Himmlischen Friedens, aber an den Universitäten keimte bereits der Wunsch nach Veränderung. In Ürümqi verlangten die Studenten aller ethnischen Minderheiten Reformen wegen der ethnischen und wirtschaftlichen Benachteiligungen. Ihre Forderungen waren die Vorläufer der Parolen, die im Frühjahr 1989 von den Pekinger Studenten auf dem Platz neben der Verbotenen Stadt gerufen und auf Transparenten hochgehalten wurden. Es war ein rauer und windiger Dezember gewesen. Es hatte viel geschneit in jenem Winter 1985. Unter den jungen Männern und Frauen, die sich eingemummt und voller Hoffnung auf dem Hauptplatz der Stadt versammelten, waren Kerim, unsere Freunde und ich. Ich erinnere mich an fröhliche Zeiten, die ich mit dieser Gruppe verbrachte, ein schlichtes Glück. Wir hatten wenig Geld, aber aus den Diskussionen über die Zukunft, die wir mit sorgloser Begeisterung führten, wuchs die Hoffnung auf Veränderung, die sich jede junge Generation auf die eine oder andere Weise für die Gesellschaft wünscht, in der sie lebt.

Mit großer Naivität glaubten wir, dass wir mit unseren friedlichen Demonstrationen bei der Regierung Gehör finden würden und dass die ersehnte Veränderung Schritt für Schritt, wenn nicht für uns, so doch für unsere Kinder kommen würde. Die Bewegung wurde unterdrückt, nicht mit Gewalt wie auf dem Platz des Himmlischen Friedens, aber schon damals mit einem Umerziehungsprogramm: Nach jenem Dezember kamen Funktionäre an die Universitäten und erklärten uns, wie schlimm das sei, was wir getan hatten. Uns war nicht klar, dass sie uns das Gehirn wuschen. Dann zogen wir nach Karamay und hatten diese Episode schnell vergessen. Daran erinnere ich mich. Das habe ich Tasqin mit klopfendem Herzen erzählt. Er beobachtete mich mit strengem Blick, suchte die Schwachstelle in meinem Bericht, die Bresche, durch die er eindringen und mich besiegen könnte. Vergeblich.

Dann sprachen wir über mein Leben in Frankreich, unsere Ankunft dort, meine Arbeit in der lauten Kantine in einem der Bürotürme von La Défense, meinen Umgang (Familien der Diaspora), meine Hobbys (Kochen und Yoga). Nichts, was ich nicht bereits eine Million Mal den anderen Polizisten erzählt hatte.

Nach zehn Stunden Verhör brachte man mich abends in meine Zelle zurück. Dann nahm die Sache eine eigenartige Wendung. Am nächsten Morgen ließ mich Tasqin erneut kommen. In den chinesischen Gefängnissen und Umerziehungslagern wird man nie zwei Tage hintereinander verhört. Hier lässt man einen monatelang ohne jede Information schmoren. Du stellst dir vor, dass du dein Leben in diesem Rattenloch beenden wirst, und dann holt dich plötzlich ein Polizist, erzählt dir, dass er bei deiner Familie war, dass man sich mit deinem Fall beschäftigt hat und dass es vorangeht, ja, aber dass du natürlich erst rauskommst, wenn du alles bereut hast. Er lässt dich also glauben, dass du bald frei sein wirst. So verliert eine Gefangene nie die letzte Hoffnung. Sie klammert sich an die Informationskrümel, die man ihr in die Zelle wirft. Sie ernährt sich in den langen Monaten, die nun folgen, davon, weil man ihr gesagt hat, dass man sie freilässt, wenn sie geduldig ist. Also ist sie geduldig. Sie beißt die Zähne noch etwas fester zusammen. Zweimal hintereinander geholt zu werden, das kommt sonst nie vor.

Die Frauen in der Zelle umschwirrten mich wie ein Bienenschwarm. Ratschläge und Kommentare prasselten von allen Seiten auf mich ein, ohne dass ich begriff, ob die zweite Vorladung eine gute oder eine schlechte Nachricht war. Eines stand für meine Zellengenossinnen fest: Wenn mich Tasqin noch einmal sehen wollte, dann stand mein Fall kurz vor dem Abschluss. Ich würde bald erfahren, welches Schicksal mir die Polizei von Karamay zudachte. Diese Vorstellung erfüllte mich mit Freude und Entsetzen.

Am 5. März um neun Uhr begannen wir das Verhör auf dieselbe Art wie am Vortag, nämlich mit den Demonstrationen 1985: Welche Freunde waren dabei gewesen, was für politische Ansichten hatte ich damals, an welchen Studentensitzungen hatte ich teilgenommen. Alle, absolut alle Fragen waren identisch mit denen vom Tag zuvor. Dann drehte sich das Verhör wieder um unsere Ankunft bei Kerim in Frankreich, meine Arbeit in einer Kantine, meinen Umgang, meine Hobbys. Nach zehn Stunden kam ich mit trockener Kehle und eingeschlafenen Gliedern in die Zelle zurück. Auch am nächsten Tag ließ mich Tasqin wieder holen.

Die Verhöre dauerten sechs Tage. Je erschöpfter ich wurde, wieder und wieder dasselbe über jede Einzelheit meines Lebens und das meines Mannes und meiner Töchter zu sagen, umso mehr gewann er an Terrain. Sehr subtil unterbrach er meinen Bericht mit Bemerkungen, die mich zur Selbstkritik bringen sollten. »Weißt du, dass die Vereinigung deines Mannes Rebiya Kadeer gehört? Du weißt doch, dass sie eine Terroristin ist, oder?« Fünf Tage lang entgegnete ich: »Nein, weder mein Mann noch Rebiya Kadeer sind Terroristen. Die Vereinigung der Uiguren in Frankreich, in der er aktiv ist, fördert nicht den Separatismus, sondern die uigurische Kultur«. Ich war auch hartnäckig. Ich wiederholte es immer wieder, aber nach jeder »schlechten Antwort« wiederholte er: »Rebiya Kadeer ist eine Terroristin.« »Nein, das ist sie nicht.« »Rebiya Kadeer ist eine Terroristin, sprich mir nach. Du scheinst meine sanfte Methode nicht zu mögen, vielleicht müssen wir zu härteren Maßnahmen greifen?«

Am sechsten Tag bin ich eingeknickt. Nicht, weil ich die Lügen glaubte, die er mich zwang zu schlucken, sondern weil ich wollte, dass er endlich still ist und diese Albtraumverhöre ein Ende haben. Er ließ mich alles, alles, alles, was er hören wollte, wieder und wieder nachsprechen, und als er genug hatte, sagte er: »Es reicht, du bist so weit.« »Die Königin der Verhöre«, so nannte er mich ironisch. Heute ärgere ich mich so sehr über mich.

Am 10. März, gestern, gab es kein Verhör. Heute haben mich die Polizisten wieder geholt. Wie jedes Mal haben sie mir Hand- und Fußschellen angelegt und mir eine schwarze Kapuze über den Kopf gestülpt. Draußen kam Tasqin dazu. Während wir mehrere Flure und Treppen entlanggingen, bereitete ich meinen Körper auf die Qualen vor. Ich hatte mich traurig von meinen Mitgefangenen verabschiedet, denn ich hatte die Vorahnung, ja, ich wusste, dass ich sie nicht wiedersehen würde. Almira erwiderte mein trauriges Lächeln. Ich dachte an die Schläge, die sie erhalten hatte. Wie fühlt es sich an, gefoltert zu werden? Welche Instrumente benutzen die Polizisten? Werden sie mich mit Fäusten schlagen wie Almira? Werden sie eine meiner Schwestern foltern, wie sie es mit dem Sohn von Zahida gemacht haben? Ich hoffte, sie würden auf den Kopf schlagen, nicht auf den Körper, denn ich bin nur noch Haut und Knochen. Diese Gedanken gingen mir durch den Kopf, während wir unseren Weg durch die endlosen Flure fortsetzten. Dann führten mich die Polizisten in ein Zimmer, in dem jemand wütend schrie: »Was sollen die Ketten und die Handschellen? Nehmt ihr die Kapuze ab!« Die Polizisten gehorchten überrascht. In dem Zimmer waren ein kleiner, fülliger Mann und eine Gruppe Frauen. Der Mann hieß Luo, »Chef Luo«.

Schweigend gingen wir ein paar Stufen hinauf in ein Zimmer. Mein Blick suchte nach Folterinstrumenten, Ketten, Stricken, irgendetwas, das meine böse Vorahnung bestätigte. Aber es gab nur einen kleinen Tisch an einer Wand und zwei Waschbecken in einer Kammer daneben. Das war kein Folterraum, sondern ein Waschraum.

Ich trug seit Monaten denselben Overall. Er war durchtränkt von Schweiß und von den Erniedrigungen, die man mir zugefügt hatte. Er stank nach dem Schmutz der Gefangenschaft, die Flecken zeugten von dem unwürdigen Zustand, in dem ich mich befand. Und nun wurde ich herausgeputzt, als sollte ich auf die Bühne. Vier, fünf Frauen drängten sich um mich. Sie zogen an meinen kurzen, müden Zotteln, um sie mit einem Pinsel zu färben, warfen meine Gefangenenkleidung in eine Zimmerecke und machten sich mit Wimperntusche, Lippenstift und Lidschatten an meinem Gesicht zu schaffen. Eine zog mit dem Eyeliner einen Strich auf meine geschwollenen Lider, eine andere legte etwas Rouge auf meine eingefallenen Wangen. Ohne dass ich erfuhr weshalb, versuchten die Polizistinnen, mich wie ein menschliches Wesen aussehen zu lassen.

»Du warst sehr kooperativ beim Verhör. Du wirst wiederholen, was du Tasqin gesagt hast, aber diesmal werden wir dich filmen. Verstehst du?«, fragte mich danach Chef Luo, als wäre der ganze Zirkus – die Kosmetikerinnen, die Pinsel, die Wimperntusche, der Lippenstift – ganz normal für mich. »Dafür bekommst du bessere Lebensbedingungen.« Wir gingen die Stufen wieder hinunter und betraten einen kalten, leeren Raum mit getönten Fensterscheiben. Dort wartete eine Kamera auf einem Stativ.

In der Zelle hatten mir Frauen davon erzählt, dass eine Methode der Polizei darin besteht, die Geständnisse zu filmen. Wenn sie aufgenommen sind, kann man dich jederzeit daran erinnern und damit erpressen. Damit du mit der Polizei zusammenarbeitest, aber auch, damit du über ihre Übergriffe schweigst. Das Video wird dann online gestellt, und man sieht dich sauber und in Sonntagskleidung erzählen, dass du die Partei erst beleidigt hast und dass du nun um Vergebung bittest. So wird dir niemand glauben, wenn du später deine Unschuld beteuerst. Die Partei hat ihre Opfer für immer in der Hand.

Geblendet von den Scheinwerfern und orientierungslos hörte ich jemanden rufen: »Kamera läuft!« Ich legte los, im Kopf den Text, den mich Tasqin wenige Minuten zuvor noch einmal hatte wiederholen lassen. Nichts von all dem ist wahr. Es sind Lügen, für die ich mich jetzt sehr schäme. Aber in diesem Moment hatte ich keine Wahl. Es war zu spät. Ich hatte meine »Verbrechen« schon zugegeben und war so in den Höllensturm der Geständnisse geraten. Ich hatte zu große Angst vor den Folgen eines Widerrufs.

»Ich heiße Gulbahar Haitiwaji.«

Luos Gesicht lag im Schatten, aber ich sah sein aufmunterndes Lächeln. Mit einer Handbewegung forderte er mich auf weiterzusprechen. Ich tat es.

»Ich bin am 24. Dezember 1966 in Gulja, in der Provinz Xinjiang in China, geboren. Ich habe bis zum Ende meiner Schulzeit in Gulja gelebt. 1984 bin ich zum Studium an die Erdöl-Universität in Ürümqi gegangen. Dort wurden mir das Studium, die Unterkunft und das Essen finanziert. Aber diese Privilegien reichten mir nicht. Ich war eine Unzufriedene. Deshalb habe ich im Dezember 1985 an den Demonstrationen teilgenommen. Ich bereue es und bitte um Vergebung. 1988 bekam ich eine Arbeitsstelle in Karamay. 1990 haben Kerim und ich geheiratet, unsere Töchter sind 1992 und 1997 geboren. Trotz unserer guten Lebensbedingungen ging mein Mann 2002 nach Paris in Frankreich. Ich versuchte ihn davon abzubringen, aber er hat nicht auf mich gehört. 2006 folgte ich ihm mit meinen Töchtern Gulhumar und Gulnigar. Kerim geriet auf einen schlechten Weg und engagierte sich in der Vereinigung der Uiguren in Frankreich. Meine Tochter Gulhumar ist dem Beispiel ihres Vaters gefolgt. Diese Vereinigung ist absolut illegal, sie gehört Rebiya Kadeer und predigt Unabhängigkeit und Separatismus. Rebiya Kadeer ist eine Lügnerin und Terroristin. Haltet euch von dieser Vereinigung fern. Wenn ihr Mitglieder seid, tretet aus. Kerim, Gulhumar, ich bitte euch, verlasst diese Vereinigung und tut nichts Schlechtes gegen China. Jedes Mal, wenn ich meine Familie in Xinjiang besuche, stelle ich fest, welche Fortschritte China der Provinz gebracht hat. Was auch geschieht, ich entscheide mich für China. Ich stehe auf der Seite Chinas. Ich hoffe, dass ihr dasselbe tut wie ich.«

Seither sitze ich allein in einer Zelle und weine. Ich lebte mit der Hoffnung auf Freilassung, doch jetzt, da man mir eine bessere Zukunft verspricht, quälen mich die Schuldgefühle. China hat mir sogar meine Gedanken gestohlen. In einem Video hat Rebiya Kadeer gesagt, China zwinge die Uiguren in der Gefangenschaft, sie in kurzen Videos zu kritisieren, und die Uiguren im Ausland dürften den Worten derjenigen, die unter Zwang und Gewalt mit der chinesischen Polizei zusammenarbeiten, keinen Glauben schenken. Aber auch wenn das alles nur ein Lügengespinst ist, wer wird mir noch in die Augen sehen, wenn ich denen, die ich liebe, sage, dass man mir keine Wahl gelassen hat? Kerim, Gulhumar … Werden sie mir verzeihen, dass ich sie denunziert habe? Ich habe das Gefühl, sie verraten zu haben, Rebiya Kadeer verleumdet zu haben, und nichts und niemand kann etwas daran ändern. Ist es besser, innerlich frei und erhobenen Hauptes in Gefangenschaft zu sterben oder auf Knien zu leben, den Kopf im Staub der eigenen Lügen, gedemütigt vom enttäuschten Blick der anderen, die auf deine Schwäche herabsehen?

12. März 2019

Ich habe mit Absicht nicht geantwortet. Ich habe Tasqin kaum angesehen, als er sagte: »Du bist frei.« Er hat nicht lockergelassen: »Hör mal, du solltest glücklich sein, du kommst hier raus.« Ich lag auf meinem Bett und wandte ihm den Rücken zu. Mit weit aufgerissenen Augen starrte ich auf die schimmelige Wand. Was erwartete er? Dass ich mich bedanke?

Wie oft hatte ich mir diesen Moment ausgemalt, wenn ich ohne Hoffnung in der Dunkelheit lag? Ich hatte an die große Freude gedacht, die mich in diesem Moment überwältigen würde, und nun, da man mir ankündigte, dass ich endlich in die Welt der Lebenden zurückkehren dürfe, war ich leer, erloschen, ohne die geringste menschliche Empfindung. Kein einziger Lichtstrahl drang in meinen Kopf. Die dichte Masse aus den Unterrichtsstunden, den Verhören, der schlechten Behandlung war undurchdringlich. Sie bildete einen unförmigen Haufen schmerzhafter Erinnerungen, den ich nicht wegschieben konnte. Dieser Mann hatte meinen Körper und meine Seele gebrochen, und während mich die Vorstellung quälte, diejenigen wiederzusehen, die ich aus Schwäche verraten hatte, besaß dieser arrogante Kerl, einer von Hunderten Verantwortlichen für mein Leid, die Frechheit, mir mitzuteilen, ich sei frei! Mich erfüllte eine seltsame Mischung aus Trotz, Überdruss und Angst. Ich war frei. Zumindest glaubte ich das.

Kapitel 19

Karamay, 15. März 2019

Mit dem Geruch von warmem Brot in der Nase aufwachen. Von einer weichen Matratze aufstehen, die weißen Laken beiseiteschieben, unter denen du geschlafen hast. Noch ganz benommen den Fuß auf einen glänzenden Teppich setzen und dich umsehen: das Fenster und das beruhigende lebendige Licht, das durch die Spalten der elektrischen Jalousie dringt; der Tisch mit einem Obstkorb, einer Karaffe Wasser und sauberen Gläsern, Saft und einer Teekanne, die eine sorgende Hand in wenigen Stunden mit frischen Minzeblättern und kochendem Wasser füllen wird; die weiße Wand mit schlichtem Schmuck, kunstvoll gearbeiteten Spiegeln und ein paar Bildern.

Jeden Morgen durchstreift mein Blick das saubere, stille Zimmer, das ich nur verlasse, um auf die Toilette zu gehen oder zu duschen. Als ich am ersten Tag aufgewacht bin, dachte ich, es sei ein Traum. Dann habe ich schnell begriffen, dass es ein neuer Albtraum ist. Ich bin nicht frei. Ich lebe in einem goldenen Käfig in dem Polizistenwohnheim neben dem Untersuchungsgefängnis, in dem ich 2017 saß.

Tag und Nacht überwachen mich abwechselnd elf Polizisten. Acht Frauen und drei Männer. Während das Haus noch in der stillen Lethargie des Morgengrauens schlummert, liegen meine Kerkermeister auf dem Sofa und den Sesseln im Wohnzimmer neben meinem Schlafzimmer. Es ist seltsam, sie so verrenkt zu sehen, in Stellungen, die man nur im Schlaf oder im Tod einnimmt. Auch der Flachbildschirm des Fernsehers schläft. Ich mache ihn später an. Ich verbringe viel Zeit vor dem Fernseher. Nicht, dass es mir großen Spaß machen würde, aber mich in Kochsendungen oder TV-Shows mit dröhnender Musik zu versenken, hilft mir zu vergessen. In Gefangenschaft gibt es nichts Schlimmeres als den Lärm der Stille. Diese feuchte, klebrige Stille, in der man das Gefängnis ächzen und den Luftzug über die kalten Wände streichen hört. Hier ist alles warm, rund, weich, und wenn mich ein Schaudern packt, drehe ich den Ton lauter.

Wenn ich fernsehe, muss ich auch nicht nachdenken. Ich weiß immer noch nicht, weshalb ich hier bin. Ob ich freigelassen werde oder ob sie mich noch jahrelang unter Bewachung stellen wollen. Wer weiß, sie wären dazu imstande. Auf jeden Fall hält es niemand für nötig, es mir zu sagen, und ich habe auch nicht gefragt, aus Angst, in die Zelle zurückgeschickt zu werden. Aber die behagliche Atmosphäre ist ebenso tröstlich wie beängstigend. Welcher uigurische Gefangene hat schon eine Polizistin sagen hören: »Deine Aufgabe ist es zu essen, dich auszuruhen und fernzusehen. Du sollst an nichts anderes denken«? Der Eifer, mit dem sie mich mit Essen, neuer Kleidung und Hygieneprodukten überschütten, beunruhigt mich umso mehr, als ich in ihren Augen keine ehrliche Anteilnahme sehe, sondern allein die Sorge, die Befehle ihrer Vorgesetzten auszuführen. In den ersten Tagen rührte ich die dampfenden uigurischen Gerichte kaum an, die sie mir brachten. Ich starrte auf die Äpfel, als wären sie vergiftet. Sie bestanden darauf, dass ich mehr aß, als ich konnte. Das Gewicht, das ich während der Gefangenschaft verloren hatte, wieder zuzunehmen war offenbar die erste und entscheidende Etappe meiner Erholung. »Iss, komm, nimm einen Apfel«, sagte eine Polizistin am dritten Tag. Am Ende haben wir ihn geteilt.

Die Polizistinnen wachen nicht über mich, sie überwachen mich. Wenn ich am offenen Fenster stehe, um in den Tropengarten neben dem Haus zu schauen, kommen sie besorgt angerannt. Wenn ich ein paar Minuten zu lange im Badezimmer bleibe, klopfen sie an die Tür: »Gulbahar, bist du da? Alles in Ordnung?« Sie haben Angst, dass ich mir das Leben nehme.

Aber ich habe gar keine Lust zu sterben. Dieser Gedanke hat mich verlassen, seitdem mir die Polizisten angekündigt haben, dass ich meine Familie anrufen darf. Kerim, Gulhumar, Gulnigar … Natürlich habe ich sehr schnell begriffen, dass sie mich nicht allein mit ihnen sprechen lassen würden. Einmal mehr werde ich lügen müssen. Die Propaganda der Kommunistischen Partei Chinas herunterleiern, die mit den abwegigsten Mitteln zu verbergen sucht, welches Schicksal sie für die Uiguren im Land bereithält. Die Polizisten haben schon angefangen, mich meinen Text üben zu lassen: »Es geht mir gut, macht euch keine Sorgen, ich habe eine Wohnung in Karamay gemietet. Ich bin allein, sorgt euch nicht.«

Der Tag X wurde festgelegt: der 18. März, am frühen Nachmittag europäischer Zeit. Zu dieser Zeit wäre Kerim sicher zu Hause und Gulhumar auf der Arbeit. Will die Polizei sie in eine Falle locken? Wie werden sie reagieren, wenn sie meine Stimme hören? Werden sie begreifen, dass man mich zwingt, einen Schwall von Lügen von mir zu geben? Werden sie an der betäubenden Stille erkennen, dass ich nicht allein bin, sondern der Lautsprecher eingeschaltet ist, dass ich von Polizisten umgeben bin, die jedes Wort von ihnen mitschreiben?

Inzwischen ist das Zimmer lichtdurchflutet. Bald wird das Haus erwachen. Draußen höre ich das Gezwitscher der Vögel und das Brummen der Automotoren in der angrenzenden Straße. Eine Polizistin murmelt etwas. Ich sehe, wie sie ihre Decke über sich zieht und im Atemgeräusch der anderen wieder einschläft. Die Züge der schlafenden Frauen sind nicht von Gefangenschaft gezeichnet. Unter den adretten Uniformen verbergen sich die Rundungen gesunder Körper. Sieben von ihnen sind Han-Chinesinnen, eine ist Uigurin.

Eine der Han-Chinesinnen ist Wang Qian. Ich habe sie im Gefängnis* kennengelernt. Dort hatte sie sich durch ihren Sadismus hervorgetan. Oft kam sie in die Zelle und beklagte sich über ihre Bauchschmerzen, weil man ihr im Kommissariat »mal wieder viel zu viel zu essen serviert« habe. »Ich glaube, ich habe zu viele Spieße verspeist«, verkündete sie lachend und sah uns an, während wir auf dem Fußboden saßen und sich in unseren knurrenden Mägen nichts weiter befand als eine Wassersuppe. Der Zufall will,

* Im zweiten Untersuchungsgefängnis, in das Gulbahar am 23. Dezember 2018 kam.

dass sie hier wieder meine Kerkermeisterin ist. Aber diesmal schläft *sie* auf dem Boden.

Ich bin dieser Frau nicht mehr böse. Auch wenn sie mich hat leiden lassen, würde ich ihr gern mein Bett anbieten. Ich empfinde keinen Hass, weder für Wang Quian noch für ihre Kolleginnen. Wenn ich die pickligen Gesichter der Jüngeren oder die faltigen der Älteren betrachte, sehe ich darin normale Leben. Leben von normalen Frauen. Leben, in denen man sich Ehemänner, Kinder, vielleicht einen Verlobten vorstellt. Das sind Frauen wie ich.

Die uigurische Polizistin heißt Yultuz, und seitdem ich weiß, dass sie 27 ist (so alt wie Gulhumar), habe ich sie ins Herz geschlossen. Manchmal gehen wir zusammen ein paar Schritte durch den Garten. Bei diesen Spaziergängen erzählt sie mir Begebenheiten aus ihrem Leben, unbedeutende Geschichten, die mir guttun und die immer von ihrem kristallklaren Lachen begleitet werden. Yultuz hat einen Verlobten. Ich erzähle ihr von meinen Töchtern. Ihrer Kindheit hier, ihrer Ausbildung in Frankreich. Gulhumar in einer Marketingschule, Gulnigar in einer Handelsschule. Yultuz sieht mich mit leuchtenden Augen an. Yultuz könnte Gulhumar sein. Yultuz könnte meine Tochter sein. Nur leider ist sie nicht auf derselben Seite des Gitters gelandet. Sie ist Polizistin, ich bin eine »Terroristin«. Dabei gehören wir zum selben Volk. Bei unseren Spaziergängen flüstern wir auf Uigurisch. Wenn wir dem vorwurfsvollen Blick der Han-Polizistinnen begegnen, wechseln wir schnell zu Mandarin. Sie feiert mit ihrer Familie die muslimischen Feste, und vielleicht hat sie vor gar nicht langer Zeit noch gebetet, ohne zu befürchten, eingesperrt, deportiert und umerzogen zu werden. Hat Yultuz beschlossen, zur Polizei zu gehen, damit sie keine Angst mehr haben muss, in ihrem eigenen Land zu leben? Ist ihr bewusst, dass sie eine von Tausenden kleinen Soldaten des Regimes ist, die ihre eigene Religion, ihre Sprache, ihre Traditionen auslöschen sollen? Hat Yultuz verstanden, dass China die Uiguren verschwinden lassen will?

Kapitel 20

2. April 2019

Ich konnte sie nicht mehr danach fragen. Yultuz ist verschwunden. Sie wurde durch eine andere Polizistin ersetzt, eine Han-Chinesin. Unsere Freundschaft hat wohl den Zorn der Beamten geweckt, die unsere Spaziergänge im Garten beobachtet haben. Ich hatte ihr gesagt, wir dürften nicht mehr Uigurisch sprechen, aber wir waren nicht vorsichtig genug. Ein Polizist hat seine Vorgesetzten informiert, und Yultuz wurde versetzt. Niemand hat es mir gesagt, aber ich weiß es. Die wenigsten verschwinden ohne Grund. Das versucht man uns zwar einzureden, aber wenn jemand verschwindet, dann, weil er Ärger mit der Polizei hat. Sogar Polizistinnen wie Yultuz kann es treffen. Sie hatte den Auftrag, mich zu überwachen, und wegen ihrer Freundlichkeit mir gegenüber hat sie ihren Auftrag nicht erfüllt. Das ist meine Schuld. Hoffentlich haben sie sie nicht zur Umerziehung geschickt.

Trotzdem balanciere ich seit zwei Wochen auf einem dünnen Seil des Glücks, das jeden Moment reißen kann. Die Sonne geht auf und unter, ohne dass ich ihr Beachtung schenke. Ich sehe, dass die Polizisten mit mir sprechen, aber ich verstehe nichts. Mein Körper ist da, vor ihnen, aber mein Geist ist schon weit weg. So weit. Nur noch das Telefon zählt. Der Moment, wenn ich das vertraute französische Klingelzeichen höre. Und mein Herz rast.

Alles hat am 18. März begonnen. An diesem Tag lag in dem warmen Licht, das auf die allzu gut gepflegten Sträucher im Garten fiel, ein besonderes Leuchten. Ich spazierte nicht mit der Langsamkeit der Tage ohne Ende, der Tage, an denen nichts passiert, über die ungepflasterten Wege. Nein, an diesem Tag trampelte ich vor Ungeduld. Am 18. März war ich außer mir. Ich hatte Lust zu schreien, zu weinen oder die Augen zu schließen.

»Gulbahar? Bist du das?«, »Mama?« An diesem Tag habe ich den Verstand verloren. Ich habe die Stimmen von Kerim und Gulhumar am Telefon gehört.

Der große Tag war gekommen, ohne dass ich Zeit hatte, mich darauf vorzubereiten. Aber wie sollst du dich auch auf das telefonische Wiedersehen mit den Menschen vorbereiten, die du auf der Welt am meisten liebst, mit denen du seit mehr als zwei Jahren nicht sprechen durftest, von denen du nicht mehr weißt, ob sie noch auf deine Rückkehr hoffen. Was sagst du in diesem Moment? Banale Sätze natürlich, denn du hast plötzlich das Gefühl, dass alles wie vorher ist und dieser Anruf nur ein Austausch von ein paar Neuigkeiten in einem ganz normalen Dasein. Dass danach jeder an seine Arbeit, in seine Küche zurückkehren wird und du zum Abschied sagst: »Na dann, schönen Tag, bis heute Abend!« »Ja, bis heute Abend!« Das Gute an den einfachen Worten ist, dass sie dir helfen, deine Emotionen zu bändigen. Die Freude, die

Erregung, aber auch andere, weniger rationale Gefühle, Stigmata der Gefangenschaft: das Schuldgefühl, so lange aus dem Leben meiner Töchter und meines Mannes verschwunden zu sein, die Angst, dass sie mir böse sind, oder auch die Angst, dass sie nicht für meine Freilassung gekämpft haben, während ich in einer Zelle hockte.

Ja, die einfachen Worte sind die richtigen, das sagte ich mir an jenem Morgen, während schon eine laue Wärme die Morgenfrische ablöste und die Polizisten mit religiösem Eifer den Tisch, die Stühle, das Handy, ihre Notizhefte vorbereiteten … alles Nötige für die Anrufe bei Kerim und Gulhumar, von denen ich nicht verstand, was sie sich von ihnen erwarteten. Sicher Informationen, aber welche? Es war vereinbart, dass die Anrufe in meinem Zimmer stattfinden würden. Die Polizisten hatten ihre Fragen in Hefte notiert. Sie würden sie mich in bestimmten Momenten des Gesprächs stellen lassen, je nach Verlauf des Telefonats. Ein Französisch-Chinesisch-Dolmetscher, ein junger Mann, der acht Jahre in einem Unternehmen in Marseille gearbeitet hatte, würde neben mir stehen. Er würde aufpassen, dass ich keine persönliche Botschaft oder geheime Information übermittelte. Ich pfiff auf Geheiminformationen. Die Spannung im Zimmer stieg, und ich dachte nur an ihre Stimmen.

Als Kerim abnahm, war er gerade in der Diele. Ich hörte Hintergrundgeräusche, irgendwelche Gegenstände, die auf einem kleinen Tisch bewegt wurden. Wahrscheinlich suchte er seine Schlüssel, weil er gerade ins Parkhaus gehen, das Auto rausholen und seinen Arbeitstag beginnen wollte. Als er meine Stimme hörte, erstarrte er. Dieser kräftige, unzerstörbare Mann zitterte wie Espenlaub, ich spürte es im Telefon. »Gulbahar, wo bist du? Wir suchen dich überall! Wir setzen Himmel und Hölle in Bewegung, damit du freikommst«, stieß er hervor. Mein Herz raste so sehr, dass ich erst einmal stumm blieb. Die Polizisten um mich herum notierten jedes Wort von Kerim. Wir sagten nicht viel, nur das Wichtigste: Ich war am Leben und gesund. Kerim kennt die Techniken der Polizisten in Xinjiang. Er ahnte, dass ich von einem halben Dutzend Schergen umgeben war. Mein Schweigen beantwortete seine Fragen. Er bohrte nicht nach.

Auch Gulhumar war nicht sehr gesprächig. Die Polizisten merkten es nach dem Telefonat mit misstrauischer Miene an. Bei ihr hatte ich im Hintergrund den schnaufenden Atem einer Maschine gehört. Gulhumar saß in einem Zug. »Ich fahre zu einer Uhrenmesse. Wegen der Arbeit, ja. In die Schweiz«, antwortete sie nur, nachdem mir ein Polizist die Worte in seinem Heft vor die Nase gehalten hatte, die ich wiederholen sollte: »Wo bist du gerade? Bist du allein? Wohin fährst du?«

Kerim wohnte noch in unserer Wohnung in Boulogne-Billancourt. Gulhumar war auf einer Dienstreise. Auch Gulnigar gehe es gut, versicherten mir beide. Ich war mehr als zwei Jahre aus ihrem Dasein verschwunden, und als ich wieder auftauchte, lebten sie immer noch ihr freies, glückliches Leben. Nachdem ich aufgelegt hatte, verjagte ein düsterer Gedanke den kurzen Moment fiebriger Euphorie, in dem ich schwerelos über dem Zimmer, den Polizisten, ihren Notizheften geschwebt hatte: Wenn ich eines Tages hier rauskomme, wenn ich in das friedliche

Leben von Boulogne zurückkehre, werde ich ihnen erzählen müssen, was ich hier in Xinjiang erlebt habe. Das alles ist so schrecklich anzuhören, so hart zu erzählen. Trotzdem, ich werde es tun müssen.

Wie soll ich einen solchen Bericht über die Lippen bringen? Wie ihnen erzählen, was ich unter der Willkür brutaler Polizisten erlebt habe, Uiguren wie ich, die durch den Status, den ihnen ihre Uniform verlieh, nach Belieben über uns – unsere Körper, unsere Seelen – verfügen konnten? Männer und Frauen, denen man das Gehirn gewaschen hatte, Roboter ohne jede Menschlichkeit, die ihre Befehle mit dem Eifer kleiner Beamter ausführten, zerstört von der Hierarchie eines tentakelartigen Systems, in dem jeder, der nicht denunziert, selbst denunziert wird, jeder, der nicht bestraft, selbst bestraft wird. Sie haben uns in das Elend der Gefangenschaft gezwungen, weil sie überzeugt waren, dass wir Feinde, Verräter, Terroristen seien, die man ausschalten müsse. Wie Tiere haben sie uns an Orten außerhalb der Welt, außerhalb der Zeit zusammengepfercht: in Lagern. Dort haben uns diese Männer und Frauen das Gehirn gewaschen. Sie haben uns schlechte Gedanken, falsche Gedanken eingetrichtert. Sie wollten uns »umerziehen«. Sie haben uns beigebracht, im Rhythmus der Nationalhymne durch fensterlose Klassenräume zu marschieren, in denen die Frauen, die wegen des Sauerstoffmangels das Bewusstsein verloren, von den Wärtern in noch schlimmere Verliese verschleppt wurden.

Leben und Tod haben in den Lagern nicht denselben Sinn wie draußen. Hundertmal habe ich geglaubt, wenn uns nachts der Schritt der Wärter weckte, sie kämen, um mich zu erschießen. Wenn eine Hand brutal mit einem Haarschneider über meinen Kopf fuhr und andere Hände die Büschel einsammelten, die auf meine Schultern fielen, schloss ich die tränenblinden Augen und dachte, meine letzte Stunde habe geschlagen. Man mache mich bereit für den Galgen, den elektrischen Stuhl, das Ertränken. Der Tod lauerte überall. Wenn uns die Krankenschwestern mit ihren eisigen Händen am Arm packten, um uns zu »impfen«, dachte ich, sie wollten uns vergiften. Dabei haben sie uns sterilisiert.* Da habe ich die Methode der Lager verstanden und erkannt, wie ausgeklügelt das System ist, das uns nicht eiskalt töten, sondern langsam verschwinden lassen soll. So langsam, dass es niemand bemerkt.

Man hat von uns verlangt, zu verleugnen, wer wir sind. Auf unsere Traditionen zu spucken. Unsere Sprache zu verhöhnen. Unser Volk zu verunglimpfen. Frauen wie ich, die aus den Lagern kommen, wissen nicht mehr, wer sie sind. Sie sind Schatten, tote Seelen. Man hat mir eingeredet, wir, die Haitiwajis, seien Terroristen. Ich war so weit weg, so allein, so erschöpft, dass ich es fast geglaubt hätte. Kerim, Gulhumar, Gulnigar, ich habe eure »Verbrechen« angeprangert. Ich habe die Kommunistische Partei für Ta-

* Die Sterilisation von Frauen, die Gulbahar zu jener Zeit im Lager vermutet, wird im Juni 2020 durch die Publikation eines neuen Berichts von Adrian Zenz bestätigt: *Sterilizations, IUDs and mandatory birth control: the CCP's campaign to suppress Uyghur birthrates in Xinjiang*. Der Bericht belegt die Wende zum Genozid, die sich in der Provinz vollzieht. 2018 begannen die Behörden eine breit angelegte Sterilisationskampagne: In diesem Jahr kamen 80 Prozent der in China eingesetzten Spiralen in Xinjiang zum Einsatz, obwohl die Region nur 1,8 Prozent der Bevölkerung umfasst. 2019 plante eine Provinz die Sterilisierung von 34 Prozent der Frauen im fortpflanzungsfähigen Alter. Mehrere Präfekturen führen alle 14 Tage obligatorische Schwangerschaftstests durch. Eine weitere schickt Frauen, die sich einer Abtreibung verweigern, in Umerziehungslager.

ten um Vergebung gebeten, die weder ihr noch ich begangen haben. Ich bedauere alles, was ich gesagt habe. Ich habe hundert Mal gedacht, ich sterbe. Heute bin ich am Leben und möchte die Wahrheit herausschreien. Ich weiß nicht, ob ihr mich wiedererkennen werdet, ob ihr mir verzeihen werdet. Ja, wie soll ich ihnen all das sagen?

Meine Gedanken geraten durcheinander. Morgen sehe ich klarer. Vielleicht werde ich mich nicht einmal mehr daran erinnern. Manchmal weiß ich nicht mehr, wie und wann das alles angefangen hat. Dann verlässt mich das Gedächtnis und auch der Mut. Morgen wird mich eine unendliche Erschöpfung packen. Ich schwanke zwischen gegensätzlichen Stimmungen, unklaren Empfindungen, die mich nach wenigen Minuten wieder verlassen. Mein Verstand ist nur noch ein grauer Schwamm, der so oft ausgedrückt wurde, dass er das Wasser der Gedanken nicht mehr halten kann. Morgens wache ich schweißnass auf, mein Körper ist verkrampft, der Kopf voller Albträume, durch die noch einen Moment lang schmächtige Gestalten in Uniform irren, kleine Männlein, die auf Mandarin brüllen, uigurische Frauen, die flehen, dass man ihnen verzeiht. Verfluchte Lager! Kerim, Gulhumar, Gulnigar, werdet ihr mir glauben? Wenn ich eines Tages den Mut aufbringe, euch diese düstere Geschichte zu erzählen, werdet ihr mir dann glauben? Vielleicht werdet ihr euch verstohlene Blicke zuwerfen. Werdet denken, ich sei von den Verhören in Xinjiang ein bisschen verrückt geworden.

Ich habe in den Lagern den Verstand verloren, das stimmt. Aber das alles ist wahr. Nichts von dem, was ich erlebt habe, entspringt der krankhaften Phantasie einer

Gefangenen, die maßlos übertreibt. Ich wurde wie Tausende andere von Chinas wildem Strudel mitgerissen. China, das seine uigurischen Mitbürgerinnen und Mitbürger tötet. Eines Tages, wenn ich den Mut dazu habe, werde ich erzählen. Damit Kerim, Gulhumar und Gulnigar es erfahren. Damit die Welt es erfährt.

Ich darf keine Mahlzeit auslassen. Wenn sie mich auf meinem Teller herumstochern sehen, setzen sie sich zu mir und reden mir zu wie zu einem Kind, das sich weigert aufzuessen. »Komm, Gulbahar, nimm noch einen Löffel.« Die duftenden Speisen, die man mir bringt, der heilsame Schlaf in einem kuscheligen Bett, die Yogaübungen auf dem dicken Teppichboden im Schlafzimmer haben mein Misstrauen betäubt. Allmählich schwindet meine Wachsamkeit. Ohne Sättigungsgefühl stopfe ich mich voll mit der Erholung, die man mir offeriert. Zumal hier alles Verhandlungssache ist. Nichts gibt es umsonst. Wenn ich nicht esse, erlaubt man mir nicht, Kerim und Gulhumar anzurufen (ich darf sie einmal am Tag anrufen, manchmal auch nur alle zwei Tage). Also esse ich. Dehne meinen Körper. Schlafe. Auch wenn mich die Gesichter meiner in den Lagern zurückgebliebenen Mitgefangenen und meiner Kerkermeister wieder quälen. Auch wenn ich immer noch beim kleinsten Schritt auf dem Linoleum, bei jedem Türklappern zusammenfahre. Die Ruhe, die meine Sinne einschläfert, kann mir jeden Moment genommen werden. Man lässt mich glauben, ich würde bald frei sein, aber das hängt einzig davon ab, ob ich mit den Polizisten kooperiere, deren Absichten ich allmählich durchschaue. Wenn ich mich widersetze, komme ich wieder ins Lager. Die Polizisten haben mich gewarnt.

Es überraschte mich, wie oft ich mit Kerim und Gulhumar sprechen durfte. Ich rief beide jeden Tag für ein paar Minuten an, um »zu hören, wie es geht«, wie die Polizisten sagen. Warum hatte ich, die ich zu sieben Jahren Umerziehung verurteilt worden war, die ich seit zwei Jahren gefangen gehalten wurde, plötzlich das Recht, mit meinen Angehörigen zu sprechen, die als Verräter im französischen Exil galten? Aus welchem Grund lebte ich nun auf diese Weise, in einem Wohnheim für Polizisten, wenn nicht, um als Werkzeug für ihre Zwecke benutzt zu werden.

Die Aktivitäten von Kerim und Gulhumar interessierten den Geheimdienst von Xinjiang. Während all der Monate, die ich im Untersuchungsgefängnis, im ersten Lager, im zweiten Lager und dann wieder im Untersuchungsgefängnis verbracht hatte, hatten mein Mann und meine Tochter unermüdlich versucht herauszubekommen, wohin ich verschwunden war. Am Telefon haben sie mir alles erzählt. Von der Angst, dass ich in einem Kerker krepieren würde, dass ich in ein Umerziehungslager gesteckt worden sei oder dass man meine Leiche mit denen anderer Uiguren in ein Massengrab geworfen habe. Wie sie monatelang versucht hätte, alle Personen zu erreichen, die wir in Xinjiang kannten, Familie, Freunde, Bekannte. Und wie schließlich, nach immer neuem Scheitern, nach falscher Hoffnung und ständiger Enttäuschung mein Fall auf dem Schreibtisch im Außenministerium gelandet war. Ich habe begriffen, dass das Geheimnis meines Verschwindens in Frankreich kein Geheimnis mehr ist. Gulhumar hat mit Journalisten über mich gesprochen, sie hat von China meine Freilassung verlangt. Ohne sich zu verstecken, hat sie im Fernsehen die Umerziehungslager verurteilt. Kerim teilte Artikel auf Facebook. Es gab eine Online-Petition.

Ein Polizist kritzelte etwas in sein Heft, hielt es mir hin, ich las die Frage vor, Kerim oder Gulhumar antworteten. Und wieder von vorn. Die Polizistenschreiberlinge notierten jedes Wort unserer Gespräche, Daten, Namen von Medien, die Kerim und Gulhumar erwähnten. Ein Polizist saß an einem Laptop und überprüfte die Angaben, die Facebook-Profile.

Mein Schlafzimmer wurde zur Außenstelle des chinesischen Geheimdienstes, der gegen meine Familie arbeitete, und ich beteiligte mich daran, mit zugeschnürter Kehle, ohne die Wahrheit ins Telefon schreien zu können. Ich wurde zur Tauschwährung zwischen meiner Familie und den Polizisten, zum Dreh- und Angelpunkt in einem Stellungskrieg. Ich sagte Ja, wenn mir der Polizist ein Zeichen gab. Ich stellte die zigste Frage, wenn er mir sein verfluchtes Heft hinhielt. Die anderen schrieben weiter. »Bist du wirklich allein, Mama?«, fragte Gulhumar oft. Und ich antwortete schweren Herzens: »Ja, ich bin allein.« Die Lüge hinterlässt einen schrecklichen Geschmack im Mund.

Die Polizisten vermuteten, Gulhumar wolle an einem bestimmten Kongress* teilnehmen, einer Versammlung, auf der Experten über die Menschenrechtslage in Xin-

* Die Jahrestagung des UN-Menschenrechtsrat fand vom 25. Februar bis 22. März 2019 statt.

jiang sprechen würden und wo sie natürlich meine Geschichte erzählen sollte. Ich erfasste nicht ganz die Tragweite dieser Veranstaltung und die Auswirkungen, die sie für die »Schulen« in Xinjiang haben würde, aber sie ärgerte die Chinesen ungemein. Sie wollten sie sabotieren, und meine Rolle bestand wieder einmal darin, ihnen zu helfen.

Es war *Nouruz*, der islamische Neujahrstag. Bei meinem Anruf war Gulhumar gerade mit ein paar Freundinnen bei IKEA. Sie ging sofort ran. Im Hintergrund hörte ich eine künstliche Frauenstimme aus dem Lautsprecher, Kinderweinen, rollende Einkaufswagen. Ein ganz normaler Tag bei IKEA. Es war noch früh in Frankreich, wahrscheinlich würden Gulhumar, ihr Mann und ihre Freunde danach zusammen zu Mittag essen, um das uigurische Neujahrsfest zu feiern. Der Polizist hielt mir das Heft hin, und ich fragte:

»Wo bist du? In Frankreich? Fährst du nirgendwo hin?«

»Ja, mach dir keine Gedanken. In diesem Jahr feiern wir *Nouruz* nicht mit der Gemeinde. Ich gehe nicht hin. Wir bleiben zu Hause.«

»Ich meine nicht *Nouruz*, Gulhumar, sondern ein Treffen im Ausland.«

Schweigen im Telefon. Gulhamar hatte sich eine ruhige Ecke gesucht, plötzlich klang ihre Stimme deutlicher. »Ich sollte nach Genf zur Jahrestagung des UN-Menschenrechtsrat fahren. Sie haben mich eingeladen. Aber mach dir keine Sorgen, ich habe die Einladung nach deinem ersten Anruf abgesagt. Ich staune, dass der chinesische Geheimdienst das noch nicht weiß.«

Die Polizisten warfen sich wütende Blicke zu. Sie kochten. Die Spannung im Zimmer stieg. Gulhumar machte sich über sie lustig. Ein anderer Polizist zeigte mir sein Heft. Ich las den Text mit tonloser Stimme vor: »Gulhumar, das ist sehr ernst. Wenn du etwas Verbotenes getan hast, hör auf damit. Wenn du noch nichts getan hast, fang nicht damit an. Sei klug. Lösche alle Posts über meine Geschichte auf deinem Facebook-Account. Hör auf, in den Medien über die Uiguren zu sprechen und die chinesische Regierung zu kritisieren. Das ist sehr schlimm. Wenn ihr mich wiedersehen wollt, müsst ihr das alles löschen.«

Wie soll ich nicht verrückt werden? So als Köder missbraucht zu werden, meine Familie zu erpressen. Ich drohe ihnen. In Frankreich setzen sich Gulhumar und Kerim mit allen Mitteln für meine Freilassung ein. Aber solange sie weiter an die Öffentlichkeit gehen, wird man mich nicht freilassen. Gulhumar und Kerim müssen also schweigen und mein Fall muss vom Radar der Medien und der französischen Behörden verschwinden, damit man mich diskret nach Frankreich zurückkehren lässt. Diese Logik offenbart wieder einmal die unfassbare Perfidie der chinesischen Diplomatie. Die Behörden von Xinjiang sind bereit, meinen Lageraufenthalt zu beenden, um ihr großes Umerziehungsprojekt vor der internationalen Kritik zu schützen. Schlau. Und natürlich nutzen sie die Zeit, um alle Beweise für meine Gefangenschaft in Xinjiang zu beseitigen. Sie haben schon das Video mit meinem Geständnis in der Hand, damit sie es gegen mich verwenden können, falls ich nach der Freilassung auspacken sollte.

Jetzt wollen sie bei Kerim und Gulhumar aufräumen und sie zwingen, alle Zeugnisse – Artikel, die Petition, die Berichte – zurückzuziehen, die von der Existenz der Lager in Xinjiang und von meiner Gefangenschaft in einem von ihnen zeugen.

Sofort nach diesem Anruf haben Kerim und Gulhumar begonnen, die Einträge im Internet zu löschen. Die Polizei hat eine Liste der zu entfernenden Artikel aufgestellt, und bei jedem Anruf besprechen wir das »große Saubermachen«. Die Strategie der chinesischen Polizisten funktioniert: Die hohen Wellen, die meine Geschichte in den sozialen Netzwerken bei der uigurischen Diaspora geschlagen hat, legen sich. Und ausgerechnet ich, die hier in der Falle sitzt, sorge mit meinen Anrufen dafür. Ja, das ist sehr schlau.

Vor drei Tagen, als ein Polizist mir ankündigte, dass mein täglicher Anruf in wenigen Minuten stattfinden sollte, bin ich explodiert. Meine Augen waren voller Tränen, als ich schrie: »Es reicht!« Diesmal würde ich dieses durchtriebene Spiel nicht mehr mitmachen. Mir war alles egal, sollten sie mich doch ins Lager zurückschicken! Ich wollte Kerim und Gulhumar nicht mehr anlügen. »Ich will mich selbst nicht mehr anlügen!« Ich schrie und konnte nicht mehr aufhören, mein ganzer Körper zitterte vor Auflehnung, meine Kehle brannte. »Ich rufe meine Familie nicht mehr an!« Der Polizist rastete aus. Er brüllte auch, auf Mandarin. Von unserem Geschrei alarmiert, tauchten die anderen Polizisten in der Tür auf. »Haben wir das alles etwa umsonst gemacht? Lass es uns nicht bedauern! Was soll ich meinem Vorgesetzten sagen, wenn du nicht anrufst?« Ich weinte, ich weinte alle Tränen, die ich bisher nicht vergossen hatte. Aber ich blieb standhaft. An jenem Tag kamen die Polizisten nicht mehr mit dem Telefon in mein Zimmer. Ich machte den Fernseher an, meine Augen brannten, ich ließ mich aufs Sofa fallen und stellte mir die Rückkehr ins Lager vor – die ich nicht überleben würde, das war sicher.

Am Abend ließ sich der Polizist wieder blicken. Er bat mich um Entschuldigung, redete konfus vom Druck seiner Vorgesetzten, der Überarbeitung, seiner Frau, seinen Kindern. Ich wusste nicht, was ich sagen sollte. Nachdem der Tag meinen Zorn beruhigt hatte, musste ich einsehen, dass die Kooperation für mich der einzig mögliche Weg war. Ich steckte in einer Sackgasse. »Schon gut. Ich verzeihe dir«, habe ich gesagt. Er zog von dannen, zufrieden, seinen Vorgesetzten mitteilen zu können, dass seine Mission – mich zu benutzen, um im Westen die Kritik an den Lagern zu ersticken – wieder auf Kurs war. Am nächsten Tag kam er nicht. Und seit gestern gehen die Anrufe weiter und mit ihnen die Lügen, die Erpressung, die Drohungen.

Kapitel 21

12. April 2019

Wir rumpeln im Auto eine verstopfte Straße entlang. Ich lasse meine Gedanken schweifen, während ich mit gierigem Blick alles aufsauge, was ich von Karamay zu sehen bekomme. Zwei Polizisten sitzen rechts und links von mir auf der zerschlissenen Rückbank. Zum ersten Mal bin ich draußen. Was für ein Glück, die Stadt wiederzusehen, die genau meinen Erinnerungen entspricht. Festzustellen, dass die Restaurants und Läden noch da sind. In diesem uigurischen Geschäft gibt es alle Zutaten für *Laghman*, spezielle lange Nudeln, die mit Lammfleisch, Zwiebeln, Auberginen, Tomaten und Paprika serviert werden. Und in dem da gibt es frisches Obst und Gemüse. Und da der Stand mit Fleischspießen! Da haben wir oft mit Freunden gegessen. Bevor die Lammstücke gegrillt werden, reibt man sie mit Salz, Paprika und Kumin ein. Wenn sie goldgelb gebraten sind, verströmen sie einen köstlichen Duft, der die Straßen erfüllt und die Menschen anlockt. Auf den Bürgersteigen gehen Han-Paare mit eiligem Schritt, Uiguren-Familien warten vor einem Schultor, andere plaudern vor den massiven Wohnhäusern, die durch eine dichte Vegetation voneinander getrennt sind. Es gab schon immer viel Grün in Karamay. Parks, Privatgärten und Baumreihen, die die Stadtverwaltung entlang des Kanals pflanzen ließ und die jedes Jahr länger wurden. Sicher deshalb besitzt die Stadt, die wie die meisten Städte im Norden nicht sehr uigurisch geprägt ist, einen gewissen Charme.

Bei uns im Norden sagt man, Kashgar sei die uigurischste Stadt in Xinjiang. Die alte Oasenstadt, am Fuße des Tian-Shan-Gebirges, das die natürliche Grenze zu Kirgistan und Tadschikistan bildet, war eine wichtige Station für die Händler, die mit ihren Karawanen auf der Seidenstraße unterwegs waren. Die Männer lagerten mit ihren Waren im Schatten vor der großen Moschee. Nachdem sie tagelang durch die Taklamakan-Wüste gezogen waren, fanden sie unter der riesigen, von Säulen im arabischen Stil gestützten Vorhalle die verdiente Ruhe. Im Norden Xinjiangs, der von den Han-Chinesen dominiert wird, distanziert man sich gern vom traditionelleren, mehr nach Unabhängigkeit strebenden Westen. Während die Hauptstadt Ürümqi mit ihrer chinesischen Prägung auf die umliegenden Städte ausstrahlt, beeinflusst Kashgar seit Jahrhunderten den Westen Xinjiangs mit der uigurischen Kultur.

Wir halten an einer Ampel. Eltern, Kinder, Alte überqueren die Straße. Im Norden sagt man auch, die Uiguren in Kashgar und Umgebung würden einen glühenderen, dogmatischeren Islam praktizieren als hier. In Kashgar, wo die Uiguren in der Mehrheit sind – anders als in Karamay –, verbergen die Frauen ihr Haar unter einem Hidschab und die Männer tragen Bärte. Jedenfalls war es vor ein paar Jahren noch so, bevor Dekrete das Tragen islamischer Attribute verboten und den Menschen damit das Leben schwermachten.

Durch die getönte Scheibe sehe ich rasierte Männergesichter und Frauen, deren kupferrote Haarpracht eine künstliche Färbung verrät. Fast alle sind unverschleiert. Schon früher, als wir hier lebten, sah man nur wenige Männer mit Bart und kaum Frauen mit Hidschab. Höchstens ein buntes Seidentuch, wie unsere Mutter es umband, wenn sie das Haus verließ. Meine Schwestern und ich haben nie ein Kopftuch getragen, meine Töchter auch nicht.

Eines will ich klarstellen: Ich sage nicht, dass alle Frauen im Süden verschleiert sind und alle im Norden mit bloßem Haupt herumlaufen. Ich meine nur, dass ich in diesen Tendenzen kulturelle und religiöse Besonderheiten unseres Volkes sehe und dass sich diese Tendenzen sicher damit erklären lassen, dass wir in verschiedenen Gegenden von Xinjiang verwurzelt sind und dass unsere Sitten und Traditionen durch den massenhaften Zuzug von Han-Chinesen nach dem Sieg der Kommunisten mehr oder weniger stark verändert, verdrängt oder beeinflusst wurden. Das nennt man »Sinisierung«. Wie auch immer, von den Uiguren im Norden sagt man jedenfalls, sie praktizierten einen offeneren Islam und die im Süden repräsentierten den traditionellen Teil unserer Volksgruppe.

Wir in Karamay haben nichts davon gemerkt, dass der Einfluss Chinas in Xinjiang zunahm. Karamay ist mit dem Erdöl gewachsen, deshalb war die Stadt von Anfang an chinesisch. Sie wurde von den Chinesen in der Umgebung der Raffinerien erbaut, in denen das schwarze Gold gefördert wird, dank dem wir, die Familien der Arbeiter und Ingenieure, hier leben und Wurzeln schlagen konnten. Uiguren und Han-Chinesen. So haben wir immer unter chinesischer Flagge gelebt, aber das hat uns lange Zeit nicht daran gehindert, Uiguren zu sein. Wir haben nicht die Sinisierung der Städte im Westen erlebt, wie in Kashgar, wo die Juwelen der islamischen Architektur unter den Schaufelschlägen der chinesischen Bagger verschwunden sind. Wir haben nicht die Brutalität einer Stadtplanung erlebt, die vor wenigen Jahren die Wunder dieser alten Stadt vernichtet hat: den großen Basar, die verwinkelten, blechüberdachten Gässchen und die Lehmhäuser der Altstadt.*

Wir fahren jetzt schneller, die Häuser von Karamay ziehen am Fenster vorbei. Sie gleichen denen in allen mittelgroßen Städten Chinas: würfelförmig, aneinandergereiht, unendliche Wiederholungen eines einzigen Modells in einem wie mit dem Lineal gezogenen Straßennetz. Sie sind nicht hässlich, aber ohne jeden Charme. Das wird mir jetzt bewusst: Die Sinisierung der Städte und Dörfer war bereits der Anfang der Umerziehung, die man uns jetzt aufzwingt. Als Kashgar umgestaltet wurde, erzählte man den Bewohnern der kleinen Lehmhäuser, diese Veränderung diene ihrem Wohl. Die Begradigung der verwunschenen Gassen für den Bau neuer Wohnungen oder die Verkleinerung des Platzes neben einer Moschee, damit dort ein Einkaufszentrum entstehen kann, sei kein

* Nach dem Erdbeben in der Provinz Sichuan am 12. Mai 2008 begann die Regierung von Xinjiang 2009 unter dem Vorwand eines drohenden Erdbebens in Kashgar eine umfassende Umgestaltung der Altstadt, bei der die muslimische Architektur zerstört wurde.

Angriff auf ihre Kultur oder Religion, sondern schaffe vielmehr den Anschluss an die Moderne. Heute stehen auf dem Platz vor der alten Moschee von Kashgar riesige Bildschirme. Unter den Augen der Kameras kommen die Menschen zum Gebet. Familien, die seit Generationen in ihren Häusern wohnten, wurden in neue Wohnungen umgesiedelt, die sie – so hat man ihnen gesagt – später mit Profit weiterverkaufen könnten.

Die Methode ist die gleiche wie in den Lagern: Wir werden »zu unserem Besten« umerzogen, weil – wie man uns immer wieder eintrichtert – etwas »Böses« in uns steckt. In Karamay, in Ürümqi, in Kashgar … Egal, welche Eigenarten die lokale Kultur auch besitzt, überall verläuft die Sinisierung auf die gleiche Weise. Sie schleicht sich lautlos heran. Erst winzige Eingriffe, dann brutale Aggression und schließlich mündet sie in der Umerziehung.

Der Polizist am Steuer flucht über den Feierabendstau. Wir stecken in einer Straße fest. Gerade läuten die Schulglocken, und ein Strom von Kindern in Uniform ergießt sich auf die Straßen. Radfahrer bahnen sich einen Weg durch die Lücken. Bestimmt kommen sie von der Arbeit. Ein ganz normaler Wochentag.

Wir waren gerade in einer dieser typisch chinesischen Malls. Sie sind mit den Han-Chinesen nach Xinjiang gekommen und locken mit dem Komfort, alle Einkäufe an einem Ort erledigen zu können. Das ist wirklich sehr praktisch. Kerim, Gulnigar und ich waren 2012 schon einmal in diesem Einkaufszentrum. Es war in den Sommerferien. Ich weiß noch, dass die Klimaanlagen in den Geschäften und Gängen auf Hochtouren liefen. Ich hatte mir die Rückkehr in diese Welt ruhiger vorgestellt. In der luxuriösen Hauptpassage, die mit dem bei Chinesen so beliebten unechten Marmor ausgelegt ist, laden die Verkäuferinnen wortreich in ihre Boutiquen ein. Die künstlichen Stimmen der Werbung mischen sich mit chinesischen Schlagern oder koreanischem Pop. Das grelle rosa, weiße oder blaue Neonlicht fällt auf die Fliesen, wie in einem Nachtklub. Dabei waren wir einfach nur im Reich der Wäsche, der Haushaltsgeräte und Schönheitsprodukte.

Es war vereinbart, dass ich mich einkleide. Man hatte mir genug Geld gegeben, um mir neue Unterhemden, Hosen und Socken zu kaufen, auch einen Gürtel zum Ersatz für die Kordel, die mir eine Polizistin bei meiner Ankunft in der Wohnung gegeben hatte. Ich wollte außerdem ein Paar Schuhe finden. Dieser banale Einkauf erfüllte mich mit fiebriger Euphorie: Schuhe kaufen! Was für ein Glück, nachdem ich so ewig in den schwarzen Häftlingsschuhen rumgelaufen war. Aber irgendwie hatte ich Angst: Was würde geschehen, wenn ich eine Bekannte traf? Die Polizisten hatten beschlossen, mich während der üblichen Bürozeiten, kurz vor der Mittagspause, in das Einkaufszentrum zu bringen. Deshalb war es unwahrscheinlich, dass ich Freunde aus Karamay treffen würde, was ich am meisten fürchtete. Wie hätten sie reagiert, wenn sie mich erkannt hätten, mit meinem wächsernen Gesicht und dem kurz geschnittenen Haar? Bei der Eskorte, die mir durch die Gänge folgte, hätten sie vermutlich begriffen, dass ich nicht frei war, und mir einen Blick zugeworfen, in dem ich eine unangenehme Mischung aus Angst und Mitleid gelesen hätte. Vielleicht hätten sie aus Furcht vor der Polizei nicht einmal gewagt, mich zu grüßen. Sie hätten mich aus dem Augenwinkel angestarrt und geflüstert: »Ist das nicht Gulbahar? Doch, doch, sieh nur! Sie hat sich so verändert … Was ist mit ihr passiert?« Jetzt gehöre ich zu den Pestkranken in den Fängen der Polizei, und die Vorstellung, den Menschen, die ich gern habe, Schwierigkeiten zu bereiten, ist mir unerträglich.

Und gleichzeitig träume ich davon, Aynur zu begegnen. Mit klopfendem Herzen schaue ich nach jeder Gestalt hinter dem Schaufenster. Die Größe, das schwarze Haar, das Profil über dem Mantelkragen. Ich versuche, meine Freundin zu erkennen. Oder meine Schwester Madina. Ich wäre ihr so gern in dem Einkaufszentrum über den Weg gelaufen. Sie ist öfter mal für ein paar Tage in Karamay. Vielleicht hätten wir uns von Weitem erkannt. Wir wären uns unter dem nachsichtigen Blick der Polizisten in die Arme gefallen. Sie hätte mir von ihren Kindern und ihrem Mann in Ürümqi erzählt. Ich hätte belangloses Zeug von mir gegeben und die Wirklichkeit sorgsam ausgeklammert. Sie hätte mich liebevoll angesehen. Sie hätte gewusst, dass ich lüge, und mir zu verstehen gegeben, dass es nicht schlimm ist, dass es richtig ist zu lügen, weil wir in Xinjiang sind und weil man in Xinjiang, wo die Polizei zu allem fähig ist, lügen muss, um die Menschen zu schützen, die man liebt. Hier kann dir niemand dafür Vorwürfe machen. Aber ich habe niemanden getroffen. Umso besser.

Ich weiß nicht, ob wir eine Stunde oder 20 Minuten durch die Mall gelaufen sind, ich hatte das Zeitgefühl verloren. Reinigungskräfte wischten eifrig die glänzenden

Bodenfliesen, während wir ein, zwei, drei, vier Geschäfte betraten. Allmählich versetzten mich die Stoffe, die Düfte, das Licht und die sanften Stimmen der Kassiererinnen in eine behagliche Betäubung, so dass ich fast vergaß, dass wir bald in das Polizistenwohnheim zurückkehren würden.

Die Zeit verging, wir hatten meine Einkäufe erledigt, ein Kunde rutschte auf den feuchten Fliesen aus. Wir setzten uns in ein Restaurant in der Hauptpassage. Die Polizisten bestellten mehrere Gerichte. Auch mich hatten die Einkäufe hungrig gemacht. Wir steckten die Köpfe in unsere Schalen und verschlangen unsere Nudeln, ohne dass ein Gespräch zustande kam. Ich sah, wie sie sich den Bauch vollschlugen, und fand, dass ich schon lange nichts so Bizarres erlebt hatte. Da saß ich, neben mir Pakete mit hübschen Kleidungsstücken, und teilte meine Mahlzeit mit Polizisten in einem Einkaufszentrum, in dem ich sieben Jahre zuvor noch sorglos mit meiner Familie herumgebummelt war. Als wir wieder am Auto waren, rauchte der Fahrer noch eine Zigarette. Dann machten wir uns auf den Rückweg.

Das überwachte Wohnheim ist nicht mehr weit. Ich erkenne die Straßen der Umgebung. Im Auto herrscht eine trübe Stimmung. Der Tag ist vergangen wie ein Traum. Die Polizisten haben mir versprochen, dass wir weitere Einkäufe machen werden. Nicht sofort, aber irgendwann, haben sie gesagt. Im Halbdunkel der Rückbank sehe ich die neuen Schuhe blitzen, die mir sofort ins Auge gefallen waren: einfache schwarze Lederstiefel mit einem kleinen schwarzen Holzabsatz. Sie haben Riemchen, und die runde, leicht nach oben gebogene Spitze lässt sie sehr weiblich aussehen. Gulhumar würde die Schuhe sehr elegant finden. Morgen am Telefon erzähle ich ihr davon.

Kapitel 22

6. Juni 2019

Durch unsere kurzen, aber häufigen Telefongespräche finde ich allmählich meinen Platz als Mutter meiner Töchter wieder. Gulhumar ist schwanger! Kerim hat es mir vor einigen Wochen verraten. »Bei der Geburt des Babys bin ich da, ich verspreche es dir«, sagte ich Gulhumar im Beisein der Polizisten, die mich nie allein telefonieren lassen. Dieser kleine Satz, wie eine Provokation in das traumatische Chaos meines Lebens geworfen, war etwas Wunderbares. Wie auch das Baby, das im September zur Welt kommen soll. Es ist die Hoffnung, die das Leben bereithält, dass es trotz aller Dramen immer weitergeht. Es ist die Niederlage der chinesischen Umerziehungslager, die es am Ende trotz aller Hartnäckigkeit nicht geschafft haben, zum Schweigen zu bringen, was ich bin – eine Uigurin, eine freie Frau. Es ist das Glück, mir die Zuversicht zu erlauben, dass ich eines Tages, in gar nicht langer Zeit, wieder meinen Platz bei den Meinen einnehmen werde.

Zufrieden, dass die Posts von Kerim und Gulhumar aus den sozialen Netzwerken verschwunden waren, beschlossen die Polizisten, mich für meine Zusammenarbeit zu belohnen und mir eine kleine zusätzliche Autonomie zu gewähren: Ich wurde in eine Wohnung im Stadtzentrum von Karamay gebracht. Hier lebe ich nun mit den Polizisten, die seit März mein Zimmer, meine Mahlzeiten und meine Spaziergänge teilen. Es ist eine praktische Wohnung, deren Atmosphäre verrät, dass sie viele mehr oder weniger reinliche Mieter erlebt hat, die hier einen zerbrochenen Stuhl, da eine fleckige Matratze oder verschlissene Kissen hinterlassen haben. Ich habe mich sofort daran gemacht, in diesem neuen »Zuhause«, dem ersten nach so langer Zeit, gründlich aufzuräumen. Seit ein paar Tagen genieße ich es also, einen Ort zu bewohnen, der mir gehört. Zwar nicht in völliger Freiheit (ich koche für meine Bewacher), aber an einem Ort, der Freiheit zu imitieren sucht.

In diesem Jahr fand das Fest des Fastenbrechens am 4. Juni statt, nach meinem Umzug. Ich habe es mit den Polizisten verbracht. Die Vorstellung hatte mir missfallen, denn ich habe es sonst immer nur mit meiner Familie gefeiert. Aber ich hatte wieder einmal keine Wahl. Ich habe die Zähne zusammengebissen, mich dem Spiel der Polizei unterworfen und absoluten Gehorsam an den Tag gelegt. Ich habe die Wohnung für diesen Tag vorbereitet, in allen Räumen versucht, eine freundliche, feierliche Atmosphäre zu schaffen. Die Polizisten freuten sich zu sehen, wie ich den Kühlschrank mit frischem Gemüse und gutem Fleisch füllte. Einen Tag lang herrschte ehrliche Fröhlichkeit. Es war das erste Mal seit so langer Zeit. Müde, aber zufrieden über meine satten Gäste vergaß ich fast die Heuchelei der Situation. Von meiner Familie und meinen Freunden wird immer wieder gelobt, wie gastfreundlich

ich bin. Ich liebe es, wenn mein Kühlschrank mit frischen, sorgfältig ausgewählten Lebensmitteln gefüllt ist. Ich plane gern die Speisenfolge, wirbele stundenlang in der Küche herum, knete den Teig für die *Laghman*, rolle ihn mit der Hand aus, ziehe ihn zigmal hin und her und forme ihn dann zu einer langen Wurst. Damit das Lamm zart ist, sich mit den Stäbchen leicht vom Knochen lösen lässt, muss man es den ganzen Vormittag auf kleiner Flamme in einem großen Topf schmoren. Karotten, Paprika und Kartoffeln dürfen hingegen erst in letzter Minute in kochendes Wasser geworfen werden. Die Küche verlangt Geduld und Sorgfalt, wie alle Haushaltsaufgaben. Zu Hause achte ich darauf, dass es überall blitzblank sauber ist. Ich lüfte die Wohnung jeden Morgen, auch im Winter, wasche die Vorhänge und die Bettwäsche regelmäßig bei 60 Grad, bügle Hemden, Hosen, Bettwäsche. Keine Falte entgeht meinem Blick.

In der Gefangenschaft raubt man uns noch vor dem Unterricht, in dem man uns den Schädel vollstopft, vor dem grotesken Paradieren, vor den Nächten auf einer Bettstatt aus Holz oder Zement unsere Persönlichkeit. In dem Moment, wo wir die abscheuliche Kluft und die schwarzen Filzschuhe anziehen, werden wir zu anonymen, allen anderen gleichenden Wesen. Von diesem Moment an nennt man uns nicht mehr beim Namen, sondern mit einer Nummer. Unsere Seele löst sich auf. Im Umerziehungslager und im Gefängnis löscht die Unterwerfung unseren Geschmack, unsere Leidenschaften. Wir dürfen nicht mehr sagen oder aufschreiben, was früher unsere Besonderheit ausmachte, dürfen uns weder durch unsere Kleidung noch durch unser Essen unterscheiden: Wir schlafen auf den gleichen Pritschen, verschlingen die gleiche widerliche Nahrung. Stück für Stück saugt man uns das Temperament aus den Knochen. Dann, nachdem unser Geist geleert ist, stopfen die Lehrer die unseligen Gedanken der Propaganda hinein: Wir wiederholen alle dieselben Sätze zum Ruhm der Partei. Und wenn wir schließlich mit dieser Pampe abgefüllt sind, erziehen wir uns brav selbst um. So verlieren wir unsere Identität. Wir zersetzen uns im selben Rhythmus, und am Ende gleichen wir einander, körperlich und seelisch: unförmige, apathische, gefühllose, leere Gestalten. Dann sind wir keine Menschen mehr. Wir sind wie tot.

Während ich am Tag des Fastenbrechens den großen Couchtisch mit Stäbchen, tiefen, für die Gerichte aus Fleisch und Soße geeigneten Schälchen und Teegläsern deckte, spürte ich bei einem letzten Blick durch das tadellos saubere Zimmer, dass mich diese Wohnung, dieses neue Zuhause in mein früheres Leben zurückgebracht hatte. Und dass ich, nicht ohne Mühe, wieder die Gulbahar von vor den Lagern wurde.

Kapitel 23

22. Juni 2019

In Xinjiang ist die Wahrheit nicht zu hören. Wer im Lager war, weiß es. Wer Monate oder Jahre in chinesischen Kerkern oder Umerziehungslagern verschwunden war, kann nicht davon erzählen. Nicht denen, die unter dem Joch der Polizei leben, auch wenn sie frei sind. Sie bekommen Angst, selbst wenn sie dich lieben. Sie fürchten um ihr Leben.

Die Lager schweben über den Gesprächen, ohne dass sie je erwähnt werden. Wenn sie sich doch in eine Erzählung oder einen Satz schleichen, stellt niemand eine Frage. Alle halten die Luft an. Tun, als hätten sie nichts gehört. So bleiben die Lager eine ferne Legende. Eine Gruselgeschichte, von der man mit gedämpfter Stimme ein paar Bruchstücke andeutet. Alle wissen von ihrer Existenz. Alle haben Angehörige, die dort eingesperrt waren. Trotzdem spricht man nicht darüber. Und wenn man nicht darüber spricht, existieren die Lager auch nicht.

So umhüllt sich jeder mit einem Netz aus kleinen Lügen und harmlosen Auslassungen, durch die wir uns gegenseitig schützen. Bei den Telefongesprächen mit Kerim und Gulhumar quält es mich, die Wahrheit zu verschweigen, aber die Zeit lehrt mich, diese Unannehmlichkeit hinzunehmen. Es ist nur ein Tropfen im Meer aus anderen Unannehmlichkeiten, aus denen mein Leben in Karamay besteht. Wenn ich sie mir aufzähle, wird mir bewusst, dass mein Leidensweg keineswegs geendet hat, sondern immer noch andauert.

Trotzdem bringt mich diese bedingte Freiheit allmählich zurück ins Leben. Man gibt mir Geld, ich darf draußen kleine Einkäufe erledigen und das Regiment über die Wohnung führen. Vor ein paar Tagen habe ich mir Schminke gekauft, dann war ich beim Friseur, wo mir eine freundliche Frau mit einer ordentlichen Schere das Aussehen einer ganz normalen Bürgerin zurückgegeben hat. Diese Kleinigkeiten zählen. Je unvorstellbarer für mich ein Schritt zurück, ins Gefängnis oder ins Lager, wird, desto mehr lasse ich mich auf die Linie der Polizisten ein. Indem sie mir mehr Freiheiten gewähren, zwingen sie mich, unverfroren diejenigen anzulügen, die ich liebe: meine Familie in Frankreich, die nichts von meinen tatsächlichen Lebensbedingungen weiß, und seit einigen Wochen auch meine Familie in Xinjiang.

Als ich schließlich erreicht hatte, dass meine Mutter und meine Schwestern Nedjma und Madina mich besuchen durften, stand deshalb fest, dass wir kein Wort darüber verlieren würden, was ich erlebt hatte, auch nicht über die gemeinsamen Bekannten aus Gulja, Karamay und Ürümqi, die ebenfalls deportiert worden waren. Die Polizisten mussten es mir nicht einmal befehlen: Wir wussten, was erlaubt war. Madina würde nicht von den 39 Tagen sprechen, die sie in einer Zelle verbracht hatte, Nedjma die Wunden ihres Sohnes verschweigen, der auf Krücken aus einer »Schule« zurückgekommen war. Ich würde nicht auf die Stimmen hören, die in meinem Kopf schrien.

Das unverhoffte Glück, uns wiederzusehen, würde Freude genug sein. Trotz der Lügen, die zwischen zwei Tassen Tee ausgesprochen würden. Trotz des Schleiers aus Schweigen, der über unseren Qualen läge. Nichts ist normal in Xinjiang, was nützt es dann, sich an dem Entsetzlichen zu weiden, das wir erleiden. Ja, ich redete es mir erfolgreich ein: Hier sind die Lügen oder das Schweigen besser als die Wahrheit. Wir würden über Belanglosigkeiten reden. Ich freute mich riesig.

Die Polizisten würden die Wohnung vorher verlassen. Meine Mutter und meine Schwestern sollten nicht merken, dass ich überwacht wurde. Vielleicht, weil mein Fall weiter oben Gegenstand intensiver Verhandlungen war. Vielleicht, weil in diesem heiklen Moment niemand in meiner Umgebung wissen sollte, dass ich eines Tages, morgen oder in sechs Monaten, nach Frankreich zurückkehren könnte. Vielleicht auch, weil diese Überwachung nicht legal war, weil sie der Umerziehung widersprach, zu der mich der Richter verurteilt hatte. Schließlich spazierte ich in einem Pulk von Polizisten in Zivil durch die Straßen, obwohl man mich zu sieben Jahren Umerziehung verurteilt hatte. Seltsam.

Was immer der Grund war, ich war überglücklich, sie allein zu empfangen. Als ich Madina angerufen und eingeladen hatte, hatte sie voller Freude gerufen: »Ich wusste, dass du frei bist! Bekannte haben dich in Karamay gesehen und mir gleich Bescheid gesagt. Du bist wirklich frei!« Warum sollte ich ihr sagen, dass ich keineswegs frei war? Und welcher Uigure kann schon behaupten, in Xinjiang wirklich frei zu sein? Ich teilte ihre Begeisterung. Sie konnte mir auch durch den Schatten der Polizisten während des Besuchs nicht genommen werden. Es war unser Wiedersehen.

In Xinjiang hat jede Straße ihr »Nachbarschaftskomitee«, oft im Erdgeschoss eines Wohnhauses. Es besteht aus Freiwilligen und Beamten, die jeden Schritt der Bewohner begleiten. Die Freiwilligen sind selbst Bewohner des Viertels, deshalb gelten sie als Vertrauenspersonen, an die man sich wendet, wenn man Fragen zur Gesundheitsvorsorge, zur Rente oder Schulbildung hat. Natürlich müssen diese freundlichen Helfer vor allem jedes Ereignis im Viertel an die Polizei melden. Sie registrieren Namen, Vornamen, Alter und Beruf jedes Bewohners jeder einzelnen Wohnung. Die Informationen werden gespeichert und bei jeder Reise, die jemand unternimmt, und jedem Besuch, den er empfängt, aktualisiert. Deshalb klingeln diese Freiwilligen oft unangemeldet an einer Tür, um ihre Dienste anzubieten und bei der Gelegenheit zu kontrollieren, ob alle Personen in der Wohnung ordnungsgemäß registriert sind. Jeder Bürger muss jeden Gast, den er beherbergt, unverzüglich melden, das ist die »Drei-sechs-neun«-Regel: Man hat drei Stunden Zeit, um den Besuch einer Person im Nachbarschaftskomitee zu melden, das hat sechs Stunden Zeit für die Weitergabe der Information ans nächste Polizeikommissariat, wo wiederum die Angaben dieser Person binnen neun Stunden digital erfasst werden. Niemand entgeht diesem System. Alle beugen sich der »Drei-sechs-neun«-Regel.

Natürlich würde auch der Besuch meiner Mutter und meiner Schwestern keine Ausnahme bilden. Allerdings würde das Auftauchen der Vertrauenspersonen die Diskretion des Treffens durchkreuzen, die den Polizisten so wichtig war. Deshalb beschlossen sie, das Gesetz zu umgehen und sich selbst als die Vertreter des Nachbarschaftskomitees auszugeben. »Dürfen sie das?«, hatte ich mich gefragt und mir sogleich geantwortet: »Natürlich dürfen sie das. Sie sind Polizisten. Sie dürfen alles.« So würden wir den Besuch nicht anmelden müssen. Israyil, der meine Bewachertruppe anführte, würde meine Mutter und meine Schwestern sogar mit dem Auto am Flughafen abholen. Natürlich in Zivil, als normaler Chauffeur. Und sie wieder zurückbringen. Niemand würde auf diese Weise von ihrem Besuch erfahren. Mit einem kurzen Blick durch die Wohnungstür würden sich die vermeintlichen Komitee-Vertreter überzeugen, dass alles lief wie geplant. Wenn meine Mutter, Nedjma oder Madina die Tür aufmachten, würden sie nicht merken, dass die unauffällig aussehenden Besucher meine Kerkermeister waren. Sie würden ohne Misstrauen auf ihre Fragen antworten, weil sie sie für zwei freundliche Leute vom Nachbarschaftskomitee halten würden. Einmal mehr erfüllten mich ihre Manöver mit Entsetzen, aber ich stimmte allem zu, um meine Familie in die Arme schließen zu können.

Ich hatte 24 Stunden Zeit, um die Matratzen der Polizisten in einer Kammer zu verstauen und das schmutzige Geschirr verschwinden zu lassen. Meine Mutter und meine

Schwestern würden in eine blitzsaubere Wohnung kommen. Nichts würde verraten, wie streng ich überwacht wurde. Wir würden drei Tage miteinander verbringen, und je näher ihre Ankunft rückte, desto mehr packten mich neben einer Freude, die ich in den letzten Jahren völlig verlernt hatte, Nervosität und panische Angst. Ich machte mich in der Wohnung zu schaffen, um mich abzulenken.

Am Ende hat mich die Lüge eingeholt. Jetzt irre ich durch die leeren Räume auf der Suche nach Madinas Lachen, nach der zierlichen Gestalt meiner Mutter, die auf dem Sofa schlummert, oder nach Nedjma, die das Schlafzimmer aufräumt, während im Hintergrund der Fernseher läuft. Niemand mehr da. Sie sind abgereist, und jetzt bläst ein eisiger Wind durch die Wohnung, obwohl sie von der Juniwärme erfüllt ist. Wann sehe ich sie wieder?

Nedjma hatte die Idee. »Wollen wir nicht einfach hier drinnen bleiben?«, schlug sie am Morgen ihrer Ankunft vor. Die Wohnung war nicht besonders gemütlich, aber warum sollten wir rausgehen, um das Wiedersehen zu feiern? Wir waren endlich vereint, unsere Mutter war erschöpft von der Reise und musste sich ausruhen. Im Kühlschrank warteten diverse Speisen, die ich vorbereitet hatte. Wir würden Tee kochen, und wir hatten uns so viel zu erzählen. Alle stimmten sofort zu. Wir würden also die drei Tage hier auf dem Sofa im Wohnzimmer verbringen.

Von eben diesem Sofa aus sehe ich jetzt den Tag sich neigen. Unendliche Erschöpfung erfüllt mich. So groß wie die Freude, die ich empfand, als ich sie in meinem goldenen Käfig empfing. Ich kann nicht schlafen. In meinem Kopf tobt ein unerträglicher Lärm, ein Strudel von Gedanken, mein Körper schmerzt vor Traurigkeit. Ich höre das Schluchzen meiner Mutter. Die sanften Stimmen meiner Schwestern, die sie zu beruhigen versuchten. Und meine Lügen.

Sie haben sich mit derselben Selbstverständlichkeit in der Wohnung niedergelassen wie bei früheren Besuchen bei der einen oder anderen, und ihre persönlichen Dinge ausgepackt: die Zahnbürsten auf das Regalbrett im Bad, die Hausschuhe neben die Tür, die Schals an die Garderobe in der Diele und ihre langen Kleider in den Hängeschrank. Dabei war es für sie ein fremder Ort. Die Vertrautheit, mit der sie sich bewegten, erinnerte mich an Ferien, die wir früher gemeinsam verbracht hatten. Sie fanden sofort meine Verstecke: den Wandschrank mit den Gewürzen, den mit der Minze und auch, wo die sauberen Handtücher liegen.

Bei uns belästigt man einen Gast nie mit der Frage, wie lange er bleiben werde. Egal, ob es deine Schwester, dein Bruder, eine Cousine oder ein Unbekannter ist. Er ist bei dir zu Hause. Natürlich ist immer genug zu essen im Haus, gibt es Gästebetten und saubere Wäsche. Er kann bleiben, so lange er will, denn für den Gastgeber ist es eine Ehre, ihn zu beherbergen.

Meine Mutter, Nedjma und Madina dachten also, sie könnten bleiben, solange sie wollten. Wie früher in Karamay, Ürümqi oder Gulja. Aber zu meinem großen Unglück war es nicht so. Die Vereinbarung mit den Polizisten beschränkte sich auf drei Tage. Drei magere Tage – ein

Wettlauf gegen die Uhr –, um die Zeit aufzuholen, die die Lager und die Polizei mir gestohlen hatten. »Sie dürfen nicht zu lange bleiben, ist dir das klar, Gulbahar?«, hatte Tasqin drohend wiederholt. Ich hatte genickt und mich dabei gefragt, wie ich ihnen die gewohnte Gastfreundschaft verwehren sollte. Allmählich verstrickte ich mich in einem Netz aus Lügen, aus dem ich nicht mehr herauskam, das meine Schwestern verstörte und meine Mutter traurig machte.

Wir schwatzten den ganzen Tag. Madina gab sich größte Mühe, uns zum Lachen zu bringen. Nedjma zeigte uns auf ihrem Handy die Bilder einer Cousine, die in einer bekannten Fernsehsendung in Peking aufgetreten war. Meine Mutter holte aktuelle Fotos von Kerim, Gulhumar und Gulnigar aus ihrer Handtasche, an denen ich mich nicht sattsehen konnte. Ich lief mit der Teekanne zwischen Zimmer und Küche hin und her. Ich wollte kein Wort von ihren Geschichten verpassen. Sie hatten mir so gefehlt!

Dennoch trübte ein Schatten das Glück unseres Wiedersehens. Meine Mutter verstand nicht, warum ich sie nicht gleich nach meiner Entlassung aus der »Schule« angerufen hatte, um sie einzuladen oder in Gulja zu besuchen. Warum hatte ich so lange gewartet? »Weißt du, ich hatte so viel zu tun. Ich musste eine Wohnung in Karamay finden, das ist nicht so einfach. Ich habe monatelang im Hotel übernachtet. Ich konnte dich nicht empfangen, bevor die Wohnung bereit war. Ich wollte, dass alles schön ist für deine Ankunft«, erklärte ich ihr, ohne die Verwirrung verbergen zu können, in die mich diese Lügen stürzten. Nedjma und Madina warfen mir verständnisvolle Blicke zu, sie begriffen, dass ich nicht frei sprechen konnte. Wahrscheinlich hörten die Polizisten die Wohnung ab.

Anders als meine Schwestern weiß meine Mutter kaum etwas von den Lagern. Ihr hohes Alter und vielleicht auch eine gewisse Naivität bewahren sie vor tieferen Erschütterungen, auch wenn sie wie alle regelmäßig die Fragen der Polizisten beantworten muss. Sie hatte mich zwar in Baijiantan besucht, aber die Besuchszimmer sind ein Zerrspiegel, der die Wahrheit verbirgt. Die Angehörigen können unmöglich erraten, was sich auf der anderen Seite der Wände, in den Klassenräumen und Zellen abspielt. Die Aufseher sind immer höflich. Sie bieten den Besuchern ein Glas Wasser an, erkundigen sich nach ihrer Gesundheit und der Familie. Manchmal machen sie sogar einen Witz. Meine Mutter hat mit den Polizisten gelacht. Sie wusste, dass ich in einer »Schule« war, aber bei ihrem Besuch legte die verlogene Freundlichkeit der Wärter einen Schleier über ihre Augen. Sie ließ sich von ihrer Heuchelei einwickeln. Trotz meines müden Gesichts, der tiefen Ringe unter meinen Augen und meiner mageren Gestalt konnte sie sich nicht vorstellen, was ich durchmachte. Sie stellte wenige Fragen. Wenn doch, gab ich eine ausweichende Antwort. Ich wollte nicht, dass sie Bescheid weiß. Ich sagte es bereits: Wer in Xinjiang die Wahrheit kennt, ist automatisch in Gefahr.

Als sie hier ankam, fand sie, dass ich »nicht besonders angegriffen« aussähe, ja, sogar »gut in Form« sei. Und sie gab keine Ruhe. Ich hätte sie doch wenigstens anrufen können. »Warum bist du nicht nach Gulja gekommen?«, fragte sie vorwurfsvoll. Sie war gekränkt. Schlimmer noch, verletzt. Ich versank auf dem Sofa unter Schuldgefühlen. Nedjma und Madina verstanden mein Unbehagen und versuchten, das Thema zu wechseln. Meine Mutter hörte nicht darauf: »Du hättest trotzdem anrufen können! Das ist wirklich nicht nett!«

Sie waren schon zwei Tage da, als mich der Pakt, den ich mit den Polizisten geschlossen hatte, erneut zu quälen begann. Unsere Gespräche nahmen eine schizophrene Wendung. Ich schwankte zwischen Sorglosigkeit und Schuldgefühl. Die wahre Gulbahar verschwand, um der anderen, der hinter Lügen verschanzten Gulbahar das Feld zu überlassen. Als mir meine Mutter von Kerim, Gulhumar und Gulnigar erzählte, konnte ich mich darüber nicht richtig freuen, denn mir fiel sofort der Befehl der Polizisten ein: »Sag deiner Mutter und deinen Schwestern, du wurdest bestraft, weil Kerim und Gulhumar etwas sehr Schlimmes getan haben. Sie haben sich an den Aktivitäten der Vereinigung der Uiguren in Frankreich beteiligt, deswegen wurdest du in die Schule geschickt. Deine Mutter muss das auch deinem Mann und deiner Tochter erklären. Sie muss sehr streng mit Gulhumar reden und ihr sagen, dass sie nie wieder zu einer Demonstration gehen darf.«

Als wir also Gulhumar anriefen, die gerade bei der Familie ihres Mannes in Schweden war, bat ich meine Mutter zu wiederholen, was mir die Polizisten aufgetragen hatten. Sie tat es, ohne mit der Wimper zu zucken. Ich glaube, sie merkte nicht einmal, dass die Polizisten aus mir sprachen. Sie dachte, ich sei frei, denn nichts ließ sie das Gegenteil vermuten: Ich wohnte allein in einer Wohnung in

Karamay, und abgesehen von den freundlichen Vertretern des Nachbarschaftskomitees schien niemand etwas von mir zu wollen. Und ich spielte dieses unsägliche Spiel mit. Innerlich brüllte ich vor Schmerz.

Dann kam der Moment der Abreise und jetzt wurde die Verständnislosigkeit meiner Mutter noch größer. Was hieß das? Sie konnte nicht bleiben? Das war unfassbar! Sie sah uns alle drei an, ihre Augen glänzten vor Sorge. Sie erwartete ehrliche Antworten. Ich konnte ihr nur ein weiteres Märchen erzählen, das sich die Polizisten ausgedacht hatten. »Es tut mir so leid, Mama, aber ich muss dringend eine andere Wohnung finden. Außerdem muss ich zu meiner Firma gehen und die Formalitäten für meine Rente klären. Es tut mir wirklich sehr leid, aber du kannst nicht bleiben.« Nedjma und Madina packten die Koffer. Sie nahmen die langen Kleider von den Bügeln, packten die Hausschuhe ein, wischten den Küchentisch ab. Sie hatten verstanden, dass sie abreisen mussten. Sie ahnten, dass andere für mich entschieden. Also machten sie sich unter meinem verlegenen Blick fertig. Nedjma packte schweigend die Sachen unserer Mutter ein, die zu weinen begann. »Das verstehe ich einfach nicht«, schluchzte sie. Als sie fertig waren, verließen wir die Wohnung. Israyil fuhr uns zum Flughafen. Meine Mutter weinte, bis wir uns verabschiedeten, und ich sie die Rolltreppe hinauffahren und in der Menge verschwinden sah.

Ich liege auf meinem Bett und lausche der Stille, die zuweilen von den Geräuschen der Stadt unterbrochen wird. Ein Hupen, ein aufheulender Motor. Ferne Stimmen, die auf Mandarin plaudern. Als die Polizisten meine verzweifelte Miene sahen, waren sie bereit, mir noch etwas Ruhe zu gönnen. Heute Abend bin ich allein. Es ist die erste Nacht seit Langem, die ich so verbringe: ohne Polizisten, ohne Mitgefangene, ohne Nedjma und Madina. Ohne meine Mutter. Ihr Schluchzen hallt noch in meinem Kopf nach, es ist nur noch ein fernes Echo, während sich mein Körper verkrampft. Ich finde keinen Schlaf.

Kapitel 24

13. August 2019

Endlos zogen sich die heißen Sommertage hin. Die Menschen verkrochen sich in ihren klimatisierten Wohnungen. Nach der Abreise meiner Mutter und meiner Schwestern war ich wieder in den Alltagstrott verfallen. Ich ging zum Markt und in Geschäfte, zum Friseur und ins Restaurant, wie die anderen, aber ich hatte keine Freude mehr daran. Dieses Leben konnte die alten Bekannten täuschen, die mich auf der Straße sahen, aber nicht mich selbst. Das Kochen, der Haushalt, das Einkaufen waren nur dazu da, mich über mein unerträgliches Warten hinwegzutäuschen.

Ich wusste nicht, worauf ich wartete, auf ein Zeichen oder ein Wort der Polizisten, das mir plötzlich erlauben würde, ein Ende zu erahnen. Ich war ständig in Lauerstellung. Mein Ohr lauschte in den Gesprächen der Polizisten auf irgendetwas: eine positive Nachricht, eine negative Nachricht, irgendeine Nachricht. Dann redeten sie plötzlich davon, dass mein »Fall« eiligst abgeschlossen werden solle, was mich überlegen ließ, ob ich vielleicht bald frei sein würde. Weiter oben, über diesem öden Leben, das die Polizisten und ich führten, näherten sich die Verhandlungen zwischen Frankreich und China offenbar einer Lösung. »Es ist bald vorbei, Gulbahar«, versprachen sie mir. Aber wie immer hielt es niemand für nötig, mir zu erklären, wie das Ende aussehen würde. Ein Leben in Xinjiang unter der Kontrolle der Polizei? Oder die Rückkehr nach Frankreich? Ich wagte nicht, darauf zu hoffen. Gulhumars Geburtstermin rückte näher, sie würde im September entbinden, vielleicht sogar früher. Ehrlich gesagt konnte ich es mir überhaupt nicht vorstellen, denn ich lebte wie in einer parallelen Raumzeit. Wie lange würde man mich noch zwingen, diese Heuchelei durchzuhalten? Die Polizisten konnten noch so viel von meiner baldigen Freiheit sprechen, ich wusste nichts. Wirklich nichts. Das Einzige, was ich spürte, war, dass ich nicht frei war.

Man hatte mir erlaubt, in eine andere Wohnung zu ziehen, diesmal in eine eigene. Ich hatte eine Zweizimmerwohnung im Zentrum gefunden, nicht ohne Mühe, weil sich die meisten Eigentümer inzwischen weigerten, an Uiguren zu vermieten. Es war vereinbart, dass ich den Vertrag am 5. Juli unterschreibe. Aber genau an diesem Tag geschah etwas Schreckliches. Es ist immer so, wenn ein Teil deines Lebens zur Normalität zurückkehrt, gerät ein anderer aus den Fugen. Ich würde in eine neue Wohnung umziehen, und während ich mit ängstlicher Freude diesem weiteren Schritt in die Freiheit entgegensah, rief Madina an. Unsere Mutter hatte einen Schlaganfall erlitten. Sie lag auf der Intensivstation im Krankenhaus von Gulja, und es war fraglich, ob sie überleben würde. Am Telefon redete meine Schwester nicht lange. Sie würde ihre Tasche packen und am Abend im Krankenhaus sein. Nedjma und meine Brüder waren schon dort. Auch ich suchte meine Sachen zusammen und buchte unverzüglich einen Platz für den nächsten Flug nach Gulja. »Einverstanden, du kannst fliegen. Aber ich begleite dich«, entschied Israyil, dem ich von dem Drama erzählt hatte. Er würde mitfliegen und mir die unerträglich langen Polizeikontrollen ersparen, sagte er. Da kannte er sich aus. Aber ich war nicht dumm. Er heftete sich an meine Fersen, um mich zu überwachen, nicht, um mich zu »beschützen«.

In diesem Augenblick war es mir egal, dass sich die Polizei nicht abwimmeln ließ. In gewisser Weise beschleunigte der Zusammenbruch meiner Mutter das Ende in der Polizistenwohnung in Karamay. »Dank« diesem furchtbaren Ereignis konnte ich meine Koffer packen, ein Flugzeug besteigen und mich fast frei bewegen. Mein Herz war schwer von schuldbeladener Traurigkeit. Das Telefon in meiner Tasche blieb immer eingeschaltet, damit mich die Polizei erreichen konnte. Hoffentlich kam ich nicht zu spät!

Zu dieser Zeit bin ich gerade im Haus meiner Mutter. Das islamische Opferfest geht morgen zu Ende. In Gulja verbringe ich seltsame Wochen. Endlich genieße ich ein wenig Erholung und entdecke das Museum meiner Kindheit wieder. Manchmal packt mich quälende Wehmut. Auf Französisch gibt es einen Ausdruck, der gut passt: »Jemandem ist das Herz schwer.« Ja, mir ist das Herz schwer. Wahrscheinlich, weil meine Schwestern und Brüder das Haus verlassen haben. Weil sie abgereist sind und ich sie nicht mehr wiedersehen werde. Das weiß ich. Unser Abschied war ein Abschied für immer. Die Vorstellung ist so herzzerreißend, dass ich im Moment noch gar nichts fühle. Mein Blick schweift über den kunstvoll gearbeiteten Nippes in den Regalen, über die uigurischen Stoffe an den Wänden und die Teppiche auf dem Boden. Meine Mutter hat überlebt. Nach zwei Wochen konnte sie den linken Fuß wieder bewegen, dann die Hand. Es bleiben körperliche Beeinträchtigungen, aber ich bin so glücklich, dass sie aus dem Koma erwacht und zu sich und zu uns, ihren Kindern, zurückgekehrt ist. Jetzt verbringt sie die Tage damit, sich zu erholen. Nedjma und ich betreuen sie. Nichts stört die Ruhe ihrer Genesung, bis auf mein Telefon, das sich weiterhin mehrmals am Tag meldet. Sein Vibrieren in meiner Hosentasche erinnert mich an meine Pflichten. Israyil ruft an. Meine Freilassung steht unmittelbar bevor. Es ist jetzt eine Frage von Tagen, höchstens ein paar Wochen, und während ich versuche, mich auf die Ereignisse zu besinnen, die mich zu diesem so heiß ersehnten Moment gebracht haben, von dem ich nicht weiß, ob ich mich über ihn freue oder nicht, drängt sich der Strudel der unfassbaren Ereignisse des letzten Monats umso deutlicher in den Vordergrund. Mit all den Ungereimtheiten, Zweifeln und der Erleichterung.

Es war Mitte Juli. Meine Mutter kämpfte noch um ihr Leben. Mit meinen Geschwistern saß ich an ihrem Krankenbett und wachte über ihren Schlaf. Ich hatte nicht damit gerechnet, meine Brüder noch einmal wiederzusehen. Aber die Prüfungen des Lebens sind auch Momente der Begegnung. Wir packten die Gelegenheit beim Schopf und verbrachten die Tage damit, einander zu trösten, uns neben dem Wasserspender unsere Leben zu erzählen, uns unter den diskreten Blicken der Schwestern, die von einem Kranken zum nächsten eilten, in die Arme zu schließen. Wenn wir nicht versuchten, durch das runde Fenster des Isolationszimmers einen Blick auf unsere Mutter zu erhaschen, suchten unsere erschöpften Körper Halt an der Wand im Flur. Wir lehnten uns an und ließen uns langsam auf den Boden gleiten. Die Ärzte gaben sich optimistisch. »Sie schafft es«, sagten sie, »haben Sie Geduld.« Um uns herum schleppten ungewöhnliche Patienten ihre Körper auf Krücken durch die Gegend. Die gequälten Bewegungen dieser rachitischen Kranken mit blasser Haut und zusammengekniffenen Augen, als hätten sie lange kein Tageslicht gesehen, habe ich sofort erkannt. Solche Bewegungen kriegst du von den Jahren im Lager. Wenn man dich tage- oder wochenlang in Ketten legt, schrumpfen die Schienbeinknochen, die Knöchel schwellen an und die Füße verkrümmen sich. Manche von diesen Zombies trugen sogar noch die blaue Uniform. Meine Vermutung wurde bald bestätigt. Nachdem ich einen von ihnen mehrere Tage lang beobachtet hatte, sprach ich ihn an. »Ja, ich komme aus einer Schule«, sagte er mit leiser Stimme. »Wir sind viele hier.«

Israyil hatte sich in Gulja ein Hotelzimmer genommen. Jeden Tag setzte er sich auf eine Bank im Krankenhausgarten, um mich zu überwachen. Ich wechselte zwischen dem Flur und dieser Bank hin und her, zwischen meinen Geschwistern, die nichts von der Anwesenheit des Polizisten ahnten, und ihm, der mich durch kurze Anrufe zu sich beorderte. Das war die Vereinbarung: Sobald ich seine Nummer auf meinem Display sah, musste ich in den Garten eilen. Dieselbe Schizophrenie, die mich dazu getrieben hatte, während des Besuchs meiner Mutter und meiner Schwestern in Karamay zu lügen, beherrschte mich auch hier im Krankenhaus. Wenn er rief, ging ich hin.

Allmählich wunderte ich mich über seine Freundlichkeit mir gegenüber. Je weiter mein »Fall« voranschritt, desto fürsorglicher wurde er, desto mehr bröckelte die Grenze zwischen unseren beiden Welten. Als wäre ich für ihn plötzlich keine Terroristin mehr, sondern eine zu beschützende Person. Ein Individuum, das man überwacht, über das man aber auch wacht, weil man ihm wohlgesinnt ist. Ich begriff, dass für die Polizisten dazwischen nur ein kleiner Schritt lag. Durch den Zauber der Verhandlungen, die Tausende Kilometer entfernt in schallgedämpften Büros geführt wurden, wuchs seine Freundlichkeit mit jedem Tag. Er, mein Erzfeind, das x-te Glied in der Kette meiner Peiniger, kümmerte sich jetzt um meine persönlichsten Angelegenheiten. Wir profitierten von seinen Beziehungen. Über den Schlaganfall meiner Mutter hatte er die Polizei in Gulja informiert, die sofort Kontakt mit dem Krankenhaus aufnahm, weshalb meine Mutter die Behandlung der besten Ärzte erhielt. Ich überbrachte ihm die Neuigkeiten über ihre Gesundheit, er mir die Nachrichten von Kerim und Gulhumar, die sich um mich und meine Mutter sorgten. Er beruhigte sie am Telefon. »Noch ein bisschen Geduld«, sagte er ihnen. Ich sah, wie er meinen Fall bis zum Ende begleitete, dass er mich bald in Freiheit wissen wollte, und es ist seltsam, aber ich spürte in seinem Blick nur noch Freundlichkeit, ehrliche Anteilnahme, die ich nach all dem, was mir Leute wie er angetan hatten, unmöglich begreifen konnte.

In den Lagern sind das weiße Neonlicht, das deine Augen quält, und die ewig gleiche Abfolge von Unterricht, Mahlzeiten und Marschieren wirkungsvolle Folterinstrumente, die dich jedes Zeitgefühl verlieren lassen. Zwei Jahre lang war ich in der Vorhölle der Lagerhaft versunken, in der dich nichts und niemand erwartet. Ich hatte die vergehenden Stunden, die Tage und Monate vergessen. Außerhalb der Mauern war meine Akte durch so viele Polizistenhände gegangen, dass ich die Hoffnung aufgegeben hatte, sie würde eines Tages geschlossen werden. Auch für meine Akte war die Zeit quasi stehen geblieben, angehalten im Verfahrenswust der Behörden von Karamay. Aber plötzlich überschlugen sich die Ereignisse, ohne dass ich begriff weshalb. Nachdem so viel Zeit vergangen war, dass ich fast das Gefühl für sie verloren hatte, hatten die Polizisten es plötzlich eilig. Erst hatten sie mich monatelang streng überwacht. Nun, während der Genesung meiner Mutter, gewährten sie mir eine bedingte Freiheit.

Als sie aus dem Krankenhaus entlassen wurde und mich Israyil vier Tage darauf in sein Hotelzimmer bestellte, begriff ich, dass mich nur noch Tage von meiner endgültigen Freiheit trennten. Je besser ich mitarbeitete, desto schneller würde es gehen. Von einem stillgestellten Leben, in dem mir der Tod wie der einzig mögliche Ausweg vorgekommen war, wechselte ich zu einer wilden, gehetzten Jagd durch die Zeit. Nun begann ein administrativer Marathon, an dessen Ende die Rückkehr nach Frankreich stand.

In seinem Hotelzimmer, umgeben von mehreren anderen Polizisten, die ich nicht kannte, verlangte Israyil, dass ich neue Geständnisse schrieb. Noch mehr! Würde dieser Zirkus denn nie aufhören? Sie hatten doch das Video, das sie im März gedreht hatten. Aber sie bräuchten »eine offizielle schriftliche Entschuldigung«, sagte er. Also schrieb ich sie, ein Polizist nahm sie mir ab und legte sie in meine Akte, nachdem er das Datum 12. März 2019 darauf vermerkt hatte. An diesem Tag hatte ich das Untersuchungsgefängnis verlassen. Die Polizisten ließen mir keine Zeit, darüber nachzudenken. Sie hatten den Auftrag, meinen Fall abzuschließen und mich nach Karamay zurückzubringen. Ich verabschiedete mich von meiner Familie in Gulja und versprach, Anfang August zum Opferfest wiederzukommen.

Es war Ende Juli. Als wir landeten, döste Karamay unter der Sommerhitze. Nun folgten ein paar geradezu surreale Tage: Kaum in der Wohnung angekommen, befahlen mir die Polizisten, meinen Koffer zu packen. Ich zog in ein Hotelzimmer im Stadtzentrum, wo ich mir nicht einmal die Zeit nahm, meine hastig eingepackten Sachen in die Schränke zu räumen. Der Koffer blieb offen neben dem Bett stehen. Ich zerknitterte kaum die Laken, weil ich so gut wie gar nicht schlief. Ich wusste, dass ich hier nicht lange bleiben würde. Das wurde zur Gewissheit, denn Tasqin kündigte an, mit mir zur Passstelle gehen zu wollen. Als er das ganz beiläufig sagte, als wäre diese kleine Formalität nicht das Unfassbare, drohte mein Kopf zu explodieren und mein Herz raste. Sie würden mir einen Pass geben! Ich würde das Land verlassen können!* Tasqin würde persönlich dafür sorgen, dass ich den neuen Pass »unverzüglich« erhielt, er würde »seine Beziehungen spielen lassen«, versicherte er mir. Dank seiner Stellung würde er mir helfen, schneller durch die verschlungenen Pfade der Bürokratie zu gelangen, die in Xinjiang endlos sind. Ich konnte es nicht fassen. Binnen weniger Tage öffneten sich mir mit einer verwirrenden Leichtigkeit alle Türen der undurchschaubaren Verwaltung. Der Mann am Schalter erkundigte sich sogar, an welchem Tag ich nach Frankreich zurückreisen wollte. Man fragte mich nach meiner Meinung. Ein anderer erkundigte sich nach Gulhumars Entbindungstermin. »Das Kind kommt oft vor dem Termin, Sie müssen früh genug da sein«, riet er mir. »Die Passstelle wird alles Nötige in die Wege leiten.« Mein Gott, ich würde nach Hause zurückkehren! Wer waren wohl die hochgestellten Personen, die meine Freilassung und – ich war nicht einmal imstande, es laut auszusprechen – meine Heimkehr veranlassten? Hatten Gulhumar und Kerim das vollbracht? War es Frankreich? Frankreich … wahrhaftig, ich würde nach Frankreich zurückkehren!

Zweieinhalb Jahre lang hatten alle um mich herum – Polizisten, Aufseher, Lehrer, Betreuer – versucht, mich an die riesige Lüge glauben zu lassen, ohne die China sein Umerziehungsprojekt nicht rechtfertigen könnte: Die Uigu-

* Der Pass, der bei Gulbahars Verhaftung im Januar 2017 beschlagnahmt worden war, war inzwischen abgelaufen.

ren sind Terroristen, also bin auch ich, Gulbahar, weil ich eine Uigurin im französischen Exil bin, eine Terroristin. Immer neue Propagandawellen waren über mir zusammengeschlagen, und im Laufe der Monate hatte ich einen Teil meines Verstandes verloren. War meine Seele zerbrochen. Erst im Gefängnis, dann in den Lagern. Ich würde sie nie wieder ganz heilen können.

Ich habe mich der Gewalt der Polizisten gebeugt. So sehr, dass ich sogar falsche Geständnisse abgelegt habe. Man hat mir gesagt, je schneller ich meine Verbrechen zugäbe, desto schneller käme ich hier raus. Irgendwann war ich so erschöpft, dass ich ihnen gehorcht habe. Ich habe diese Rolle akzeptiert, weil ich in der großen Leere der Umerziehung keine andere Wahl hatte. Man kann nicht endlos gegen die Gehirnwäsche kämpfen, auch wenn man das denkt. Wenn du dich einmal mit Anstand gewehrt hast, geht es wieder von vorn los. Irgendwann verlässt dich jede Energie, jedes Gefühl. Welche Optionen bleiben dir dann noch? Ein langsamer, schmerzhafter Niedergang bis zum Tod oder die Unterwerfung. Aber wenn du die Unterwerfung »spielst«, wenn du so tust, als würdest du im psychologischen Kräftemessen mit den Polizisten nachgeben, dann bewahrst du dir einen Rest von Klarheit, der dich daran erinnert, wer du bist. Sie halten meine Reue für aufrichtig. Ich habe nie auch nur ein Wort von dem geglaubt, was ich sagen musste. Ich war nur eine gute Schauspielerin. Das will ich heute klarstellen, denn die Polizei manipuliert sehr gut. Ich habe viele Mitgefangene gesehen, die ihr erlegen sind.

Durch diese geistige Spaltung, die mir als unzerstörbarer Schutzschild diente, habe ich die Wahrheit nie vergessen. Ich bin unschuldig. Als mir Mihray erklärte, wie viel Böses ich China zugefügt hätte, habe ich zugestimmt. Doch selbst in diesen Momenten größter Verzweiflung wusste ich, dass meine Unschuld siegen würde, weil ich eins von Tausenden Opfern eines gewaltigen Komplotts zur Auslöschung der Uiguren war, man mir diese Unschuld jedoch niemals rauben konnte. Weder Mihray noch die Polizisten noch irgendwer sonst würde mich daran hindern, bis zum Tod an sie zu glauben.

Am 2. August, kurz vor Mittag, erklärte mich ein Richter in Karamay vor wenigen Anwesenden für unschuldig. Nach den erneuten Geständnissen und der Passbeantragung war das die letzte Etappe auf dem Weg in die Freiheit. Ein Prozess, der diesmal mit meinem Freispruch endete. Ich weiß nicht, was dort gesagt wurde, ehrlich gesagt habe ich kaum zugehört. Ich erlebte die Urteilsverkündung, als hätte sie nichts mit mir zu tun. Erst wurde meine Gefangenennummer genannt und die gegen mich erhobene Anklage verlesen, dann flog ich davon. Ich war nicht mehr da. Ich schwebte über ihnen, wie in einem Koma-Schlaf. Ich dachte an all die Male zurück, da ich meine Unschuld beteuert hatte, an die Nächte, in denen ich mich auf meiner Pritsche gewälzt hatte, verzweifelt, dass niemand mir glaubte. Und dann dachte ich an all die anderen Male, da ich unter den Anschuldigungen nachgegeben und gestanden hatte – an all die von mir ausgesprochenen Lügen.

Die Polizisten um mich herum regten sich: »Hörst du? Der Richter lässt dich frei. Du bist frei, es ist so weit«, flüsterte mir einer ins Ohr. Ich sah ihn an, ohne sein Lächeln zu erwidern. Man hatte mich zu sieben Jahren Umerziehung verurteilt. Man hatte meinen Körper geschunden und meinen Geist zerrüttet. Und nun hatten die Polizisten ihre Schlussfolgerungen überdacht: Jetzt, nach der Lektüre meiner Akte, verkündete ein Richter, ich sei unschuldig! Dieses Eingeständnis kam mit einer Verspätung, die ich nie verzeihen würde, und die Verachtung, der ich ausgesetzt gewesen war, machte es nur noch absurder. Wer sind diese Wahnsinnigen, die dir an einem Tag sagen, du musst für deine »Verbrechen« mit sieben Jahren Lager büßen, und dich am nächsten Tag mit gleichmütiger Stimme freisprechen? Ich habe keine Entschuldigung gehört, kein Wort von irgendeiner Entschädigung für die gestohlenen Jahre, in denen man mir sogar meine Weiblichkeit genommen hat. Nein, davon habe ich nichts gehört. Der Richter sammelte seine Papiere zusammen, dann standen alle Anwesenden auf. Bänke wurden gerückt und scharrten über den Boden. Es war vorbei. So beendete man meinen Leidensweg: in allgemeiner Gleichgültigkeit. Andere Vorgeladene warteten im Flur. Der Nächste, bitte! Ich blieb inmitten des Lärms wie betäubt sitzen. Das Urteil beendete meine bedingte Freiheit. Ich war wirklich frei. Endlich.

Zum letzten Mal bin ich in Gulja. Mein Pass wird bald fertig sein. Bei jedem Anruf von Israyil oder Tasqin hoffe ich darauf. Eigentlich müsste mich jetzt tiefes Glück erfüllen. Aber das Gegenteil ist der Fall. Ich denke nur daran, dass ich mich bald von meiner Mutter, meinen Schwestern, meinem Land verabschieden muss. Dass ich nie mehr hierher zurückkehren werde. Meine Mutter döst mit halb geschlossenen Augen in ihrem Zimmer. Wenn ich sie ansehe, lese ich in ihrem faltigen Gesicht eine große Traurigkeit. Sie weiß es auch: In ein paar Tagen ist es vorbei. Wir werden uns nie mehr wiedersehen. Morgen fahre ich nach Altay, zu Kerims Familie. Das ist der erste Besuch bei meinen Schwiegereltern seit meiner Verhaftung im Januar 2017. Dann komme ich hierher zurück, um mich von meiner Mutter und Nedjma zu verabschieden. Danach fliege ich nach Ürümqi. Madina wird mich zum Flughafen bringen, wir werden uns in die Arme nehmen. Dann werde ich Xinjiang für immer verlassen.

Kapitel 25

21. August 2019

17.40 Uhr. In einer Viertelstunde bin ich bei ihnen. »Werte Fluggäste, bitte kehren Sie zu Ihren Plätzen zurück und schnallen Sie sich an. Wir beginnen mit dem Landeanflug.« Die Leute um mich herum sind ganz entspannt. Zeitungen werden zusammengelegt, Tische hochgeklappt, Sicherheitsgurte geschlossen. Hinter dem runden Fenster sehe ich die schwarze Masse der Wälder und eine Straße, die sich zwischen den hübschen gelben und grünen Feldern entlangschlängelt. Winzige Autos.

Ich zerdrücke den Plastikbecher, den mir eine Stewardess gebracht hat. Ein paar Wassertropfen glänzen an der Seite. Ich lehne mich zurück. Das war's. Es ist vorbei. Komisch, ich hatte mir vorgestellt, dass mich in diesem Moment eine gewaltige Erleichterung erfassen würde. Das Flugzeug schwankt ein wenig, und während das Blut in meinen Schläfen pocht, gebe ich mich den Minuten hin, die mich von Frankreich trennen – von Kerim, Gulhumar und Gulnigar. In der letzten Nacht habe ich lange darüber nachgedacht, was ich erzählen, was ich verschweigen soll. Ich habe meine Geschichte hin- und hergewälzt, den Schlaf ferngehalten. Ich werfe einen Blick auf die Uhr. 17.42 Uhr.

Was werden wir sagen? Wer wird als Erster sprechen, wenn wir uns sehen? Werde ich zusammenbrechen? Vielleicht ist es die beste Lösung, ihnen etwas vorzuspielen. Ich hoffe, dass Kerim die Atmosphäre auflockern wird. Das kann er gut. Ja, sicher wird er so tun, als wäre es ein ganz normales Wiedersehen. Als wäre all das Leid nur ein Albtraum gewesen. Einer jener Albträume, aus denen man erwacht und einen Moment mit zugeschnürter Kehle im Bett sitzen bleibt, ohne sich an das Grauenvolle erinnern zu können, das man im Schlaf erlebt hat.

Wenn ich sie umarme, weine ich, ganz sicher. Ich will nicht weinen. Ein bisschen Würde! Später können wir uns gehen lassen, wenn wir allein sind.

Eine Stewardess gleitet durch den Gang und kontrolliert die Sicherheitsgurte. Ich starre auf den Sekundenzeiger, der über das Ziffernblatt meiner Uhr wandert. Wie langsam er ist! Mein ganzer Körper kribbelt. Was werden sie von mir denken? Ich fahre mit der Hand durch mein glanzloses Haar, über die kleinen braunen Flecken auf meiner Haut. Komm schon, Gulbahar, sie werden überhaupt nichts denken. Sie werden glücklich sein, dich zu sehen, das ist alles.

17.43 Uhr. Mein Gott, die Zeit steht still.

Am Telefon hat mir Gulhumar alles erzählt. Sie und das Außenministerium haben meine Rückkehr bis ins Letzte vorbereitet, damit mir nichts mehr passieren kann. Beim Umsteigen in Astana würde im Auftrag der französischen Botschaft in Kasachstan eine Frau auf mich aufpassen. Ich habe sie nicht gesehen, aber sie war da, irgendwo in der Menge. Sicher haben sich unsere Blicke gekreuzt.

Als wir in Kasachstan gestartet sind, war ich schon etwas erleichtert. Aber solange ich meine Lieben noch nicht umarmt habe, bin ich nicht frei. Nicht ganz. Wieder beuge ich mich vor und suche unter den Passagieren nach einem Häscher von Tasqin. Vielleicht lässt er mich bis nach Frankreich verfolgen. Vielleicht wird jemand plötzlich aufstehen und auf mich zukommen: »Gulbahar Haitiwaji? Folgen Sie mir, wir haben noch ein paar Fragen.« Diese Vorstellung quält mich. Ich stütze mich auf die Armlehne und verdrehe den Hals. Nach hinten. Nach vorn. Nein, niemand wirft mir bohrende Blicke zu. Niemand scheint mich zu erkennen. Überall nur schlummernde Passagiere und welche, die gerade aufwachen.

17.45 Uhr. Ich drücke mich noch etwas tiefer in meinen Sitz. Sie werden mich verändert finden, das ist sicher. Beim Abschied von meiner Mutter und von Madina habe ich einen Teil von mir in ihren Armen zurückgelassen. Ein Stück meiner Seele irrt auch noch durch die kalten Flure von Baijiantan und durch den Gerichtssaal, in dem der Polizist, der mich verurteilt hat, jetzt andere Unschuldige verdammt. Nie wieder wird es sein wie vorher. Der Wahnsinn, der unsere Erde gepackt hat, hat mich für immer aus dem ruhigen Leben gerissen, das ich einst geführt habe. Sie werden mich nicht wiedererkennen, denn ich bin nicht mehr dieselbe. All das Unbeschreibliche, die geschundenen Gefangenen, die von der Propaganda abgestumpften Polizisten, all die Männer und Frauen, die durch die brutale Unterdrückung ihrer Menschlichkeit beraubt wurden, wie könnte ich es irgendwann vergessen?

17.54 Uhr. Eine kräftige Erschütterung holt mich zurück ins Flugzeug. Wir sind gelandet. Der Flughafen von Roissy ist in goldenes Licht getaucht. Die Stewardess spricht Mandarin, dann Französisch. Ich schlucke und wische die feuchten Hände an meiner Hose ab. Womit soll ich anfangen, wenn die Begrüßung vorbei ist? »Im Januar 2017 wurde ich verhaftet …« Nein, das geht nicht. »Man hat mich in ein Umerziehungslager gesperrt.« Auch nicht. Zu hart, zu kalt. »Wollt ihr, dass ich euch erzähle, was mir zugestoßen ist?« Ja, vielleicht kann ich meinen Bericht so beginnen.

Aber lassen wir das erst einmal. Es gibt nichts mehr zu sagen. Nichts mehr zu tun. An nichts mehr zu denken als an ihre geliebten Gesichter, die mich ein paar Meter entfernt erwarten, am anderen Ende des Schlauchs, der das Flugzeug mit dem Flughafen verbindet. Ich mische mich unter die schweigenden Fluggäste und beschleunige den Schritt. Ich würde am liebsten rennen.

Epilog

Januar 2021

Wenn das Schweigen ein paar Sekunden zu lange dauert, erkennt Gulbahar darin das gewohnte Zeichen, dass das FaceTime-Gespräch mit ihrer Mutter und ihren Schwestern gleich vorbei sein wird. »Na gut, wir müssen dann Schluss machen«, sagt eine von ihnen verlegen. Gulbahar, auf dem weißen Sofa in Boulogne-Billancourt, ihren Enkel Rafael auf dem Schoß, nickt. Sie richtet sich auf und ergötzt sich noch einen Moment an ihren geliebten Gesichtern, dann bewegt sie Rafaels kleine Patschehand zu einem Winken. »Tschüss, bis nächste Woche!« Rafael gluckst, das ist Balsam für ihr Herz.

Ihrer Mutter, Nedjma und Madina geht es gut. Auf jeden Fall behaupten sie das, wenn Gulbahar einmal in der Woche anruft. Natürlich dauern die Gespräche nie lange. Sonst drohen ihnen die Themen auszugehen. Denn wie früher in Karamay sind auch jetzt die Lippen versiegelt. Sie können nicht zugeben, dass die Polizeiverhöre in Xinjiang immer häufiger werden und weiterhin viele Menschen in ihrer Umgebung in Lager verschleppt werden. Wenn Gulbahar erfährt, dass ein Verwandter nur noch mit Krücken laufen kann, dass die Gesundheit eines anderen angeschlagen ist, versteht sie, was das heißt. Sie kann die verschlüsselten Botschaften deuten. Gulbahar hat gelernt zu erraten, was sie verschweigen müssen, denn natürlich werden ihre Gespräche immer abgehört. Also beschränken sie sich alle vier auf Belanglosigkeiten. Alltägliches ohne Folgen.

Gulbahar macht ihr Telefon aus, gibt Rafael einen schmatzenden Kuss auf die Wange und legt ihn auf seine Decke. Dann wendet sie sich einer anderen Tätigkeit zu. Am Wochenende, in den leeren Stunden nach dem Mittagessen, wenn alle Zimmer in bläulichem Licht schlummern, gehen auch Kerim, Gulhumar und Gulnigar in der Wohnung ihren Beschäftigungen nach. Etwas zu tun hilft ihr beim Nachdenken, auch wenn sie sich manchmal plötzlich schlapp fühlt. Sie ist ständig müde, weil sie schlecht schläft. Ihre Nächte sind kurz und unruhig. Ihr Sehvermögen hat stark abgenommen, manchmal hindern sie heftige Kopfschmerzen, einen Satz zu Ende zu lesen. Dieses verfluchte grelle Licht von Baijiantan. Seit einigen Wochen quält sie eine Frage: Was wird aus ihrer Mutter und ihren Schwestern, wenn die Chinesen von ihrem Buch erfahren? Besorgt liest sie noch einmal die Nachrichten auf WeChat, dann schreibt sie an Madina und Nedjma. »Ich hoffe, bei euch ist alles in Ordnung. Wir telefonieren bald wieder.« Gulbahar lebt immer mit der riesigen, unkontrollierbaren Angst, dass sie plötzlich nicht mehr ans Telefon gehen. Ihr wird ganz schlecht, wenn sie daran denkt.

Und Aynur? Und Dilnur, Almira, Zahida und all die anderen Frauen, die sie in den Lagern und Gefängnissen getroffen hat, was ist aus ihnen geworden? Gulbahar durchforstet alle Videos, die ihre Bekannten auf WeChat oder TikTok posten, vergeblich. Die Frauen sind wie vom Erdboden verschluckt. Einmal ist sie zufällig auf eine Frau gestoßen, eine kasachische Mitgefangene aus Baijiantan. »Guten Tag, wie geht es dir? Ich bin die Gefangene Nummer 9«, hat sie ihr geschrieben. Die Frau hat nie geantwortet. Jetzt, da sie wieder auf der anderen Seite des Gitters steht, stellt Gulbahar mit Entsetzen fest, dass sich Xinjiang mehr denn je abschottet, wie ein schwarzes Loch, das alle Bekannten und Freunde aufsaugt, mit denen sie vor ihrer Tragödie noch Kontakt hatte. Um sich zu beruhigen, denkt sie an die kostbare Telefonnummer, die ihr ein Vertreter des französischen Außenministeriums zwei Monate nach ihrer Rückkehr gegeben hat. »Wenn Sie irgendetwas brauchen, eine Bedrohung oder Gefahr spüren, rufen Sie uns an«, hat er ihr gesagt. Gulbahar hat es nicht vergessen. Wenn plötzlich die Nachrichten an ihre Mutter, Nedjma oder Madina unbeantwortet bleiben, wird sie sofort diese Nummer wählen.

Heute bangt Gulbahar nicht mehr um ihr Leben. Wenn sie einkaufen geht, wirft sie manchmal einen Blick über die Schulter, um sich zu vergewissern, dass sie nicht verfolgt wird, aber sie wurde bisher weder bedroht noch erpresst. Kein Schatten stört die Ruhe ihres Alltags im Kreis ihrer Familie. In Boulogne hat sie wieder den Platz eingenommen, der seit ihrem Verschwinden leer geblieben war. Aber nicht nur das. Die einst so zurückhaltende Gulbahar, die sich in den leidenschaftlichen Gesprächen über Xinjiang stets zurückhielt, kümmert sich nicht mehr nur darum, dass es den anderen an nichts fehlt. Wenn bei Tisch das

Gespräch auf Politik kommt, hört sie aufmerksam zu. Und sie redet mit. Sie stellt die Schüssel mit *Laghman* zwischen die Teller und spricht von dem, was sie in Xinjiang erlebt hat. Alle hören ihr schweigend zu. In Kerims Augen blitzt Stolz auf. So viele Jahre hat er sich schon gegen die Unterdrückung aufgelehnt. Sie gewöhnt sich an ihren neuen Platz als freie Frau, entschlossen, ihre Traumata und Verwundungen in eine Kraft zu verwandeln.

Allerdings hätte Gulbahar nie gedacht, dass die Freiheit auch einen schlechten Beigeschmack hat. Als sie im Lager dahinsiechte, war ihr nichts wunderbarer erschienen, als nach Frankreich zurückzukehren. In ihrem »geheimen Garten« hatte sie sich das Wiedersehen am Flughafen, die Umarmungen, die Freudentränen, ihre Töchter in ihren Armen ausgemalt. Ein paar Wochen nach der Rückkehr nahm Gulbahar Kontakt zu ihren Freunden in der Diaspora auf. Alle hatten durch Gulhumars Petitionen und Interviews ihr Schicksal verfolgt. Zwar brachten einige nach Rafaels Geburt Geschenke vorbei und andere schrieben ihr eine Karte. Aber sie spürte, dass etwas nicht stimmte, und erkannte voller Verzweiflung, dass China trotz allem gewonnen hatte.

Die Unterdrückung in Xinjiang setzt sich sogar bis in die kleine Gemeinschaft der Uiguren in Frankreich fort, so stark und wirkungsvoll, dass die Wiedersehensfreude ihrer Freunde nicht so herzlich war, wie sie es sich erhofft hatte. Gulbahar wurde zurückhaltend, geradezu kalt begrüßt. In den besorgten Gesichtern, in den unbeantworteten SMS spürte sie die Verlegenheit. Eine kaum wahrnehmbare Angst. »Es ist nicht so, dass ich dich nicht treffen will, weißt du. Aber mir ist nicht wohl dabei. Deine Wohnung wird sicher abgehört«, gestand ihr schließlich eine sehr enge Freundin. Um die Haitiwajis brodelte die Gerüchteküche. Wie kommt es, dass Gulbahar freigelassen wurde? Niemand entkommt diesen Lagern. Hat sie eine Abmachung mit den Polizisten? Hat sie ihnen eine Namensliste gegeben? Auf jeden Fall stimmt da was nicht. Sicher hat Gulbahar mit ihnen zusammengearbeitet. Das flüsterten die Leute. In der verlegenen Stille verstand sie schließlich, dass sie nicht mehr als Opfer angesehen wurde, sondern als eine der Uiguren, die den Auftrag haben, ihre Umgebung auszuspionieren. Eine eingeschleuste Verräterin.

Die politische Entwicklung kommt ihr nicht zu Hilfe. Je mehr die chinesische Dampfwalze plattmacht, was ihr im Weg steht, desto schlimmer wird die Psychose in der Diaspora. Anstatt einzulenken, verstärkt China in Xinjiang sein Umerziehungsprojekt. Im Ausland schmiedet es weiter seine Ränke, um alle Stimmen zum Schweigen zu bringen, die seine Pläne stören könnten. Mit der Berufung des Chinesen Jiang Duan in die Beratergruppe des UN-Menschenrechtsrat im April 2020 wurde der Glaubwürdigkeit dieser Institution ein herber Schlag versetzt. Der nächste folgte im Oktober, als China für drei Jahre als Mitglied in das Gremium gewählt wurde. Währenddessen kam es zu immer neuen Enthüllungen über die Zwangsarbeit uigurischer Häftlinge in chinesischen Zulieferbetrieben für Dutzende internationale Unternehmen.* Die USA und Europa

* Am 2. März 2020 listete ein Bericht des Australian Strategic Policy Institute mehr als 80 internationale Technologie-, Transport- und Textilunternehmen auf. Unter ihnen Apple, Samsung, Nike, Adidas und BMW, auch der französische Alstom-Konzern. Für sie sollen mehr als 80 000 uigurische Gefangene gearbeitet haben, die zwischen 2017 und 2019 von Xinjiang in Zulieferbetriebe in ganz China deportiert worden waren.

fordern, dass internationale Delegationen endlich Zugang nach Xinjiang erhalten, was China entweder ignoriert oder ablehnt. Nun gehört also China, der Weltmeister bei der Vollstreckung von Todesurteilen, China, das die Uiguren in Lager sperrt, sie umerzieht, Zwangsarbeit verrichten lässt und foltert, gehört also China zu den Staaten, die bei den Menschenrechten die Regeln bestimmen.

Gulbahar war empört und verletzt, aber sie hat sich mit dem Misstrauen ihrer Freunde abgefunden. »Wenn das der Preis dafür ist, am Leben und frei zu sein …«, sagt sie sich. Ihre Widerstandskraft, die ihr half, in den Lagern nicht unterzugehen, hilft ihr nun auch bei der Erkenntnis, dass ihr heutiges Leben nicht mehr dem von früher gleicht. Nie wieder wird sie die alte Gulbahar sein. Die Lagererinnerungen quälen ihr Gedächtnis. Ihr Körper und ihre Seele sind immer noch davon gezeichnet. Aber sie wird sich nie dafür schämen, dass sie befreit wurde. Und wenn diejenigen, die sich heute von ihr fernhalten, eines Tages fragen, was in Xinjiang geschehen ist, wird sie ihnen von dem Chaos erzählen, in dem die Seele während der vielen Verhöre versinkt. Von der Gleichgültigkeit, die im Laufe der Umerziehung dein ganzes Wesen erfasst. Vom Gedächtnis, das versagt. Davon, wie fremd du dir selbst wirst. Von der Angst in den neonhellen, von Frauenschreien zerrissenen Nächten. Vom Knallen der Zellentüren, das das erstickte Schluchzen übertönt. Von den Freundinnen, die unter den Schlägen der Polizei zusammenbrechen. Sie wird ihnen gestehen, dass sie wie Rebiya Kadeer gezwungen wurde, vor einer Kamera ein Geständnis abzulegen, und dass die Behörden von Xinjiang dieses Video bestimmt eines Tages in den sozialen Medien verbreiten werden, um sie zu diskreditieren. Sie wird ihren Freunden sofort verzeihen, an ihrer Ehrlichkeit gezweifelt zu haben, weil sie weiß, dass China in seinem Unterdrückungswahn keinen Uiguren verschont.

Danksagung

Großer Dank gebührt Gulhumar, der Tochter von Gulbahar, die während der zweieinhalbjährigen Gefangenschaft ihrer Mutter nie aufgegeben hat, für deren Freilassung aus dem chinesischen Gulag zu kämpfen. Sie, die Heldin im Schatten dieses Berichts, hat die Verbindung zwischen Gulbahar und mir hergestellt und hat auf dem weißen Sofa in Boulogne-Billancourt jedes Wort unserer Gespräche übersetzt.

Für den genauen Blick auf diesen Text und ihre wertvollen Ratschläge danke ich Jeanne Pham Tran, der Verlegerin der Éditions des Équateurs, die sich seit Jahren mit der Situation der Uiguren beschäftigt.

Für ihre Unterstützung, ihre Ratschläge und ihre engagierte und kluge Lektüre danke ich außerdem meiner Familie sowie Delphine, Mehdi, Romain und Xavier.

Rozenn Morgat

Nachwort

Dieser Bericht der Uigurin Gulbahar Haitiwaji aus Xinjiang ist ein zu Herzen gehendes, ein kostbares und ein aufschlussreiches Dokument, dem eine sehr breite Aufmerksamkeit zu wünschen ist.

Gulbahar Haitiwaji lebt seit zehn Jahren mit ihrer Familie im französischen Exil. Während Mann und Töchter schon lange die französische Staatsbürgerschaft angenommen hatten, wollte Gulbahar die chinesische nicht verlieren, um Mutter und Geschwister weiterhin besuchen zu können. Trotz dunkler Vorahnungen beschließt sie nach Ürümqi zu fliegen, in die Hauptstadt von Xinjiang, als die chinesischen Behörden sie dazu auffordern. Damit beginnt eine zweieinhalbjährige Odyssee durch quälende Untersuchungsgefängnisse, Arbeitslager, halbfreie Aufenthalte in einer Wohnung unter Aufsicht der Polizei und schließlich die Heimkehr nach Paris.

Da die Polizei ihr gleich bei der Ankunft in China den Pass entzieht, wird sie sofort zur Gefangenen. Der Grund: Ein Polizist präsentiert ihr ein Foto, das ihre Tochter in Paris bei einer Demonstration von Exil-Uiguren zeigt. Damit sei bewiesen, dass sie eine Terroristin sei. Die Mutter bestreitet das entschieden und wird daraufhin beschuldigt, selbst Terroristin zu sein. Man bringt sie in ein Untersuchungsgefängnis, dort wird sie unter anderem 20 Tage lang an Füßen und Armen an ihr Bett gekettet. Sie erleidet schreckliche körperliche Qualen, weiß nie, wie es mit ihr weitergehen wird, fürchtet immer wieder, in der Wüste ausgesetzt und erschossen zu werden – als ein Objekt menschenverachtender Willkür. Die psychischen und physischen Leiden sind unsäglich, und die Frage stellt sich: Wie lange kann sie standhalten, ohne das geforderte wahrheitswidrige »Geständnis« abzugeben? Obwohl der Ausgang des Berichts bekannt ist, wartet man von Seite zu Seite mit Spannung darauf, wie er weitergeht.

Das liegt auch an den differenzierten Überlegungen der Gefangenen, die sich so nüchtern wie möglich selbst beobachtet. Immer wieder kämpft sie mit der Angst, aber sie findet auch Wege, sich in einer kleinen Mittagspause, die ihr und den mitgefangenen Frauen eingeräumt wird, in einem inneren imaginierten »Garten« zu rekreieren. Sie wendet bedrohliche Situationen für sich ins Lächerliche und hilft sich damit selbst aus der traumatischen Situation. Sie empfindet immer wieder Scham, wenn sie schwach wird und wörtlich vorgegebene falsche Selbstanklagen laut als eigene Geständnisse wiederholt, weil man sie damit lockt, dass sie freikäme.

Grauenvoll sind die vielen Augenblicke, Tage und Wochen, in denen sie nicht weiß, wie es weitergehen wird. Und ihr Alltag nur vom Einhämmern von patriotischen Phrasen in der »Schule« – wie das Umerziehungslager offiziell genannt wird – bestimmt wird. Um innerlich »leer« zu werden, das Gedächtnis zu verlieren, auf diese Weise »umerzogen« zu werden.

Der Bericht zeigt eindringlich, in welche Ausweglosigkeit Gulbahar Haitiwaji gerät, wenn ihr unter der erpresserischen Androhung, ihr oder ihrer Familie Leid anzutun, keine Möglichkeit gelassen wird, die Lüge zu vermeiden. Das wird besonders belastend, als sie nach zwei Jahren überraschend auf dem Weg ist, freizukommen. Sie darf nun, ja sie muss mit ihrer Familie telefonieren und fingieren, sie rede frei, wobei sie Fragen an Mann und Töchter richtet, die der Geheimpolizist vorgibt. Wie kann nach so viel erzwungener Lüge jemals wieder Vertrauen entstehen? Diese Frage wird sie auch nach ihrer Freilassung in Paris nicht mehr verlassen.

Gulbahar Haitiwaji wird nach Untersuchungsgefängnis und Umerziehungslager zu sieben Jahren Haft verurteilt, ohne ordentliche Gerichtsverhandlung. Aber bald danach beginnt überraschend der langsame Prozess ihrer Freilassung. Warum? Offenbar gelingt es ihrer Tochter in Paris durch öffentliche Aktivitäten in der französischen Politik und Diplomatie schließlich, ihre Freilassung zu erwirken. Die fiktive Gerichtsverhandlung, die Gulbahar zum Kerker verurteilt hatte, wird nun aufgehoben durch eine ebenso fiktive Verhandlung, die sie freispricht. Die Form soll wohl eingehalten werden. Aber welche? Vielleicht eröffnet das Geflecht von Fiktionen einen Raum, zumindest in Einzelfällen auf China einzuwirken.

Offiziell bestreitet China weiterhin die willkürliche Verfolgung und Inhaftierung der Uiguren, obwohl sie inzwischen – dokumentiert u. a. durch »Human Rights Watch« und »Amnesty International« – belegt ist. Hat sich das mächtige Land durch die rabiate Verfolgung nach einem blutigen Aufstand uigurischer Extremisten im Jahre 2009, zu denen Gulbahar Haitiwaji nicht gehört, in eine Sackgasse manövriert, in der nur noch die kulturelle und z. T. physische Auslöschung der Uiguren als Ausweg bleibt? Würde die Duldung der Uiguren, ihrer kulturellen und religiösen Vielfalt eine kulturelle und politische Öffnung nach sich ziehen, die von der aktuellen Führung strikt abgelehnt wird? Weil sie den Anfang vom Ende der totalen Parteiherrschaft bedeuten würde?

Gut dreißig Jahre nach dem Ende des Ost-West-Konflikts stehen liberale Demokratie, Rechtsstaat und Menschenrechte global mehr denn je unter Druck. Haben wir dennoch die Überzeugungsstärke, die Kraft und den Mut, bei uns und in der Welt für Demokratie, Rechtsstaat und Menschenrechte einzustehen? Oder machen wir uns gegenüber dem mächtigen China lieber klein und unauffällig, um unsere geschäftlichen Vorteile ungestört genießen zu können? Wie halten wir es mit der genauen Überprüfung dessen, ob importierte Produkte mit Hilfe von Zwangsarbeit hergestellt worden sind? Welche Konsequenzen ziehen große deutsche Firmen, die in China die vorgeschriebenen Joint Ventures betreiben, aus dieser schwierigen Lage? Immerhin hat die Fair Labor Association, in der sich Universitäten, Nicht-Regierungsorganisationen und Unternehmen zusammengeschlossen haben, auf die Risiken der Zwangsarbeit in Xinjiang hingewiesen, haben die USA ein Importverbot auf Baumwolle aus Xinjiang verhängt, die von Zwangsarbeitern gepflückt wird, hat die Europäische Union nun beschlossen, den Import von Waren, die durch Zwangsarbeit hergestellt worden sind, zu verbieten. Das sind erste Schritte, die eigenen Werte auch bei Verlusten zu vertreten.

Wie labil und wechselhaft die menschliche Natur ist, wie wenige Schritte die Peinigung von der Fürsorge trennen, erlebt die sorgfältige Beobachterin Gulbahar Haitiwaji auf der langen Strecke ihrer Wiedereinführung in das normale Leben zur Vorbereitung der Rückkehr nach Frankreich. Je »freier« sich ihr Alltag gestaltet – der gleichwohl unter ständiger Aufsicht einer polizeilichen Führungsperson bleibt –, desto mehr gewinnt sie den Eindruck, dass sich in die Überwachung Fürsorge mischt, die sie vor ungewünschten Eingriffen in ihre Freilassung bewahren will. Es entsteht eine Art Sympathie zwischen beiden, nicht zwischen Unterdrücker und Opfer, sondern zwischen Menschen, die zunehmend als Menschen miteinander umgehen.

Das ist beunruhigend und ermutigend zugleich. Wir müssen erkennen, wie gefährdet wir durch ein System sind, das uns zu Tätern macht. Aber wir können auch darauf hoffen, dass die verbleibende innere Menschlichkeit durch den politischen Mut, unsere Werte offensiv zu leben und zu vertreten, gestärkt werden kann, dass wir auf sie auch eine Politik der Freiheit gründen können.

Gulbahar Haitiwaji muss erkennen, dass ihre Rückkehr und ihre im Lager erzwungenen falschen Bekenntnisse in

Frankreich das Misstrauen ihrer vormaligen Freunde geweckt haben. Weshalb konnte sie entkommen? Wen hat sie verraten? Wann sagt sie die Wahrheit? Diese unentrinnbare Verdächtigung ist mindestens so verletzend wie die Folgen physischer Peinigung, die sie nicht loswird.

Um die Wahrheit zu erzählen und um Vertrauen zurückzugewinnen, hat sich Gulbahar Haitiwaji entschlossen, für dieses Buch ihren wirklichen Namen zu nennen – trotz der weiterhin bestehenden Gefahr politischer Verfolgung, auch in Frankreich. So kann sie im Namen der Freiheit und der Menschlichkeit Zeugnis ablegen. Das verpflichtet uns alle!

Gesine Schwan

LESEPROBE

»Dieses Buch wird zu den großen Zeugnissen der Shoah gezählt werden müssen.« CAROLIN EMCKE
Ginette Kolinka
RÜCKKEHR NACH BIRKENAU
Wie ich überlebt habe
a
aufbau

Als ich das letzte Mal nach Birkenau zurückgekehrt bin, war Frühling. Die Felder waren mit Blumen überzogen, das Gras grün, der Himmel klar, man konnte die Vögel singen hören. Es war schön.

Wie kann ich ein solches Wort benutzen? Und doch habe ich es gesagt und gedacht: »Es ist schön.«

Von Weitem sah ich, wie am Feld entlang eine Gestalt näher kam. Zuerst traute ich meinen Augen nicht, dachte bei mir, »Nein, das ist nicht möglich«, doch ich hatte recht: eine Joggerin. Sie drehte ihre Runden, hier. Auf dieser lehmigen, nicht wiederzuerkennenden Erde, die so viele Tote gesehen hatte, in dieser Luft, die nach den frischen Morgenstunden roch, nach Tau. Sie lief, unbeirrt. Mir stockte der Atem. Am liebsten hätte ich geschrien, ihr zugerufen: »Bist Du verrückt?«

Oder war ich es?

Man sollte nicht nach Birkenau zurückkehren, wenn Frühling ist. Wenn die Kinder in den Vorgärten der kleinen Häuser auf ihren Rutschbahnen spielen, direkt an den ehemaligen Bahngleisen, die ins Lager und an die unselige Haltestelle, die Judenrampe, führten.

16. April 1944: Endlich hält der Zug. Ich habe das Gefühl, die ganze Zeit vor mich hingedämmert zu haben. Hinter der Tür hört man Geschrei und Hundegebell, das Geräusch der entriegelnden Schlösser: Frische Luft strömt in den Waggon, herrlich! Nach all den Stunden, die wir im stinkenden Halbdunkel zusammengepfercht gewesen sind. Wie viele Tage und Nächte? Man sagt mir, drei Tage und drei Nächte, ich wiederhole also, drei Tage und drei Nächte. Bei mir sind mein Vater, mein kleiner Bruder Gilbert und mein Neffe. Ich sehe wieder vor mir, wie ich meinem Bruder im Waggon etwas verweigere. Essbares womöglich? Vielleicht haben sie uns in Drancy ein bisschen

Proviant für die Kinder mitgegeben? Etwas für die »J3«? Wegen der Lebensmitteleinschränkungen werden wir im Krieg in Kategorien eingeteilt: J1, die Säuglinge, J2, J3 etc. Die J1 bekommen Milch, die anderen Milch mit etwas Mehl, die J3 Kekse, und die Erwachsenen haben ein Anrecht auf Wein. Ich höre mich unterwegs immer wieder sagen: »Nein, Gilbert, du darfst nicht alles auf einmal essen, wir wissen ja nicht, wie lange die Reise noch dauert …«

Mein Vater ist 61. Das ist heutzutage kein Alter. Dem armen Mann ist es gelungen, vor unserem Aufbruch zwei Decken zu klauen. Er ist so mager, dass er sie sich in die Hose gesteckt hat. Wir sitzen darauf, so gut es eben geht. Auf dem Boden liegt ein bisschen Stroh. Es ist ein geschlossener Güterzug, ohne Fenster oder Gitter. Lange habe ich geglaubt, dass wir im Bahnhof von Le Bourget abgefahren seien, später erfuhr ich, dass es Bobigny war.

Als wir in Bobigny aus den Bussen steigen, sind keine französischen Polizisten mehr zu sehen. Ich höre Schreie, Befehle, Gebrüll. Wir werden gewaltsam zusammengetrieben. Dann weiter bis zum Bahnsteig. Ich sehe den Güterzug, denke naiv, dass er abfahren und für uns ein anderer kommen wird. Doch man treibt uns erneut in die Waggons: *Schnell!* Mein erstes deutsches Wort.

Im Waggon weichen wir einander nicht von der Seite, wir bleiben zusammen, Papa, Gilbert, mein Neffe und ich. Die Augen auf den hellen Bahnsteig geheftet, stehen wir dicht an dicht, niemand setzt sich, solange die Türen offen stehen. Ich sehe all diese Gestalten, die bis zur Unkenntlichkeit zusammengepfercht sind. Eine Woge aus Schatten. Ein lautes Rattern erstickt den letzten Lichtstrahl. Die Schlösser werden verriegelt. Es wird dunkel, und ich fürchte mich nicht. Ich glaube, dass wir irgendwo auf den Feldern oder in einer Fabrik arbeiten werden. Mein kleiner Neffe ist 14, wirkt aber schon wie ein junger Mann, er ist schlau und kräftig. Mein Vater kann eine Nähmaschine bedienen, ich beruhige ihn: »Die werden dich in die Werkstatt stecken!« Wie konnte ich bis zum Schluss glauben, dass ich arbeiten würde? Warum hatte ich nichts kommen sehen? Langsam gewöhnen sich meine Augen an die Dunkelheit: auf dem Boden Stroh, in einer Ecke eine Art Eimer oder Fass. Es ist praktisch unmöglich zu sitzen. Zu so vielen sind wir hier zusammengepfercht. Und falls man irgendwann sitzen sollte, wohin dann mit den Beinen? Und wie, wenn die Beine verstaut sind, wieder aufstehen, seine Bedürfnisse verrichten? Lauter Fragen, die ich mir stelle … Eine sonderbare Übung: aufstehen, ohne auf die anderen zu treten. Ich kann mich nicht erinnern, mich bewegt zu haben.

Wir werden von den Scheinwerfern geblendet. Soldaten springen in den Waggon. Sie brüllen: *Schnell!* Sie treiben uns zusammen, zerren uns hoch, wir sollen aussteigen. Manche wollen nach ihrer Tasche greifen, ein paar Frauen klammern sich an ihr armseliges Gepäck, aber die Soldaten hindern sie daran, verrenken ihnen den

Arm, die Koffer bleiben hier. Geschrei, Gedränge, Befehle auf Deutsch. Auf dem Bahnsteig bellen die Hunde. Ich verstehe nichts. Jemand übersetzt: »Wir müssen zu Fuß ins Lager, aber bis zum Lager ist es weit. Für die Schwächsten gibt es Lastwagen.«

Dieser Satz hallt noch siebzig Jahre später in mir nach. »Für die Schwächsten gibt es Lastwagen.« In meiner Naivität, die für mich womöglich Rettung, für sie Verhängnis ist, denke ich an meinen Vater, der von den zurückliegenden Wochen ausgezehrt und von der Reise erschöpft ist, ich denke an Gilbert, meinen kleinen Bruder, der erst zwölf ist, an seinen kleinen Struwwelkopf. Und ich höre, wie ich ihnen zurufe: »Papa, Gilbert, nehmt den Lastwagen!«

Das erspart ihnen wenigstens den Weg zu Fuß.

Ich verabschiede mich nicht von ihnen. Sie verschwinden.

Sie verschwinden.

Ich bleibe zusammen mit meinem Neffen auf dem Bahnsteig stehen, von den Lichtern geblendet. Der Morgen dämmert. Jemand ruft: »Die Männer auf die eine Seite, Frauen und Kinder auf die andere!« Ich will meinen Neffen bei mir behalten, er ist 14 und noch ein Kind, selbst wenn er älter aussieht. Aber in Drancy oder im Zug hat er sich mit ein paar älteren Jungs angefreundet und bleibt lieber bei ihnen. Ich verstehe ihn, schließlich bin ich auch erst 19 und hätte genauso gehandelt. Auch von ihm verabschiede ich mich nicht.

»Geh schon zu den anderen, bis nachher.«

Wir werden in Fünfergruppen eingeteilt. Jede Riege geht an Soldaten vorbei, die uns aussortieren und durch eine imaginäre Linie voneinander trennen. Ich kann noch laufen, die anderen klettern auf die Lastwagen, auch wenn sie sich sträuben. Ich erfahre, dass wir in Birkenau sind, in Polen, und denke bei jedem Schritt an Papa und Gilbert, wie gut, dass sie sich das erspart haben. Ich sehe Rauch, wahrscheinlich den Fabrikschlot, ja, dort drüben arbeiten Frauen. Je näher wir kommen, desto sonderbarer wirken sie, kahlköpfig, ungewöhnlich mager, fast wie Irre. Ich habe noch einen klaren Verstand und frage mich in diesem Moment, ob es in der Umgebung vielleicht ein Lager für Geistesgestörte gibt. Sie mustern uns verstohlen, ich sehe ihre verlorenen, tief in den Höhlen liegenden Augen.

Philipp Mattheis
Ein Volk verschwindet
Wie wir China
beim Völkermord
an den Uiguren
zuschauen

208 Seiten, 1 Karte,
Klappenbroschur
ISBN 978-3-96289-137-4
18,00 € (D); 18,50 € (A)

In der nordwestchinesischen Provinz Xinjiang ist in den vergangenen Jahren eine Dystopie Wirklichkeit geworden: Die muslimischen Uiguren werden dort mit allen Möglichkeiten des Digitalzeitalters erfasst und überwacht. Etwa eine Million Menschen sind monatelang in »Umerziehungslagern« interniert, wo Folter, Zwangsarbeit und Gehirnwäsche an der Tagesordnung sind. Gleichzeitig werden Moscheen geschlossen, religiöse Feste untersagt, Baudenkmäler zerstört. Offensichtlich soll die kulturelle Identität des 15-Millionen-Volks ausgelöscht werden. Westliche Konzerne hält das nicht davon ab, in Xinjiang produzieren zu lassen. Philipp Mattheis' aufrüttelndes Buch erzählt von den Schicksalen Betroffener und klärt über die Hintergründe des Geschehens auf.

Ch.Links

www.christoph-links-verlag.de